系列

跨文化素养培育的甘泉实践

杨云 朱彤吉 黄俊丽 著

图书在版编目（CIP）数据

跨文化素养培育的甘泉实践 / 杨云，朱彤吉，黄俊丽著. — 上海：上海教育出版社，2023.4
（上海教育丛书）
ISBN 978-7-5720-1949-4

Ⅰ.①跨… Ⅱ.①杨…②朱…③黄… Ⅲ.①中学－办学经验－普陀区 Ⅳ.①G639.285.13

中国国家版本馆CIP数据核字(2023)第062672号

责任编辑　公雯雯
封面设计　陈　芸

上海教育丛书
跨文化素养培育的甘泉实践
杨　云　朱彤吉　黄俊丽　著

出版发行　上海教育出版社有限公司
官　　网　www.seph.com.cn
地　　址　上海市闵行区号景路159弄C座
邮　　编　201101
印　　刷　启东市人民印刷有限公司
开　　本　700×1000　1/16　印张 14.5　插页 3
字　　数　221 千字
版　　次　2023年4月第1版
印　　次　2023年4月第1次印刷
书　　号　ISBN 978-7-5720-1949-4/G·1751
定　　价　52.00 元

如发现质量问题，读者可向本社调换　　电话：021-64373213

《上海教育丛书》编委会

顾　　问　姚庄行　袁　采　夏秀蓉　张民生
　　　　　于　漪　顾泠沅
主　　编　尹后庆
副 主 编　俞恭庆　徐淀芳
编　　委（以姓氏笔画为序）
　　　　　王　浩　仇言瑾　史国明　孙　鸿
　　　　　苏　忱　杨振峰　吴国平　宋旭辉
　　　　　邵志勇　金志明　周　飞　周洪飞
　　　　　郑方贤　赵连根　贾立群　缪宏才

《上海教育丛书》历届编委会

1994 年至 2001 年

主　　编　吕型伟

副 主 编　姚庄行　袁　采　张民生　刘元璋（常务）

编　　委　于　漪　刘期泽　俞恭庆　江晨清　陆善涛　陈　和
　　　　　樊超烈

2002 年至 2007 年

主　　编　吕型伟

副 主 编　姚庄行　袁　采　张民生　刘元璋　夏秀蓉　樊超烈

编　　委（以姓氏笔画为序）
　　　　　于　漪　王厥轩　尹后庆　冯宇慰　刘期泽　江晨清
　　　　　陆善涛　陈　和　俞恭庆　袁正守

2008 年至 2014 年

顾　　问　李宣海　薛明扬

主　　编　吕型伟

执行主编　夏秀蓉

副 主 编　姚庄行　袁　采　张民生　尹后庆　刘期泽　于　漪

编　　委（以姓氏笔画为序）
　　　　　王厥轩　王懋功　仇言瑾　史国明　包南麟　宋旭辉
　　　　　张跃进　陈　和　金志明　赵连根　俞恭庆　顾泠沅
　　　　　倪闽景　徐　虹　徐淀芳　黄良汉

总 序

建设一流城市，需要一流教育。办好教育，最根本的是要建设好教师队伍和学校管理干部队伍。

在长期的教育实践中，上海市涌现了一大批长期耕耘在教育第一线，呕心沥血、努力探索，积累了丰富经验的优秀教师；涌现了一批领导学校卓有成效，有思想、有作为的优秀教育管理工作者。广大优秀教育工作者教育教学和管理工作的经验，凝聚着他们辛勤劳动的心血乃至毕生精力。为了帮助他们在立业、立德的基础上立言，确立他们的学术地位，使他们的经验能成为社会的共同财富，1994年上海市领导决定，委托教育部门负责整理这些经验。为此，上海市教育局、上海市中小学幼儿教师奖励基金会组织成立《上海教育丛书》编辑委员会，并由吕型伟同志任主编，自当年起出版《上海教育丛书》（以下称《丛书》）。1995年上海市教育委员会成立后，要求继续做好《丛书》的编辑出版工作。2008年初，经上海市教育委员会领导同意，调整和充实了《丛书》编委会，并确定夏秀蓉同志任执行主编，协助主编工作。2014年底，经上海市教育委员会领导同意，调整和充实了《丛书》编委会，确定尹后庆同志担任主编。《丛书》的内容涵盖了基础教育和中等职业教育的各个方面，包含有较高理论水平和学术价值的著作，涉及中小学教育、学前教育、师范教育、职业教育、校外教育和特殊教育，以及学校的领导管理与团队工作，还有弘扬祖国优秀文化、促进国际教育交流等方面的著作，体现了上海市中小学教育改革与发展的轨迹，体现了上海市中小学教育办学的水平与质量，体现了优秀教师和教育工作者的先进教育思想与丰富的实践经验。《丛书》出版后，受到广大教师、教育工作者及社会的欢迎。

为进一步搞好《丛书》的出版、宣传和推广工作，对今后继续出版的《丛书》,我们将结合上海教育进入优质均衡、转型发展新时期的特点,更加注重反映教育改革前沿的生动实践,更加注重典型性、实用性和可读性。希望《丛书》反映的教育思想、理念和观点能起到抛砖引玉的作用,引发大家的思考、议论和争鸣;更希望在超前理念、先进思想的统领下创造出的扎实行动和鲜活经验,能引领当前的教育教学改革工作,使《丛书》成为记录上海教育改革历程和成果的历史篇章,成为广大教师和教育工作者的良师益友。限于我们的认识和水平,《丛书》会有疏漏和不尽如人意之处,诚恳地希望广大读者提出宝贵意见,帮助我们共同把《丛书》编好。

《上海教育丛书》编委会

序

我们生活在一个全球化特征愈加鲜明的时代，文化的多样性作为人类的基本特征呈现出前所未有的复杂性。能否与不同文化群体的人们充分交往并相互理解，在很大程度上取决于是否具备跨文化素养。对"跨文化素养"的研究始于20世纪70年代，联合国教科文组织将其界定为："在全球化深入发展与世界各国、各族群构成的文化多样性的背景下，为了促进个体及不同群体之间的相互理解、交流、尊重，个人应当习得的关于理解、尊重、沟通与对话的关键技能与价值观念。"

跨文化素养成为全球化背景下，当代学生终身发展和社会发展的必备品格和关键能力之一，世界各国纷纷掀起了学生跨文化素养培育的热潮。我国各界人士呼吁从基础教育阶段起就应关注学生的跨文化素养培育，培养学生的国际视野，了解国际知识，了解各国政治、经济、科技和文化等方面的情况，了解各种社会制度的不同和联系，了解全球生态状况，习得理解他文化和反思己文化的种种素养。在充满文化多样性的世界中，学生只有从自己的逻辑和文化习惯中解放出来，参与到与他人的对话中，倾听不同观点，反思自己的文化，最终实现和谐共处、相互学习，才能超越自己的局限，从而跳出狭隘的国家主义和民族主义，从全人类、全世界进步的视野去观察和思考问题，不同文化中的人们才能切实成为一个命运休戚相关的共同体。

上海作为改革开放的排头兵，是最能代表中国改革开放四十多年成果的一座国际大都市，作为东西方文化交融之地，在全国率先开展"国际理解教育"已有多年。但随着社会发展和时代进步，原有的较为通识的国际理解教育理念、课程等不足以满足新时代中学生提升跨文化素养的深度课程诉求。面对持续推进的全球一体化进程，身负实现中华民族伟大复兴的中国梦重任的这一代应该具备怎样的能力与素养？上海的学生又应该展现一种怎样的文化姿态？要在"你中有我，我中有你"高度融合的世界保持理性与清醒，在多元文化冲突愈加显著的复杂形势下，初心不改，自信从容，除了需要熟练掌握语言这一文化载体，更需要在理解文化的多样与差异的同时，以文化自信的立场在各类文化间开展积极平等对话与文化互动。

上海市甘泉外国语中学是一所具有较高教育国际化水准的外语特色学校。自1972年首开日语课程以来，几代甘泉人耕耘不辍，日语教育品牌不断推动学校特色发展。进入21世纪，学校紧跟内外部办学环境的变化，在生存中创新求变，于2003年更名为"甘泉外国语中学"，德语、法语、西班牙语作为第一语种相继开出课程，多语教育品牌日渐凸显，学校国际交流活动不断拓展与深化。在对外文化交流过程中，我们发现，外国语学校强化语言传授的培养定位，没有上升到文化意识层面和行为取向的高度，学生无法真正形成跨文化意识以及必备的人格修养和正确的价值观。作为一所为党育人、为国育才的公办外国语中学，我们欲在培养目标上寻求突破，使学生不但能讲好外语，理解世界文化的多样性、差异性，更能怀揣中华民族兼容并蓄、开拓进取的文化自信，从容地走向世界，与不同文化背景的人积极互动、平等对话。为此，学校在"民族情怀、国际视野"办学理念的指导下，着力培养学生修身守正，厚实人文底蕴，强化责任担当；善于学习，不但敢于竞争，更注重合作，勇于进取；独立自主，胸怀自信，敢于质疑，追求多元发展；能够用世界的眼光去看待、理解世界，对权利和义务有正确认知，保有与他人和谐相处的积极态度。学校希望学生成为"有教养、有个性、有竞争力、有国际视野"的现代人。

随着全球一体化、教育国际化的趋势日益明显，学校在"四有"现代公民的培养目标基础上，将"跨文化素养"作为学校的特色育人目标，开启了"跨文化素养培育"特色办学实践路径的探索，培养学生掌握不同文化互动的特定知识、对不同文化交流的积极态度以及对知识和态度的正确运用。

那么，甘泉外国语中学的跨文化素养培育是怎样成为学校特色发展脉络的？它是如何在挑战与机遇并存的时代推动与困境突围中坚定地抉择属于自己的特色发展方向的？甘泉外国语中学的跨文化素养培育又有着怎样的魔力，让一个个出身工薪家庭的孩子以此为羽翼，飞向了一所所梦想中的国内外知名高校？本书将以学校日语教育的起源、多语教育的发展为背景，讲述学校在不同历史阶段，围绕特色建设的发展目标，在坚守教育本色、育人初心的前提下，在跨文化素养培育的内涵、目标、框架、路径与策略等方面展开的实践探索。

濮虹

（作者系上海市甘泉外国语中学党总支书记）

目录

1 ▶ 第一章 溯源求道：跨文化素养培育的历史起点

第一节 日语教育的起源与发展 / 4

第二节 从日语之"根"开出多语之"花" / 15

第三节 以多语之"花"织就跨文化素养之"锦" / 23

35 ▶ 第二章 塑心铸魂：跨文化素养培育的课程意蕴

第一节 从"重技"到"育人"的外语课程 / 38

第二节 综合实践活动的跨文化性设计 / 58

第三节 跨文化素养与学科教学的"四合之道" / 77

93 ▶ 第三章 海纳百川：文化育人中的对话与重塑

第一节 重塑文化品牌的精神价值 / 95

第二节 培育对话世界的时代新人 / 111

第三节 笃实跨文化实践的民族情怀 / 127

143 ▶ **第四章 初心逐梦：跨文化素养培育的师者匠心**

　　第一节　"外"字头教师的集结号 / 145

　　第二节　从新手走向专家的导航仪 / 156

　　第三节　教师文化内生的自画像 / 173

191 ▶ **第五章 美美与共：新时代文化育人的使命应答**

　　第一节　每一滴甘泉都有奔赴大海的远大理想 / 194

　　第二节　坚守特色发展的文化基因 / 205

　　第三节　数智时代的跨文化教育新路向 / 216

223 ▶ **后　记**

第一章

溯源求道：跨文化素养培育的历史起点

1988年，日本《朝日新闻》记者发文称在中国上海有一所中学是"培养未来知日家的摇篮"，这所中学就是甘泉外国语中学。在国内中学日语教育界，说到甘泉外国语中学，可以说是上海乃至全国日语基础教育阶段招牌式的存在。作为一所普通完中，甘泉外国语中学缘何能在国内众多开设日语课程的名校中脱颖而出，在名校云集的沪上教育版图上争得日语教育头把交椅，背后有哪些不为人知的缘由？

甘泉外国语中学，因为"外国语"的校名，常被人们误会为这是一所"高大上"的私立中学。实际上，这是一所地处普陀区工人新村，生源为普通工薪阶层孩子的公办普通完中，其前身是始建于1954年的甘泉中学。"这里不像陆家嘴和古北，周围小区并没有国际化的氛围，更不要说其他外语了。"作为甘泉新村居民的退休教师贾锡钧，至今仍对"甘泉"的蜕变惊奇不已。《普陀区教育志》记载：解放初期，作为上海产业工人居住最集中的地区，区内要求入学读书的儿童数量大幅增加。本着"教育为工农服务"的方针，为解决劳动人民子弟入学难的问题，1954年8月，甘泉中学在宜川路400号创办。

这样一所在地域、生源、师资和办学条件上并无特别优势的地地道道的公办普通完中缘何能在中学日语教育界独占鳌头，从一所名不见经传的普通公办完中，到现在的"日语见长、多语发展、跨文化素养"的具有鲜明国际化特征的多语种特色学校，一路逆袭成长为上海市特色普通高中，并成为上海市首批具有接受外国学生资格的中学？

当其他学校的日语教师还在为学生的"哑巴日语"这个普遍性难题愁眉不展时，至今"甘泉"学生凭借深厚的跨文化底蕴，已有200余人次荣获国家级语言比赛奖项，如全国高中生日语演讲大赛和作文大赛特等奖，还获得世界高中生日语演讲大赛冠军、日本留学考试文理科第一名；1000余人次通过日语能力考试最高级别N1考试，多人获得N1满分；60多名学生获得上海市中高级日语口译证书；在全国多语种技能大赛中屡次夺冠。100%的学生学习两门及以上外语，参与国际交流及合作项目，参与跨文化与国际理解课程。学生能自信地采访外国领导人，在高校国际论坛上交流发言，受邀参加高级别中日交流活动。近年来，近百位学生被北大、清华、复旦、上海交大录取。日本、德国等海外高校也纷纷抛来橄榄枝，多名学生考入东京大学、早稻田大学、慕尼黑工业大学等名校。以前是中国学生到海外留学，现在学校的外国学生部已有来自日本、韩国、德国、美国等国家的近百名外国学生。

2022年，学校以开办日语教育50周年为契机，通过校友寻访活动为50周年献礼。经历半个世纪的峥嵘岁月，众多优秀的"甘泉"毕业生在国内外各个领域的不同岗位上贡献着自己的聪明才智，他们有的在高校或科研院所默默耕耘，有的凭借出色的跨文化素养在国际交流中大放异彩，有的在上级教育行政部门担当要职，有的在体育和艺术领域深耕多年并取得不俗的成绩，还有的已成为老百姓熟知的德才兼备的表演艺术家，近年来新生代毕业生有的已在流行乐坛崭露头角。有一些毕业生在大学毕业后重返母校"甘泉"，走上了教师这一神圣的岗位。还有一部分校友身居国外多年，坚持不懈、乐此不疲地充当着中国文化的传播者、中外文化交流的促进者……"甘泉"毕业生多元化的发展轨迹印证了建校以来"甘泉"以一所普通中学的身份为国家培养了一大批多层次、多规格、"不普通"的人才。让不同特质的孩子在"甘泉"都能找到自己独特的成长道路，这也是"甘泉"历经近七十载岁月，依然焕发出蓬勃生机与活力的重要原因。

回望来时路，筚路蓝缕，从甘泉中学到甘泉外国语中学；从选择前路的迷茫到发展十字路口的观望，再到突出重围，蜚声海内外——"甘泉"跳跃式发展的背后，究竟是何缘由？

第一节　日语教育的起源与发展

"问渠那得清如许？为有源头活水来。"日语教育于甘泉外国语中学，是立校之本，是特色之源，是传承之根，是创新之脉；是"甘泉"人敢为人先的勇气与智慧之体现，是"甘泉"人于外部环境风云变幻之中的不变与坚守，也是学校由普通完中一路逆袭，错位发展的资本和底气。本书以日语教育的前世今生开篇，也寓意着对汩汩甘泉生命之源的探寻由此起步。

一、日语教育的起步：偶然中蕴含着必然

"甘泉"是一所建于工人新村的普通完中。创校之初，周边环境差，学校设施简陋，师资奇缺，加之特殊年代"政治运动"不断，学校一路在跌跌撞撞中前进。"文革"初期，各地学校大规模停课停学"闹革命"。到了1972年前后，"文革"出现重大转折，教育部提出恢复基础理论研究和教学工作的指示。

同时，为适应国际形势的发展变化，国家及时调整外交工作战略，我国在联合国的一切合法权利得以恢复，中美关系走向正常化。由于历史背景的特殊性，中华人民共和国成立后，与日本的交往最初从两国民间的贸易交流开始，中日贸易团体陆续成立，力图以"以民促官"的交往方式推动中日邦交的正常化。当时上海是中国最大的工业城市，国家希望把上海建设成为先进的工业和科学技术基地，在自力更生的同时，更需要吸收国外先进技术和有益经验。在面临西方封锁和与苏联关系紧张的情况下，这期间中日间的经济、科技、教育和文化交往发挥了极大的促进作用。在我国调整外交策略的大前提下，在中日政治关系缓和、经贸关系友好的背景下，1972年，中日实现邦交正常化。中日友好的气氛逐渐活跃起来，一种学习日语的潜在趋势开始涌动，这种形势的变化也反映在教育领域。为弥补"文革"前期"教育革命"造成的教育质量大幅下滑、教师队伍遭受严重破坏的后果，学校也在课程、师资建设等方面寻求发展的突破。恰逢日籍教师武下健太（中文名余乾郎）先生被安排到"甘泉"工作。余乾郎在日本受过高等教育，是日本共产党党员。在解放初期，他来到中国，在上海外事处担任日语翻译，后到外语职校担任日语教师。

正是在这一特殊历史背景下，学校领导以前瞻性的眼光预见到中日关系发展的远景及其对日语人才的需求，毅然决定开设日语班，从初中开始招收日语班学生，为国家培养日语预备人才。当年开设日语班1个，招收学生50余人。初开日语班，由于日语教师匮乏，因此只有余乾郎先生1人在校执教。

创业之初，困境重重

作出这一决定是一种敢冒风险、勇担责任的有胆有识之举。首先，让余乾郎

担任日语教师，经常与教师、学生接触，参与学校活动，顶风逆水而上，冒着巨大的政治风险，没有一定的胆识是不可能迈出这一步的。其次，日语教材奇缺，当时没有任何适合初中学生使用的教材，全部由余先生编写，经上级审查，再由学校印成讲义投入使用。再次，师资问题，日语教师只有余先生一人。随着日语班级的增加，余先生分身乏术，师资问题日渐突出，且长期得不到解决。最后，生源不足。由于历史原因，许多家长不愿让自己的孩子学习日语，需要做大量的宣传动员工作。再就是余乾郎本人的工作稳定性受到冲击。一方面，他思乡心切，想回到日本；另一方面，有高校以优厚待遇来"挖人"。

（日语教师　王丹）

"大雪压青松，青松挺且直。"日语教育在起步之初就举步维艰，困难重重，发展的障碍一个接着一个，但当时的校领导和有关教师硬是咬定青山不放松，顶风破浪前进，他们艰辛的付出为学校日语教育特色奠定了第一块基石。特别是余乾郎先生认真负责的工作态度和忘我的奉献精神，至今仍为当时共事的教师和学生所称道。

日语教材诞生的"一波三折"

忆起"甘泉"日语教育起步时的艰难，首任日语教研组组长黎云华老师说道："起初没有一个标准的日语教材，我们用的就是上海外国语大学一、二年级的教材，辅助用《标准日本语》教材。《标准日本语》教材跟考题还是有联系的。上外的教材就是一种基础知识，和语文教材一样，知识点及范畴比较广，但从考级角度看就不太匹配。后来日本专门为中国出了一些高中的日语教材，我们把它们作为辅助的教学材料。""后来人教社牵头组织了高中日语教材研讨会。为了出台一个标准的教材，大家反复推敲，准备了三四年，高中的日语教材才开始标准化了，以后就一直用人教版教材。"

（日语教研组长　黎云华）

"忽如一夜春风来，千树万树梨花开。"1978年，党的十一届三中全会召开,作出了将党和国家工作中心转移到经济建设上来、实行改革开放的历史性决策。中日关系也逐渐改善。到了80年代末90年代初,上海掀起留日潮,加之上海第一批前往日本打工的中年人回国带回了一笔不菲的薪水,很多家长更加希望孩子可以去日本学习,为将来的就业谋一个更好的出路。

1981年,受日中友好协会的邀请,上海市教育局拟组建一支访日代表团,要挑选1名日语教师和4名学习日语的中学生。经过层层选拔,我校徐建华老师和1名男生成功入选,开启了为期两周的赴日参观访问,这在当时的历史条件下是极其难得的外出学习机会。1994年,上海市教委国际交流处领导带领日本龙谷大学访问团到访"甘泉",学校抓住与日本高校直接接触的机会,提出想送毕业生到日本留学的想法。此时的"甘泉"在日语教育方面的影响力已经引起了日本部分媒体的关注,龙谷大学对"甘泉"也表现出了兴趣。1995年10月,双方达成协议,由校长推荐日语班高中毕业生赴龙谷大学留学攻读本科,学校就此迈出了一所普通中学输出学生赴日深造的第一步。

轻舟东渡风满帆

1996年金秋十月,上海《文汇报》等各大媒体在显著位置报道了甘泉中学欢送平凡、周文珏、侯瑛颖、江云4位高中毕业生赴日留学的消息,向上海市民展示了"知日家"学校的日语教育风采。这4位高中毕业生成为"甘泉"东渡扶桑深造的第一批学子,由此开辟了"甘泉"学生赴日留学的"直通车"。

(日语教师　王丹)

2000年以后,学校做了更多方面的努力,学生留学通道越拓越宽,专业度越来越高,可选择的日本大学越来越多。学校利用国际交流机会将留学扩大到高校交流的层面,开辟了多所新的合作院校。当时在国内,高中或者普通中学能够与日本大学签订友好协议书是很突出的成绩。

"好雨知时节,当春乃发生。"在中日友好的浪潮和社会需求旺盛的时代背景下,学校的日语教育迎来了一段大发展的新时期。日语学生人数不断增加,日语教师人数急剧增加。截至 2002 年，学校的日语教育已颇具规模，形成特色，日语班已达 27 个，在读学生 1100 人；日语教研室已拥有专职日语教师 16 名，全部持有日本文部省颁发的日语能力一级证书。

表 1-1　甘泉外国语中学日语班发展情况

年份	日语班级数量	日语学生数量	日语教师数量	日本外教人数
1972 年	1	56	0	1
1982 年	4	180	2	1
1992 年	7	300	4	1
2002 年	27	1100	14	2
2012 年	23	747	16	4
2022 年	27	773	20	3

随着学校日语教学的快速发展，建设一支强有力的日语师资队伍是当务之急。学校采用"引进＋自培"模式建设"日语师资高地"，通过"青蓝工程""529 工程"以及"定制式"工作坊等阶梯式校本培训工程的助力，日语教师完成了个性化成长。特别是 2018 年站上"特色高中"这一平台后，学校致力于将日语教研组打造成全市乃至全国的学科高地。

· 1980 年 9 月，学校在外语教研组内成立日语教研小组；
· 1995 年 8 月，学校成立日语教研室；
· 2004 年 3 月，获得普陀区"三八红旗集体"称号；
· 2006 年 3 月，荣获普陀区教育系统"共青团号"称号；
· 2008 年 5 月，被评为"普陀区新长征突击队"；
· 2009 年 3 月，被评为"上海市共青团号"；
· 2010 年 3 月，被评为"上海市巾帼文明岗"；
· 2013 年 4 月，被评为"上海市青年文明号"。

截至 2021 年底，日语教研组凭借近 50 年历史的积淀，在守正与创新中实现一次次的突破，从初期的余乾郎先生 1 人发展为 24 名日语专职教师，其中日本外教 3 名、高级教师 6 名、海归博士 3 名，并形成"学科带头人—学科骨干—后备人才—新手教师"的工作梯队，为教育部日语课标修订组输送了全国唯一一位中学教师；另有市级培养骨干、日语学科带头人1位，区级教学能手3位。2010年以来，日语教研组累计荣获各类全国级别奖项、荣誉60余项，参与出版著书、发表论文、主持区级以上科研课题共计50余项。

二、特色发展的转折："三力"写就特色真"经"

如果说"甘泉"日语的起源是偶然中的必然，那么将日语打造成为"甘泉"的特色与品牌离不开一位校长的智慧与付出，他，就是刘国华。2000年，普陀区面向全国公开招聘公立学校校长，刘国华放弃了在江苏南通已经打下的坚实的事业根基，乘着这股东风走进了大上海，成为甘泉中学的领路人，带领"甘泉"人开启了长达18年的学校特色发展之路的探索，将甘泉中学这所普通完中办成了一所特色鲜明、享誉东瀛的特色学校。

刘国华当过民办教师、乡镇企业副厂长、开发区招商局局长、教师进修学校校长、完全中学校长，他的经历算得上丰富。他说，冥冥之中感觉应该到上海进一步实现价值。而且，一向"不太安分"的他要借这个大都市里激烈的竞争证明自己的实力。他离开故乡，走进甘泉中学，脚步迈得意气风发。于是，在上海市唯一一所以日语为第一外语的普通完中里，这位年纪不到40岁的校长立足"人无我有，人有我优，人优我精"的思路，带领蛰伏已久的"甘泉"人开始了一系列敢为人先的学校变革。

1. 保持定力：用战略眼光锁定特色定位的榫卯点

从1972年初设日语班到2000年的18年间，伴随着中日关系的变化起伏，日语班的招生也出现波动，虽然有日语特色，但不瘟不火，仅仅停留在"人无我有"的阶段，没有带动学校整体发展。而且，学校仍然把英语作为第一外语予以重视，但实际上在短时间内很难追赶上其他重点中学。日语班学生少、规模小；师资力量不足，且创新意识不强；日语教材选用的是《标准日本语》，难度较低，不符合中学生学习的难度要求；招生方面受到限制，只能招收附近对口的两所小学的学生，很多想学日语的学生进不来。针对学校发展现状中的问题，刘国华校长带领学校领导班子利用大量时间做调查研究,"低空扫描",开了七八个座谈会广泛收集信息后,逐步形成了比较清晰的办学理念,并确定了特色办学的定位。

"日语见长"的特色发展目标提出后,很多教师提议把这个目标改为"日语见长,英语并重"。学校领导班子经过慎重考虑后认为,做强不是"强做",做大不是"大做"。在资源有限的前提下,初始阶段的发展必须"集中优势兵力",找准突破口,寻求突围,突破以后方能兼顾其他。日语是"甘泉"的优势,我们要把日语打造成学校的核心竞争力,不仅做到"人无我有",更要做到"人有我优"。要将日语做出品牌,做到独一无二,难以模仿,方能长期保持竞争优势。

2003年后,在学校的争取和教育局的政策支持下,"甘泉"的招生打破了区内限制,招生半径扩大,外区的孩子来"甘泉"一方面是对日语感兴趣,另一方面又不愿意丢掉从小学到大的英语。为保留他们原本的英语基础,又能进行新的日语学习,显然双外语是他们的最好选择。学校领导班子极具前瞻性地提出,在新的社会与教育发展形势下,单一的语种影响了学校和学生的后续发展。有一部分学生实际上用一般的教学和要求是"吃不饱"的,我们要为"资优"学生创造相匹配的平台。我们一方面要把日语做强、做大、做精,使其成为学校品牌学科,另一方面要大力发展多语教育,满足学生学习外语的多样化需求,最终达到以外语学科优势带动学校整体发展的目标。实践证明,学习双外语的学生并不会因为学了两门外语而影响其他学科的学习,学校考取北大的是双外语班的学生,考取东京大学、早稻田大学的也是双外语班的学生。好的教育一定是因材施教。

2. 积蓄张力:用创新思维走出很多个"第一步"

自从学校确定了特色办学的定位之后,学校管理团队心往一处想,抓住市、区关于教育体制改革的契机,创造性地把现代企业管理和教育经济学的理念引进学校,按照教育的产业属性经营学校,提出了"内强管理,外求开拓,优化特色,主动发展"的办学策略,在学校管理上追求"不做机械重复的事,做出灵气来;不做不动脑筋的事,做出思想来;不做人云亦云的事,做出个性来;不做应付检查的事,做出实效来"。"内强管理",即依法治校,创新机制,文化管理;"外求开拓",即开放办学,开发资源,拓展空间;"优化特色",即管有风格,教有特点,学有特长;"主动发展",即敢为人先,善抓机遇,攻坚克难。

这一系列特色办学策略为优化学校品质,充实学校特色内涵,促进学校整体质量提升、影响力扩大具有重要的战略性意义。自2000年以来,学校始终坚持走错位发展的特色之路,将众多"首次"和"第一"写进学校、普陀区乃至全国教育发展的史册。

2001年,"甘泉"取得了上海市首批招收外国学生资格。但学校无论是在地理位置还是资源上都不占优势,学校周边的国际化水平也不高,仅仅只是具有一个资格,其实很难招收到外国学生。为了进一步扩大办学规模,拓宽学校在更大范围内吸收生源的渠道,以促进学校向更高层次发展,刘国华校长借着带师生去福冈体验日本文化之机,决定"放手一搏":在东京《东方时报》上做了整版的招生广告,又从东京辗转,连续举办了两场招生说明会。出乎意料的是,招生会现场气氛非常热烈,在当地引起了不小的轰动,现场就有日本家长交了报名费。回国后短短一个月的时间,学校就接到了300多个咨询电话,接待了5批专程来校考察的日本家长和学生。这次出国招生对学校特色发展产生了重要而积极的影响,为学校发展上台阶、上规模打响了第一炮,也迈出了基础教育走出国门招生的第一步。

学校管理团队的种种创新之举使"甘泉"逐步释放出自身发展的活力,为学校发展带来了不竭的动力,让管理团队时刻充满着激情和动力去寻求并实现新突破、新进展。

· 2000年,学校品牌活动——第一届樱花节开幕;

· 2001年,上海市教委批准甘泉中学成为招收外国学生资格学校;

· 2002年,学校首次赴日本招生,开创了基础教育走出国门招生之先河;日语外教真木胜文先生获"上海市白玉兰纪念奖",成为普教系统获此殊荣的第一个外国人;教育部确定甘泉中学为全国日语新课程标准实验学校;

· 2003年,学校更名为外国语中学,通过"全国合格外国语学校"资格认定,开始面向全市范围招生;

· 2004年,成立外国学生部,制定外国学生部的管理制度和课程体系,第一栋外国学生宿舍楼落成;

- 2005 年，成立全国首家中等日语教育研究中心，出版《中等日语研究》杂志；
- 2006 年，在海外设立办事处；
- 2007 年，成为汉语国际推广中小学基地；
- 2008 年，成为区实验性示范性高中；
- 2009 年，建立"读懂中国"文化体验馆，国学书院落户于中学；
- 2010 年，"甘泉"建立的首家孔子课堂在澳大利亚墨尔本的凯斯博中学成立并正式运行。

3. 释放活力：用开放格局谋划特色发展蓝图

21 世纪初，学校整个办学环境不尽如人意。几代老校长为"甘泉"打下了很多的基础，但因缺少外援，学校遇到了发展中的瓶颈，用刘国华校长的话总结，就是"硬件不硬，软件不软"。全校师生缺少对学校的归属感，缺乏凝聚力，创新意识不强，无论年轻教师还是有经验教师都缺少一种向上的活力，更多的是安于现状。

刘国华校长来到"甘泉"后，带领教职工一切从头开始，搞调查，做访谈，建章立制，创新学校管理模式，将全校教职工都纳入学校发展规划的制定主体，让教职工明确学校的办学理念和特色定位，推动教职工反思自身职责和改进方向；通过系统地诊断学校原有的工作基础、发展优势和存在的问题，促使学校挖掘自身潜在资源，提高学校管理效能和教育质量。自 2000 年以来，学校将特色定位与国家发展战略、上海城市定位相匹配，在不同阶段制定了持续性的发展规划，每个规划都是上一个规划的承继和深入。正是围绕特色发展主题的持续规划和实践，才产生了今天"甘泉"这样的上海市特色普通高中。

"三制"令学校管理焕发活力

一是中层干部竞聘制。学校拟定招聘岗位，通过自荐、他荐—初选—竞聘—评议—审核—认定的程序竞争上岗，形成了干部选拔、监督、考核、流动的新机制，创造了公开、公正、平等的竞争氛围，让那些群众基础好、知识水平高、工作能力强、有创新精神的人才脱颖而出。2006年，有3名老师和年级组组长走上中层管理岗位。

二是"一日见习校长制"。为了让广大教师体验和参与学校管理工作，也让校长直接了解老师们对学校发展的看法和希望，学校不断改进管理。一日见习的内容主要有听课、列席会议、接待来访、巡视校园、个别沟通等。"一日见习校长制"密切了干群关系，激发了教师的主人翁精神。

三是学生校长助理制。学生通过自荐—班主任、年级组组长推荐—竞聘演讲—考察评定的程序竞选校长助理。受聘的学生校长助理通过列席行政会议、与校长直接沟通等途径，参与学校的管理工作。"校助们"是学校领导与学生之间的桥梁，并在这个过程中提高了自身组织领导能力。

（时任校长　刘国华）

管理思维的突破，创新举措的叠加，增强了师生对学校管理的自觉性和认同感，师生员工内心生发的归属感、幸福感和愉悦感才是体现学校活力最真实的样子。这种活力荡漾在老师们的心里，呈现在师生的脸上。"甘泉"校园面积不大，学校用心"上天入地"，充分挖掘和利用了校园的角角落落。为了给教师增添一份怡然的心情，放松一下疲惫的神经，在建设外语体育综合大楼时，特意保留了一块60平方米的空间作为教工书吧，教师们可以在这里边品尝咖啡边交流；在教工餐厅的隔壁，辟出一个多功能咖吧，可以品茶、健身、听音乐；校园的西北角建造了一个森林健身休闲区，可以运动、散步；地下室还设有乒乓球房；布满水管的大楼楼顶，一侧被改造成了充满古朴情致的"汉园"，一侧被改造成了供教师休闲聚餐的"度假胜地"。

"眼里有教师，心中有学生。"繁忙的管理工作中，关心师生，关注学校工作的每一个细节，铸就了"甘泉"温暖和谐的校园"家"文化。共同的文化价值观保障了学校未来的特色创建工作中，全校教职员工能够"心往一处想，劲往一处使"。这是学校的管理文化"内化于心，外化于行"的具体体现，也是学校进一步扩大开放、积淀文化的不竭动力。

学校特色发展正是在不断凝练与积淀的基础上形成了系列化、可传承、有推广价值的文化理念与实践成果,构筑起"甘泉"富有特色的稳固坚实的文化基础。2002年,为纪念日语教育30周年,学校编写了《培养知日家摇篮》一书,学校被教育部课程中心认定为日语新大纲全国实验学校;2006年,国家级课题成果《文化育人 和谐发展》一书正式出版发行;2007年,上海市教育科研规划项目"日语见长,多语发展"特色学校建设实验研究成果《日语见长 多语发展》一书正式出版,上海市特色学校建设课题成果《拥抱美丽》出版;2004年和2014年,为纪念建校50周年和60周年,将特色校本资源集结成册,《我的"甘泉"Ⅰ、Ⅱ》诞生,成为新进师生了解"甘泉"、认同"甘泉"、融入"甘泉"的宝藏读本。

从1954年建校到1972年在全国首开中学日语课程,再到2000年起将日语打造为学校特色品牌,几代"甘泉"领路人以敢为人先的勇气,独辟蹊径,抓住不同阶段的学校发展机遇,将一所诞生于工人新村的普通完中建设成为一所有鲜明日语特色的外国语中学。凭借50余年日语教育的积淀,"甘泉"的日语教学越来越"根深叶茂"。10余年来的特色建设可以说是"十年磨一剑",特色传承做到了历久弥新,咬定特色发展不放松。50余年的坚守和探索,在传承中建构,在坚守中升华。"甘泉"的日语教学更趋专业化,根基更为坚实。回溯学校近70年的发展历程,有创业之初的艰难险阻,有形势大好下的一路高歌,也有遭遇发展瓶颈后的再出发,更有明确目标后的埋头苦干,迎来成为市特色普通高中的辉煌时刻。"甘泉"人用守正创新与顽强拼搏迈过了发展中的多道坎,走过了虽波折却坚定的特色发展之路。

第二节　从日语之"根"开出多语之"花"

进入 21 世纪，中日关系发生了急剧变化，中学日语教育面临极大挑战，国内很多城市的中学日语教育萎缩甚至消失。但由于上海的城市综合实力和国际化程度进一步提升，大学教育已不能满足城市对外语人才的需求，因此上海开始在基础教育的中学阶段探索多语教学和第二外语教学。这使上海的中学日语教育在中日关系的低谷期不减反增，日语作为第一外语稳定发展，多语教育规模不断壮大。

上海作为中国重要的经济中心，国际化大都市的属性使其外语教育有良好的环境、广泛的需求与机会。但这也对上海的外语教育提出了更高的要求，即不能仅仅停留在语言运用方面，而要成为语言研究、异文化研究领域的领军者，跨文化研究领域的实践者。那么，中学阶段拓宽语种选择，开展多语教育，就成为外语教育走向深远的必要准备。

在学校层面，随着高考日语分数优势的不断凸显，社会对日语学习的动机出现多元化趋势。"甘泉"作为以日语教育为特色的学校，如何避免陷入应试日语的培养模式，在不偏离学生培养初心的道路上发展并不断壮大？面对国家战略与上海城市发展对多语人才的巨大需求，学校如何在不确定的外部局势影响下，突破发展瓶颈，帮助学生及家庭在面对多元化、多极化的时代变局中，能从志趣爱好、生涯发展、城市定位、社会发展和国家召唤等多重维度综合考量，理性地选择小语种、多语种学习？这是摆在学校面前亟须思考的问题。

一、因时而生：探索双外语人才培养模式

2003年，甘泉中学更名为甘泉外国语中学，仅仅是三字之添，却是学校绘制的规划发展蓝图上早就埋下的伏笔。这为学校彰显特色打响了头炮，成为"甘泉"发展史上一个重要的转折点，多语教育被提上了学校发展的议程。

作为外国语中学，语种开设上不能"一枝独秀"，更不能过分追求"眼前红利"，把小语种当作升学跳板，而忽视学生人文素养的培育和多语种人才早期培养的长远目标。学校领导班子审时度势，决定在外语教学上宕开一笔，在保持日语教学优势的基础上拓宽空间，多语发展，以外国语中学特有的语言为底蕴，将视野定位于面向世界的教育。

1. 抓住国家对多语种人才的需要之"机"

随着我国经济与对外交流的迅猛发展，整个国家从社会到家庭、从学校到企业，对外语人才的需求量逐年提高。进入21世纪以来，一专多能、一专多语的复合型人才受到欢迎，大学纷纷开设辅修专业、公共二外等课程，通过培养大学生的多种技能来提高竞争力。这种教育浪潮也影响到中小学，很多学校在加强英语的基础上，开始了双语、二外和多语教学的探索。

2. 回应上海城市转型对基础教育提出的新要求

《上海市中长期教育改革和发展规划纲要（2010—2020）》提出，"让学生具备国际交流、理解、合作、竞争能力"。城市发展需要国际化人才支撑。在学生培养模式上，长期以来我们实行的是高度统一和标准化的培养模式。为满足上海城市发展对人才培养的要求，着眼于社会发展需要，上海二期课改在理念上实现了突破性变革，以学生发展为本，构建体现时代特征和上海特点的课程体系；强化科学精神和人文精神的培养；以学习方式的改变为突破口，重点培养学生的创新精神和实践能力。作为外国语中学，可通过学生的个性化培养目标、多元的跨文化课程体系建设和多维的教学活动设计予以呼应。

3. 深度解读外国语学校的育人定位

作为上海这座国际化大都市的一所高中，教育的定位应该与城市的定位相匹配，我们怎么为城市的国际化水准提供支撑，处理好外国语中学外语教育和学

生培养中本土坚守与全球视野的关系，处理好自身发展中特色与全面、特色与创新的关系，解决好"为谁培养人？培养什么人？怎么样培养人？"等新的时代背景下身为外国语中学要面对与思考的问题？

"甘泉"作为第一外语为日语的学校，日语班的学生家长也希望增加孩子在升学和就业上的选择，能多掌握一门外语，加之学校推荐赴日的留学生，在日本学习期间必须再学习英语课程，他们也很希望在国内学习期间能打下英语的语言基础。经过与专家的深入探讨，以及校内反复研究和思考后，"甘泉"确定了双外语教育实验的课题。双外语教学是指对有志于双外语学习并有相应潜质的学生，从预备年级开始，同时开设两门主修，或一门主修、一门辅修的外语课程。

表1-2　学校双外语实验项目

年级	班级数	"两门主修"模式		"一主一辅"模式	
		班级分布	学生数	班级分布	学生数
预备	6	德+英（1个班） 法/西+英（1个班） 日+英（3个班）	175人左右	英+二外辅修（1个班）	25人左右
初一	6	德+英（1个班） 法+英（1个班） 日+英（3个班）	170人左右	英+二外辅修（1个班）	25人左右
初二	6	德+英（1个班） 法+英（1个班） 日+英（3个班）	170人左右	英+二外辅修（1个班）	25人左右
初三	6	德+英（1个班） 法+英（1个班） 日+英（3个班）	170人左右	英+二外辅修（1个班）	25人左右
高一	6	多语种与英语双主修混班（1个班）	35人左右	英+二外辅修（1个班） 德+英二外必修（1个班） 日+英二外必修（1个班） 法+英二外必修（1个班） 西+英二外必修（1个班）	190人左右

（续表）

年级	班级数	"两门主修"模式		"一主一辅"模式	
		班级分布	学生数	班级分布	学生数
高二	6	多语种与英语双主修混班（1个班）	35人左右	英+二外辅修（1个班） 德+英二外必修（1个班） 日+英二外必修（1个班） 法+英二外必修（1个班） 西+英二外必修（1个班）	190人左右

2000年，我校首开日英双外语班，形成了"一主一辅"和"两门主修"的双外语教学模式，经过一段时间的学习和适应，学生可以重新选择适合自己的课程。这样，确保每个学生都有机会选择两门以上的外语。

双外语实验班一年考上两个北大

2010年，我校张曼丽和翁汝佳同学同时考入北京大学，她们都出自日英双外语班。她们当初因外语学习能力强，经过选拔进入双外语班。从预备年级到高中，在双外语班学生的学习当中，"甘泉"做到了因材施教，根据学生需求进行更为个性化的指导、更为系统的教学设计，提供个性化的丰富教程，同时对他们的综合能力也有明确要求。张曼丽和翁汝佳发展很全面，都是学生校长助理，她们在学校各种活动中能力都是很强的。

（时任校长　刘国华）

历经二十多年的实践探索，学校已经形成一套较为完善的双外语实验项目实施办法，明确了班组管理、课程实施与评价等相关制度，跟踪分析双外语实验成果，提炼总结了有效做法和经验。双语班走出来的学生，他们的个性在"甘泉"已得到充分发展，成为能够走入高层次大学的群体。双外语课程成为我校培育具有双外语学习潜力学生的新机制。

二、应时而动：建设多语种人才战略高地

在"日语特色"这篇"文章"上，"甘泉"已经做得有声有色，在上海乃至全国日语教育界的影响愈加凸显。可一所以"外国语"命名的中学，光靠一门外语"守株待兔"地发展，与一般中学相比并无优势。接下来的发展之路又该怎么走？尤其是在日语学生人数减少，规模小，影响力低，学生因学习日语这一单一语种而导致发展受限的状况下，学校确立了"日语见长、多语发展"的外语特色定位，在做强、做大、做精日语教学的同时，大力发展多语教育，满足学生学习外语的多样化需求，最终达到以外语优势学科铸就学校特色发展的目标。

高考日语全班都是"零分"

记得我校有届高三文科日语班在高考发榜日集体遭遇了一场虚惊，全班同学的日语成绩都是零分。得知情况后，校长火速向市教育考试院做了汇报，考试院也十万火急地对此事展开调查，在翻阅原始的登录分数册时发现，原来是机器人与人开了个玩笑。英语考分由两部分组成，一是机器阅卷分，二是人工的作文批改分。由于日语是小语种，全市只有不到百人报考，故省去了机器阅卷，在分数册上机器分为零，电脑算分时竟将考生的分数算为零分。

（记者　董川峰）

从这个故事可以看出，作为一所以小语种日语作为高考第一外语的学校，"甘泉"属于上海市普教系统的"少数派"，在发展初期时不时会遇到类似的困难与问题。但学校管理团队抱着"第一个吃螃蟹者"的精神，逢山开路，让一个个困难迎刃而解，学校也积累了小语种发展与壮大的经验与智慧。

国家与社会层面对多语种人才需求的不断增加，不仅反映在高校大学生就业和专业设置方面，中学生和家长中也有了相应的反响。很多家长希望孩子在中学阶段除了英语以外还能掌握第二门、第三门外语，以应对日后激烈的升学筛选。学校为延伸外语教育，把特色办学进一步构筑在深厚的多元文化基础上，开始了"多语发展"的探索。

2003 年，学校开设了德语二外课程。2013 年，学校通过了德国国外学校教育司的批准，成为德国 DSD 语言项目二级证书考点。2014 年初，就有 5 名德语班学生通过了 DSD Ⅱ 考试，他们获得了申请赴德国留学深造的资格。德语作为多语的一种，继日语之后在"甘泉"强势崛起，成为支撑学校发展的又一大支柱。基于我校 DSD Ⅱ 项目连续 4 年通过率保持 100% 的优异成绩，德国海外教育司将我校设定为 2016 年 DSD 项目校教师培训基地。2019 年 10 月，由我校发起的"中学德语教学联盟"成立大会暨首届研讨会在我校举行。作为一所以"跨文化素养"培育为特色的普通高中，联盟的发起者、联络人和服务方，我校与各理事单位一起，在专家的指导下探索中学德语教育的跨文化素养培育和跨学科联合教学的路径与方法，探索中学德语学科建设与优秀德语后备人才培养的新路径、新模式和新发展。

学校于 21 世纪初期就开设了法语二外课程。2013 年，法语教育历经十余年发展，正式升级为一外课程。我校于 2014 年正式招收预备年级起点的七年制法英双语班学生；2016 年开设以法语授课的法国历史课程；2020 年开设高中零基础法语工程师班，正式招收高中法语三年制学生。2019 年，我校获得了法国外交部授予的"法国教育"标识认证，成为全国获此资质的八所学校之一。目前法语教研组共有七名专职法语教师（含一名外教），都有法国留学经历，且全员具备法语 DELF/DALF 水平等级考试考官资质。我校的法语教学项目得到了法国驻上海总领事馆的大力支持。通过与法方的合作，自 2015 年起，我校四次承办了华东地区及上海市法语教师培训会。

学校在 2015 年初、高中分别开设西班牙语二外。2017 年，学校与西班牙教育部取得联系，经西班牙驻上海总领事馆协调沟通，与西班牙教育部签订了"西班牙语双语部"项目，西班牙教育部派遣外教来我校任教。自此，我校正式在高一年级开设西班牙语一外课程。随着师资的不断壮大，2018 年，学校首次面向全市自主招收高中西班牙语零基础学生。预备年级同步招收西班牙语一外学生。自 2017 年至今，学校已有近百名学生学习西班牙语。首届零基础西班牙语学生仅仅学习了一个学期就在上海市中学生"梦想杯"西班牙语演讲比赛中夺得一等奖。目前我校与西班牙四所高校签订合作协议，学生通过西班牙语 DELE 考试

B1、B2 级别后，可直接被推荐至西班牙高校就读，两届毕业生中已有三人赴西班牙高校就读；经过两年的零基础学习，有多名学生通过了西班牙语 B1 级别考试。西班牙语教师中有两位获取了 DELE 考试考官资格。

2013 年，学校多语种翻译实训中心建成，为了满足一些学有余力的学生的个性化需求，面向在校生开设日语同传基础课程。2015 年 5 月份开始，多语种翻译实训中心增加了英语和德语同传课程，教学模式与日语类似，很受学生欢迎。

鉴于我校在多语教学和考试评价上积累的丰富的实践经验，自 2012 年起，"甘泉"就成为上海市普通高中学业水平考试多语种听说测试的考点，在多语种听说测试的评价方面积累了行之有效的经验；2013 年，上海市教委又决定将"上海市教育考试院多语种考试评价中心"落地"甘泉"。"甘泉"依托这个平台，一方面发挥学校日语、德语等小语种教育在全市、全区的示范和辐射效应，另一方面反过来促进学校多语教育进一步做优、做强。学校联合德、韩、法、日、泰等使领馆，对国内外小语种教师开展培训活动。

三、因势而新：规划布局关键语种人才储备

经过几年的积淀与发展，多语教学在"甘泉"有了一定的规模。但"有了"并不等于"优了"，如何擦亮多语，让更多的语种在"甘泉"闪亮起来，是需要学校思考的一大问题。

2007 年，学校首次开设韩语二外课程，并组织编写了适合中学生的韩语二外校本学习资料。2013 年，韩语二外课程得到了大韩民国驻上海总领事馆的支持，由其指派外教来校授课。目前我校初中部和高中部均开设了韩语二外课程，学习人数已有四百多。学校每年都会举办韩国文化节，同学们品尝韩国美食，试穿韩国传统服饰，参与韩国传统游戏，体验到了原汁原味的韩国文化，也感受到了中韩文化碰撞的火花。韩国文化节作为我校韩语二外课堂的一种延伸，不仅让学习韩语的同学有了进一步了解韩国的机会，也让其他语种的学习者体验到了纯正的韩国文化，拓展了国际视野。学校还定期与韩国姐妹校开展互访交流，并组织学生参加各类韩语相关比赛。学校与韩国梨花女子大学、昌信大学、成均

馆大学签订了合作协议,每年都有学生赴韩国留学深造。

2015年,通过上海市中小学非通用语种学习计划项目,上海市教委指定我校为泰语教学学校,与上海外国语大学合作,开设泰语二外课程。上海外国语大学派出专业教师任教,并开发泰语校本教材。

早在2003年,我校就与俄罗斯知名中学莫斯科1948中学签约,建立友好关系。随后,学校开设俄语二外课程,积极引进俄语专业教师,培养学生的俄语语言能力和文化素养。2016年,学校又增开了意大利语二外课程。自此,学校共计开设了五门第一外语必修课程、九门二外选修课程。

为满足外国学生部学生的汉语学习需求,学校于2006年3月成立了"对外汉语研究中心",构建了完善的对外汉语课程体系。中心每年定期组织外国学生部学生参加"中国汉语水平考试(HSK)",成果丰硕,使我校顺利成为国家汉办八所"汉语国际推广中学实习基地"学校之一。

多语种学习通道的相互贯通和灵活组合的选择方式,既提高了外语课程的适切性和可选择性,有利于学生进行个性化选择,也保证了特色外语课程惠及全体学生的普适性。尤其是双外语实验课程,受到家长和学生的普遍欢迎,每年升学季都吸引国内外的学生和家长前来咨询。

在全球化发展的趋势下,世界各国的外语教育改革的一个明显趋势是开展双外语、多外语教育实验,如美国、加拿大、日本等国家都开展了多语教学实验,有的还把多语教学纳入教育立法范畴。甘泉外国语中学顺势而为,以开阔的办学眼界、锐意推进改革的决心,基于国家关键语种人才培养需要、上海城市国际化发展需求和学生个性化发展需要构建的多语种特色品牌,不但助推学校由一所普通完中,通过走错位发展之路站上市级办学平台,更助力无数来自工薪阶层家庭的孩子通过外语学习出国深造,多位毕业生活跃在国际舞台的各个领域,利用自己的语言及跨文化能力优势,实现了成长的梦想。

第三节　以多语之"花"织就跨文化素养之"锦"

进入 21 世纪以来,随着全球一体化的不断加速,跨文化素养作为未来人才培养的特质之一愈加重要。世界各国在学生跨文化素养培育方面的探索与实践开展得如火如荼。《国家中长期教育改革和发展规划纲要(2010—2020)》提出,要"培养大批具有国际视野、通晓国际规则、能够参与国际事务和国际竞争的国际化人才"。

上海二期课改开始后,改革的重点之一是改变学生的学习方式,促进学生的思维拓展和自身素质的全面提高。在外语教学方面,新课程标准的目标之一是提高学生的文化素养,对外语提出了语言知识、语言技能、文化素养、情感态度和学习策略等五方面的要求,特别关注学生的情感态度。

基于教育大环境的全球一体化趋势和上海城市发展及素质教育的改革方向,学校在落实政策与教改推进中,对自身办学理念、课堂教学实践、学生培养目标等进行了深度的再思考。学校领导班子以极具前瞻性的眼光提出了"民族情怀、国际视野"的办学理念,并以此为指导,将外语教育的重点从静态的外国语言文化知识学习转变到以国际理解为重点的多元文化教育,再升级到更关注文化互动的动态的跨文化教育,聚焦学生的跨文化素养培育,以增强学生的文化敏感性与意识,提高文化互动与反思、行动研究与参与、思维构建与发展以及人格淬炼的能力,以应对全球一体化的持续推进,满足全球化人才储备的需求。

一、解读"跨文化素养"的校本内涵

1. 民族情怀、国际视野的办学理念

作为一所特色鲜明的外国语中学，我们的学生除了需要熟练掌握外语外，更需要在理解文化的多样性与差异性的同时，以文化自信的立场在各类文化间积极开展平等对话。有鉴于此，2001 年前后，学校提出了"民族情怀、国际视野"的办学理念，主要基于以下三个方面的考虑：

第一，教育国际化的特殊使命。随着经济全球化、科技一体化进程的不断加速，文化交流日益广泛，需要大量高层次的跨国、跨文化人才，传统的人才培养模式已无法适应全球一体化的需求，教育领域面临着前所未有的严峻挑战。中学阶段作为我国人才培养的重要阶段，必须顺应教育国际化的潮流重新定位。尤其是"甘泉"作为一所外国语中学，我们拥有更多的国际教育交流与合作，并在此过程中相互进行教育理念、教学体制的国际沟通、借鉴与学习。

第二，上海作为国际化大都市对人才的需求。教育现代化的标志有很多，在我们看来，最根本的是三条：首先是国际化，其次是智能化，再次是多样化。"甘泉"教育现代化的实施基于日语的定位和上海城市发展对人才呼唤的要求，并且顺应教育现代化发展的趋势。上海城市的定位应该与教育的定位相匹配。

第三，学校的特色定位。"甘泉"的特色定位是"日语见长"，这就意味着学校一定要走国际交流这条路，但我们为国家培养的人才需要有强烈的爱国自信、民族认同感和自豪感。学生作为一个优秀的世界人，首先必须是一个优秀的中国人，这是根基。一个有国际视野的人要对这个世界的不同国家有自己的理解和尊重。后来，学校又提出了"多语发展"和"文化理解"，这种一脉相承的理念实际上是在体现学校以日语学科为基础，逐步走向多元文化教育以及国际理解教育的定位。

2. 素养导向下的特色聚焦

自 20 世纪 80 年代起，国际组织对国际教育研究的推动不断加强。经济合作与发展组织（OECD）多次组织召开国际大会，倡导不同文化间应平等交流、相互理解与尊重，主张应该以跨文化教育来培养下一代。2003 年，学校更名为

"外国语中学",相继开设德、法、西为第一外语,学校国际交流活动日趋丰富。我们在对外交流的过程中也发现,如果外国语学校片面强化语言能力,不从文化意识层面和行为取向的高度进行育人目标的定位,学生无法强化语言思维能力,提升合作交往能力,那么文化自信和文化包容力就无从谈起。因此,学校力求在培养目标上有所突破:着力提升学生的跨文化素养,不但能讲好外语,理解文化多样性和差异性,更能怀揣文化自信,与不同文化背景的人积极互动、平等对话。

为此,学校从"民族情怀、国际视野"的办学理念和"培养有教养、有个性、有竞争力、有国际视野的现代公民"的办学宗旨出发,着力培养学生的文化互动力和文化品格教育,并试图阐释好三个问题:

(1)如何界定"跨文化素养"的内涵?我们参考联合国教科文组织的研究成果,结合学校多语教育特色,将中学生跨文化素养的概念界定为:在全球化深入发展与世界各国、各族群构成的文化多样性的背景下,为了促进个体及不同群体之间相互理解、交流、尊重,个人应当习得的关于理解、尊重、沟通与对话的关键技能与价值观念。具体到校本化实施中,就是将多元文化认知理解和跨文化交往能力培养的"知行合一"渗透到日常教育教学中,并通过教育教学活动的实施与评价促进学生跨文化素养的提升。

(2)"甘泉"自定义的"跨文化素养"与通识意义上的西方世界视角中的跨文化交际能力有何差别?两者研究的缘起与内涵都有所不同。西方的跨文化交际能力的培养源于移民潮后的文化冲突和海外派工的需求,强调的是对异文化的理解与对多种文化静态性并存的适应,它与上海前期已经开展的"国际理解教育"有交叉和共通之处。自2001年"甘泉"成为第一批可接收外国学生的中学,到2003年外国学生部正式成立,加之学校的国外友好姐妹校资源的不断拓展,在外部环境方面,"甘泉"师生有越来越多的交流机会,通过"走出去"和"请进来"拓展国际视野,了解多元文化;在学校内部,由多国生源组成的外国学生部在丰富校园文化的同时,也让"甘泉"师生比一般的普通学校早一步体验到了多元文化冲突的存在。于是,学校思考:在这样一个真实存在的多元文化冲突场中,中外学生如何相互理解、尊重、友好地相处?学校该如何利用这一鲜活的资源与契机，以特色课程为载体，通过中外学生的日常文化交流，特别是文化的互动给外国学生以中国文化的影响？在很大程度上，这些外籍学生是日后他们所在国家了解中国文化、了解上海最好的桥梁。"甘泉"应该承担起这个传播民族文化的责任，并在此过程中提升中国学生的民族文化自信。在这样一种时代发展和城市定位赋予的使命面前，"甘泉"开始了持续至今的学生"跨文化素养"培育的实践探索。

（3）"跨文化素养"的概念与"民族情怀、国际视野"之间的关系是如何处理的？学校在"民族情怀、国际视野"的特色办学理念指导下，秉承民族精神。即基于我们的民族文化，只有对民族文化有正确的认知，才能培养具有民族自尊心、自信心、自豪感和责任感的学生，才能客观地了解别国和世界文化，才能培养正确的跨文化意识，避免民族中心主义偏见，培养学生开放、理性、尊重的国际视野，与世界开展深度的文化对话。所以，作为一所教育国际化水平较高的外国语中学，我们对"教育国际化"的理解，不是简单的外国化，而是坚信"民族的才是世界的"。曾有学生在跨文化体验活动结束后写道："学习外语不是单纯为了说外国语言，而是通过语言去了解这个国家，在了解对方的过程中反思自己，在互动交流中提升我们的文化自信，更好地面对未来。"

二、探索跨文化素养培育的实践路径

跨文化教育实践活动在我国学校教育中具有悠久的历史，尤其是国家和民族文化层面的跨文化教育实践，但目前中学阶段的跨文化教育实践活动尚缺乏系统的、有明确指导的跨文化素养培育活动，大多以知识的传授为主。外交学院的黄文红老师在《跨文化能力：国际交往中的核心素养》一书中，阐述了大学生跨文化素养现状以及外语教学中存在的问题：尽管学生对西方文化知识掌握得较好，且能够尊重和包容文化差异，但存在"中国文化失语症"，跨文化敏感度和跨文化技能不高。这也暴露了当前外语教育中跨文化交际能力培养的误区：去中国化与知识中心主义。外语教育过分重视目标文化教学，而忽略了中国文化教学，忽略了文化学习中情感态度与技能的培养。上海外国语大学张红玲教授也提出，由于缺乏可行性强和公认度高的跨文化能力培养框架，实际教学中的跨文化交际能力培养呈现无章可循、各行其是的状态。再者，已有的研究更多侧重于关注大学生的跨文化能力培养，忽略了跨文化能力培养的阶段性、延续性和终身性。那么，"甘泉"在跨文化素养培育方面如何面对这些问题？中学阶段的外语教学在学生跨文化素养培育方面应该给予怎样的实践应答？如何让中学生的跨文化素养成为其终身与可持续发展的坚实基础？

1. 基于语言强化的特色实践

在跨文化教育初期，学校依托外语教育优势，丰富语种选择门类，构建日、英、德、法、西五门一外，日、英、德、法、西、韩、泰、俄八门二外的外语课程集群；以学科教学活动为载体，开展贯通七年的"小语种+英语"双外语实验研究，探索以语言与文化为核心的主题式外语学习，保证100%的学生学习两门外语并具备基本的双外语表达与交流能力。

本阶段的主要目标为夯实知识与技能，培育双外语能力。经过多年的外语教育实践，我们发现，外国语学校强化语言传授的培养定位，过分重视文化知识的传授。这虽可在短期内提升学生的文化知识储备，但却忽略了对学生情感态度的培养，对外来文化没有形成正确的价值观，没有上升到文化意识层面和行为取向的高度，导致学生无法真正形成跨文化意识，无法提升跨文化素养。学校对育人目标进行了新的思考。

2. 基于三维目标的育人架构

基于学生跨文化素养培育过程中凸显的问题，2010年，学校经过大量调研，构建了"知识+能力+人格"的三维育人目标架构。这一目标架构与2016年公布的中国学生核心素养的"文化基础、自主发展、社会参与"三大板块有着高度紧密的内在联系。比如，"文化基础"与我们所提的"知识"维度契合，"自主发展"与我们所提的"能力"维度契合，"社会参与"与我们所提的"人格"维度契合。为了进一步体现外国语中学培养的不仅仅是外语人才，更是心怀国家、放眼世界、满足社会发展需求的现代人，更加精准地呼应国家提出的新的现代化奋斗目标，学校结合学生核心素养要求对育人定位进行新的解读和充实，使育人目标体系更具时代意义。

在具体实践中,学校开动脑筋,首先在硬件设施上体现多元文化的校园环境,"让学校的每一堵墙都能对学生进行多元文化教育";其次,在软件配套上,构建从"多语特色"到"全科联动"的育人机制,开发了"中华传统文化之旅""走进地球村"等多项校本课程,供学生选择;再次,进一步拓展国际教育资源,让学生在对外交流中体验、感悟多元文化,实现学生100%参与国际交流,提升对多元文化的感知力与包容力。

该阶段的跨文化素养培育实践拓宽了学生的国际视野,了解到了世界文化的丰富性与多元性,强化了思维提升与合作交往能力,培育学生的文化包容力。随着跨文化教育的不断深入,国际组织对"多元文化教育"和"跨文化教育"有了进一步的界定:多元文化教育旨在通过学习去容忍、接受、认同其他文化形式的存在;而跨文化教育以主动的姿态通过不同文化群体的相互理解、沟通对话,达成多元文化和谐共存。[①] 由静态的多元文化向动态的跨文化的转变促使学校将学生跨文化素养培育的关注点由"多元文化教育"转向"文化品格教育",即逐渐聚焦学生文化品格养成,着力培育文化自信力,为文化互动做准备。

3. 基于素养的能力模型

基于上述问题,学校通过探索中学阶段跨文化素养培育的必要路径与发展阶段,开展了跨文化视域下学生行为方式、思维品质、境界胸怀、人格品质培育的系统性实践研究。学校立足"四有"特色育人目标的功能定位,从知识、技能、态度与价值观维度设计了中学生跨文化素养结构模型,帮助学生构建积极、健康、和谐的人际关系,责任、关爱、利他的人格品质,乐观、尊重、包容的社会情感能力,形成培育"跨文化素养"的核心价值取向以及具有时代意义的目标与实施系统。

"跨文化知识"包括不同文化的基本规范与行为知识,文化和跨文化交流与传播等领域的基本知识,成功开展跨文化交流的策略、技巧等知识。

"跨文化交流技能"包括借助身体语言或其他非语言方式进行交流的能力,在跨文化交流时避免在语言、穿着、行为举止上冒犯对方的能力,出现跨文化交

---

① 赵萱,张佩萍,陈佳. 历史述评:联合国教科文组织和跨文化教育实践[J]. 现代教育科学·普教研究,2011(1).

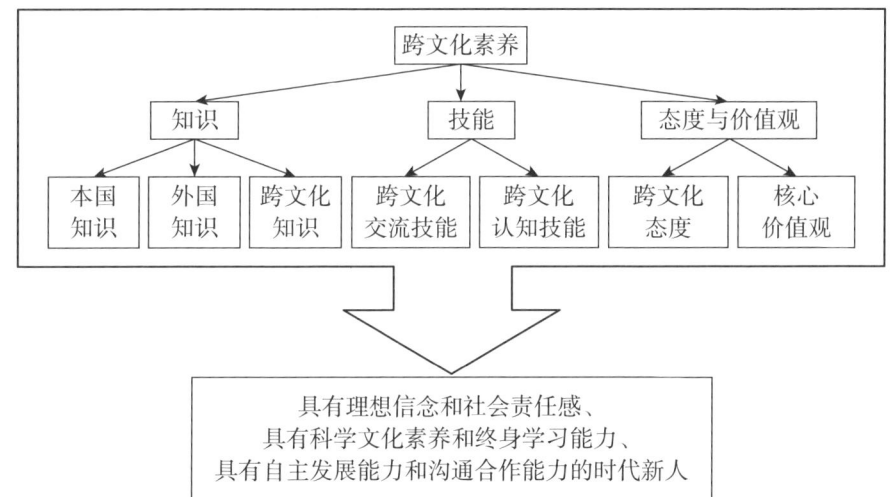

图 1-1 跨文化素养结构图

流冲突时向对方解释并让对方理解的能力,在交流时从不同的文化角度看问题的能力等。

"跨文化认知技能"包括运用各种方法、技巧和策略学习外国语言和文化的能力,通过与外国人的接触直接获取跨文化交流相关知识的能力,出现跨文化冲突和误解时进行反思和学习并寻求解决途径的能力等。

"跨文化态度"包括愿意学好外国语并了解相关文化,愿意与不同文化背景的人进行交流,愿意理解、宽容和尊重不同的价值观等。

"核心价值观"包括本国文化的价值和意义,与外国人交流时存在的文化相似性和差异性以及它们对交流产生的影响,对国家和民族的认同感和归属感,强烈的文化认同和文化自信等。

学校以中学生跨文化素养培育目标为依据,在行为方式、思维品质、文化品格、人格培育等方面开展系统性的实践研究,以培养面向世界的外语储备人才、面向未来的兼具民族情怀和国际视野的现代公民。

学校跨文化素养培育实践历经强化语言知识、构建育人架构、构建素养模型三个演进过程,使学生构建起积极、健康、和谐的人际关系,责任、关爱、利他的人格品质,乐观、尊重、包容的社会情感能力,形成契合新时代育人目标的中学生跨文化素养培育的核心价值取向。学校走出了一条从日语教育到多语教育、从多语教育到多元文化教育、从多元文化教育到文化品格教育的创新发展之路。

三、谱绘"甘泉"毕业生跨文化形象特质

长期以来，我国教育国际化政策在实践上侧重于培养个体"走出去"所需的外语技能，反映在基础教育阶段的外语教学中，往往局限于语言知识的传授，过分强化学生对外国文化的了解而忽略了对民族文化的传授，导致部分学生只知"圣诞"而对"端午"无感。随着跨文化教育的不断推进，实践中又产生了民族中心主义态度，即认为本民族的文化总是比其他民族的文化优越。

作为国内中学日语教育的引领者、多语教育的卓越践行者，我们培养的学生应该有典型的"甘泉"特质，那就是：不仅有深厚的多语素养，更有与世界平等对话的文化自信；不但能讲好外语，理解世界文化的多样性、差异性，更能怀揣中华民族兼容并蓄、开拓进取的文化，自信从容地走向世界，与不同文化背景的人积极互动、平等对话。自此，学校的办学视野从对特色构建的宏观设计逐步转向对"育人本质"的理性哲思：学生如何成为具有"民族情怀、国际视野"的时代新人，服务国家战略，在对外开放及人类命运共同体构建中积极作为？基于这样的办学理念，在2001年推出第一个五年发展规划时，学校就提出，我们要培养"四有"甘泉人——"有教养、有竞争力、有个性、有国际视野"。那么，从"跨文化"视域的角度如何解读"甘泉"毕业生的形象特质呢？

1. 有教养：修身守正、人文底蕴、责任担当

教养是一种潜意识的行为，类似于本能反应，是由环境、教育、经历等结合成的内在素质。"甘泉"对"有教养"的内涵界定不是一般狭义的有礼貌、守时、有信等具体行为特征，它应该折射出一个人对自己和他人乃至对社会和自然的态度。"甘泉"培养的学生首先要成人，再成才，需要修身养性，注重教养，遵守公德；放眼世界，关心人类，传承美德；诚实不欺，信守不渝，诚信做人。学校的道德教育是其落实的载体和重要途径。

春日暖阳，爱心课堂

2021年4月16日中午，我校三位青年教师代表和高一年级七名学生一起前往启星学校参加志愿服务。启星学校是普陀区一所招收中重度智障儿童的九年义务教育公办学校。我校与启星学校结对已有七年，七年来，我校坚持定期派老师和学生去启星学校参加志愿服务。我校师生秉承志愿服务精神，热爱志愿服务事业，以强烈的社会责任感和奉献精神，切实帮助启星学校结对学生们提升交流展示能力和参与社会能力，帮助他们在学习生活中树立自信心，让他们更好地融入社会，实现梦想。

（科学教师　沈芳）

学生要肩负起时代赋予的使命，首先要从身边的小事做起。参加一次志愿活动不难，坚持不懈地奉献却不容易。多年来，学校利用学生社团活动、社会实践活动等契机开展师生志愿服务，培养学生关爱特殊弱势群体，为社会无私奉献爱心。凭借深厚的文化积淀，学校培养出了很多有教养、有社会责任感的优秀学生，他们心怀祖国，用青春热血书写着当代新青年的绚丽人生！

2. 有竞争力：学会学习、乐群健魄、勇于进取

"有竞争力"指的是在社会参与中贡献智慧，提升学习力、合作力、适应性和创造力。即讲究方法，提高效率；学用一致，重视践行；注重合作中的竞争与共赢，而非强调个体式的竞争。要胸襟开阔，有海纳百川的气魄，力戒自我封闭；要善于交往，敢于竞争，乐于合作；要乐观向上，热爱生命，积极进取，独立果断，自觉主动地迎接挑战，战胜困难。

受德国总统青睐的"甘泉"小记者

2010年5月19日，德国总统霍斯特·克勒和夫人参观了上海世博会，由于日程安排紧张，中外媒体一直都没有得到采访总统的机会。但是，当天下午克勒总统访问"德中同行之家"展馆时，却将难得的专访机会给了中德两位小记者，其中之一就是我校初二德语班学生丁岚。

（德语教师　张敏）

3. 有个性：自主自信、多元发展、实践创新

在跨文化素养的概念中，个性发展往往意味着自我认同、特长发展和生活幸福。具有跨文化素养的人通常高度认同本族文化，是具有文化根基、充满自信与不断自省的人。他们勇于探索，大胆质疑，追求新知；勤奋进取，善意竞争，合作学习；有国际视野，有国际交往能力。我们不希望"甘泉"的学生是一个模子教出来的，他们要有自己的特质。这个社会不缺"广谱型"人才，缺的是在某个领域有特长、有建树、特色鲜明的人。我们对于个性发展的定义不是削减拉平，不是平均发展，而是让学生的禀赋和潜能得到最大程度的开发。

对日语情有独钟的"偏科"男孩

2015年7月，我校高一（5）班俞越同学获第20届世界高中生日语演讲大赛冠军。他以流畅且极具感染力的日语表达、令人感动的演讲内容以及机智敏锐的现场应答赢得了评委老师与现场嘉宾的一致好评。

俞越同学并非传统意义上的"学霸"，和日语相比，其他学科甚至有点弱。从初中开始，他就非常热爱日语。在兴趣的驱动下，他打下了坚实的日语基础，并在高一年级通过日语N1考试。在老师的鼓励下，他一直积极参加学校各项精彩纷呈的活动，如演讲、配音、短剧、卡拉OK、合唱以及学校的诸多外事交流活动。这些活动使他提高了听说读写各项能力，也开阔了视野，锻炼了良好的沟通交流能力，并助力他将从日语学习中收获的自信迁移到其他学科。他在高三毕业后如愿以偿地进入日本一所大学深造。

（语文教师　吴洁）

4. 有国际视野：国家认同、国际理解、社会参与

当今世界，越来越多的全球性话题需要人类共同面对。面对"地球村"格局，中国的青少年需要从世界的高度了解世界历史和当今国际社会，能够用世界的眼光，去看待世界，理解世界，增强对世界及复杂环境的认知与反思，认识自己的权利和义务，保有与他人和谐相处的积极态度，参与世界的各种活动，并在国际交往中有恰当的行为与态度。他们以外语为工具，以国际理解为

载体,这样才能拥有"构建人类命运共同体"这样崇高的使命所必需的能力与情怀。

日本爱知世博会的小使者

2005年9月20日,日本爱知世博会中国馆"上海周"开周仪式在中国馆隆重举行。在众多的嘉宾中,有中国上海甘泉外国语中学的两位小使者——周笛、姚嘉鑫。他们作为上海世博会事务协调局邀请的嘉宾,参加9月17日到9月24日在日本爱知举办的"上海周"文化交流活动,带着自编自演的日语情景短剧《校园里的樱花》参加文艺交流演出,向世界各国的来宾介绍甘泉外国语中学。上海世博网以"'上海周'再掀高潮——中日小使者友谊传递文艺晚会风靡世博园"为题报道了此项活动,并刊登了爱知世博会会长、日本丰田汽车名誉社长丰田章一郎先生为中国六名世博小使者颁发"丰田友谊小使者奖"的照片,其中两名就是我校的周笛和姚嘉鑫。

(日语教师 王丹)

学校通过着力打造外语教育特色,让学生不仅具有与外国青少年沟通和对话的能力,而且通过体验,学会对天涯咫尺的异域文化的理解、尊重和交流,进而感悟中华"和而不同"的博大文化精髓,为日后服务国家、参与国际合作和竞争培育精神之魂。

总而言之,一名具有国际视野的"甘泉"学生需要:

(1)保持开放心态。指学生具有开放的心态,愿意了解世界最新发展趋势,可以在全球视野和框架中思考面临的问题。

(2)尊重文化差异。指学生可以认知与理解不同文明、不同民族和不同国家之间存在的差异,愿意求同存异。

(3)关注共同命运。指学生关注人类面临的共同问题与挑战,将自我发展与全球命运紧密联系在一起。

(4)积极行动参与。指学生乐意参与国际事务,愿意为全人类的进步与发展贡献自己的力量。

回望来路，近七十年风雨兼程，一代又一代"甘泉"人坚守立校本色，在历史长河中立身、传承、铸魂。"甘泉"以其骄人的办学品质、享誉国内外的跨文化教育特色而令无数中外学子心向往之。纵观学校"日语见长、多语发展、文化理解"办学特色的发展过程，就是"甘泉"赓续创新，不断提升外语教育品质，拓展跨文化素养这一特色育人目标的过程。如果说在"日语见长"阶段，我们夯实了语言知识与技能，培育了学生的双外语学习能力；到"多语发展"阶段，我们重在强化语言思维能力与合作交往能力，培育学生对多元文化的包容力；那么在"文化理解"阶段，学生通过参与跨文化研究学习，增强了文化自信，提升了跨文化素养，为学校跨文化教育迈向深度文化互动教育做好了全面的准备，走出了一条从外语教育到多元文化教育、由多元文化教育到文化品格教育，最终迈向文化互动教育的道路。

第二章

塑心铸魂：跨文化素养培育的课程意蕴

在"甘泉",一直有这样一句话:"课程是生命的旅程。"课程是丰富学生生命体验的有机体,它是不断成长和变化的。在一所覆盖初高中七年的完全中学里,我们需要不断思考:拿什么作为跨文化素养培育的支点?拿什么作为撬动学生跨文化素养提升的课程杠杆?当"多语种"或者"双外语"成为学生们皆有的"标配",学校又该如何通过国家课程与校本课程的有机统一,实现每位学生学有所成、人人出彩?

学校课程的起点和落脚点是对人的培养,学校对学生的跨文化素养培育离不开学校课程的整体设计与有效实施。纵观国内外对跨文化素养培育的研究,中外学者纷纷基于联合国教科文组织对跨文化素养的培育指南,结合各国的经验和成果,提出了较为可行的实践途径,主要包括:通过外语学习来培养学生对异文化的认识与理解;注重技能的培养而非仅仅是知识的传授;利用传统教育媒介和现代信息技术,使学生在课堂中获得跨文化体验;鼓励学生从自身文化出发,进行跨文化比较和思考;开展国际伙伴项目,在了解异文化的同时反思自身文化;开展跨学科项目,通过历史、地理等学科和语言课程的整合来提高学习者的跨文化素养;等等。[1] 从这些途径中可以看出,跨文化素养的培育不能仅仅依靠外语课程,必须贯彻跨文化互动交流的理念,注重多学科的知识传授与技能培养,开展国际交流,丰富跨文化交流经历,在课堂内外及亲身实践中实现跨文化素养的提升。以上途径都在"甘泉"的课程体系架构与课程实施中有所体现。

经过半个多世纪的日语教育和二十多年的外国语学校特色建设与发展,我们清晰地认识到,"甘泉"的跨文化素养培育的支点在于外语课程的持续迭代。外语课程经历了从拼分数、重技能到能沟通、展自信的功能转变,学校为学生们提供了从单一语种到双外语学习的课程选择与学程贯通,还为具有语言特长的学生构建了关键语种人才早期培养的创新实验课程。同时,我们将综合实践活动作为撬动学生跨文化素养提升的重要杠杆,以"跨学科、跨学部、跨学校"的"三跨"策略将跨文化素养培育全方位渗透于具有校本特色的综合实践活动课程中。当学生们能够使用两门外语在各类实践活动中获得成功的跨文化交流体验时,背后所体现的

---

[1] 常永才,李玉馨,谢丹.如何培养学生的国际理解素养——国外文化互动教育实践的启示[J].中国民族教育,2016(5).

是通过"课程集合、目标融合、策略整合、资源联合"的策略,实现了对学生跨文化素养培育从"单学科增能"向"全学科联动"的根本性转变,实现了国家课程校本化与校本课程特色化,为每位学生的全面发展与个性成长保驾护航。这些课程的立体侧面将在本章得以呈现,以学校的课程构建与实施勾勒出学生在跨文化素养的提升过程中既有共性又有个性的生命体验。

第一节 从"重技"到"育人"的外语课程

从国家的顶层设计来看,面对百年未有之大变局,国家迫切需要能够参与全球治理的多语种人才。习近平总书记提出了这类人才的六个必备的专业素养,即熟悉党和国家方针政策、了解我国国情、具有全球视野、熟练运用外语、通晓国际规则和精通国际谈判。教育部相应出台了《关于加强外语非通用语种人才培养工作的实施意见》,对高校的外语人才培养提出了新的要求。《上海市教育发展"十四五"规划》也明确提出,要加强战略非通用语种人才培养力度,为国家"一带一路"复合型战略人才培养和储备提供保障。也有学者提出:"外语能力是全球化、多元化时代人才的必备能力,我国外语教育贯穿小学、初中、高中和大学各学段,为跨文化能力的融合培养及同步发展创造了条件,提供了优质平台。"[1]

这些领导讲话、政策文件和学者观点都在释放强有力的信号:国家对外语拔尖人才和全球治理人才的战略需求在不断放大。目前,上海市正在探索构建基础教育和高等教育衔接贯通的多语种高水平人才培养体系,实施上海市关键语种人才早期培养工程,创新多语种人才培养模式。作为一所外国语中学,必然需要积极参与到关键语种早期人才培养工程中,通过各类创新项目实践,加强对关键语种早期人才培养的行动和研究。

---

[1] 张红玲,姚春雨.建构中国学生跨文化能力发展一体化模型[J].外语界,2020(4).

其实，当"甘泉中学"变更为"甘泉外国语中学"之后，我们就已经意识到，学生的外语学习与多元文化体验越丰富，他们的跨文化素养发展越全面。学校果断地按下了日语课程建设的启动键，从最初的单枪匹马到逐渐打开了"日语见长、多语发展、跨文化素养"的格局，七年贯通的外语课程以及由此创生的关键语种早期人才培养行动在培育学生跨文化素养的过程中起到了至关重要的作用。跨文化素养的培育与外语学习有机融合，相互促进，共同贯穿各学段，成为学生生命体验中一个循序渐进、长期持续的过程，更成为学生实现可持续发展与终身学习的里程碑。

一、跨文化外语教学的功能定位

在近二十年的时间里，学校进行了三轮的日语教育教学改革，日语学科功能定位随着国家日语课程改革的推进以及学校特色发展的需要持续迭代升级，并引领了其他语种的课程功能定位。

1. 从"学语言"到"用语言"

世纪之交，日语学科功能还定位在以应试为主要目的，以传授语言知识为重点的学科知识本位上，学生的日语学习体验停留在了"唯分数"的狭隘层面。随着国家日语课程标准的推进，日语学科进行了从"双基"走向"三维目标"的教学改革。围绕课程设置、课程内容、教学方法等，学校制定了第一轮日语教育改革行动方案，将学科功能定位于以培养学生语言运用能力为主要目的，以"快乐学日语"（楽しく勉強しよう）为学习口号，以"能用日语表达"为评价要点。教师"一言堂"现象发生了根本性的改变，学生的学习兴趣被激发，"哑巴外语"的突出问题大为改善。经过这一轮的日语教学改革，学生的外语表达能力明显提升，尤其在口头表达方面不仅能够做到语言准确，还能做到自信从容地开展外语交际等话语活动，走出了分数的局限，获得了更为直接与持久的外语学习满足感。

2. 从"用语言"到"通文化"

学校以"日语见长、多语发展、跨文化素养"为办学特色，成功进入上海市特色高中创建序列，知名度进一步提升，被日本主流媒体称为"知日家摇篮"。学校开始进一步思考为日语学生的成长画像，在培养综合语言运用能力的基础上，提出了"接触异文化"（異文化に触れよう）的学习口号，鼓励学生开阔视野，通过参与校内外的国际交流等活动培养对多元文化理解与包容的跨文化素养。在这一阶段的日语课程中，学科文化主题展示活动和外事交流活动成为学生通过语言学习展现跨文化交际能力的主要平台，涌现了不少语言基本功扎实、善于进行文化比较、乐于沟通交流的学生，成为学校对外交流的活名片。学生的外语学习体验更为丰富，从中锻炼出来的跨文化交际能力对他们成功开展跨文化交流起到了重要的作用，由此产生的成就感又激发他们更为主动地怀揣热情投入到外语学习之中，形成了持久有效的良性循环。

3. 从"通文化"到"增自信"

伴随"双新"落地，国家对中学日语学科定位提出了新的要求，即聚焦到"培养日语学科核心素养"（语言能力、文化意识、思维品质、学习能力）的目标上。学生应当通过日语学科的学习，逐步获得日语运用能力，提高思辨能力和跨文化意识，培养终身学习能力，成为具有中国情怀、国际视野、跨文化沟通能力等正确价值观念、必备品格和关键能力的人。于是，学校从日语学科挖掘教育素材，以思辨性的思维处理文化信息，帮助学生树立文化自信，增强文化认同，以对方较为容易接受的方式"讲好中国故事"，成为日语教育改革的着力点，"传播中国文化"（中国文化を語ろう）成为新时代的日语学习新口号。

中日文化交流的使者

在 2018 年日本留考中，郭方磊同学获得了文科类最高的成绩。在他看来，"甘泉"的七年学习带给自己最珍贵的东西是学校的课程与活动，让自己有更多机会不断尝试、不断输出。

这些在郭方磊的"甘泉时光轴"上可见一斑：2011 年进入"甘泉"预备年级开始学习日语，2014 年拿下日语能力测试 N1 级别；2016 年获得上海市日语中级口译证书；2016 年成为上海市友好城市夏令营的志愿者，负责接待日本高中生；2017 年代表学校接待日本东京青少年足球俱乐部的教练并担任随从翻译；

2017年获得上海市日语高级口译证书；2017年代表学校参加全国中学生多语种技能大赛，获得团体一等奖和个人演讲第一名。

（日语教研组）

从郭同学的经历中可以看出，"甘泉"的多语种学习环境与国际交流的实践机会让学生在真实情境中用外语做事情，获得了外语学习的成就感与跨文化素养的培育。当"甘泉"学子走出校园，进入世界各地的高校时，往往会发现，自己擅长用外语积极地进行表达、有效地与他人开展沟通，有时候更勇于表达不同的想法。正如郭同学所言："这正是'甘泉'这个平台带给我的馈赠。"

可见，日语学科的功能定位随着国家日语课程改革的推进以及学校特色发展的需要持续迭代升级，从"基于学科本位的知识传授"到"跨文化交际语用的能力培养"，再到"素养导向下的人本发展"，在动态调整之中始终坚守学科育人的价值取向，始终关注学生在外语学习过程中成人与成年的美好体验。

一滴水中见太阳，日语学科伴随学校特色发展而持续发生的定位迭代与功能升级，为其他语种学科以及非外语学科课程定位提供了明确的方向，即：坚持育人导向，充分挖掘与利用学科本身的德育价值，以跨文化素养培育作为切入点，开展课堂教学和课外跨文化交流活动，在学习与实践的过程中激发学生的文化自信，培育学生的跨文化素养。学校努力让每个孩子都能在"甘泉"的各门课程中学习到学科本身的知识和跨文化的知识，能够从不同的文化视角来看待和解释各种现象和问题，还能够在真实的场景中主动运用所学的知识和技能，积极地开展跨文化交流，敏锐地发现跨文化交流中可能存在的矛盾和冲突，得体地尝试解决跨文化交流中的问题，主动地反思自我和他人在跨文化交流中的表现，在学习与实践的过程中感受到外语学习的满足感、跨文化交流的成就感和自我成长的幸福感。

二、个性化可选择的贯通学程

在"甘泉"这样一所完全中学，孩子们从懵懵懂懂的小小少年到初露锋芒的新青年，贯穿其间的七年求学生涯折射出怎样的质感，多语种的学习经历呈现出怎样的成长脉络，可以从"甘泉"毕业生的评价中窥见一斑。他们说得最多的是"有趣，好玩，超级牛"。在坊间，流传着这样的"甘泉"日语进阶通关秘诀：

预备年级：唱歌学假名，动漫学会话，书法朗诵大显神通。

初一年级：手工制贺卡，喝茶学礼仪，动静结合文化体验。

初二年级：动漫海报展，配音展风采，邮件微信广交朋友。

初三年级：读原版书籍，入门看文学，视频原创展露才华。

高一年级：掌握思维导图，诗歌朗诵配音，培养缜密思辨性。

高二年级：各类主题演讲，热门话题辩论，百家争鸣表现型。

高三年级：甘泉宝典在手，冲刺高考不愁，助力人生圆梦想。

这样的秘诀不能只在日语一门外语学科中兀自芬芳，打造多语齐放的满园春色才能更好地满足不同学生的成长需求。在特色发展初期，学校以日语的特色校本课程为标杆，相继开发并不断完善德语、法语、西班牙语的课程实施方案，实现了"日语见长、多语发展"的多语种一外课程体系，吸引了怀有不同语种学习需求的学生纷至沓来。

表2-1 多语种一外课程框架

年级	基础课	拓展课（中外教）	研究课
预备年级 初一年级	听说入门 读写入门	书法 看动漫学会话	走进日本/德国/法国/西班牙
初二年级 初三年级	听说强化 读写进阶	主题讨论 小说创作	日语/德语/法语/西班牙语影视作品鉴赏
高一年级 高二年级	时事视听说 精读与泛读	议论文写作 DSD Ⅱ/DELF-DALF/DELE 强化	海外综合学习微课题 中外文化比较
高三年级	综合强化	DSD Ⅱ/DELF-DALF/DELE 冲刺	海外综合学习课题

以法语一外的课程建设为例，学校2014年在预备年级正式开设法语一外，

2019年获得了法国外交部授予的"法国教育"标识。在短短五年的时间里,一门新生的外语学科是如何实现又快又好地发展的?法语教研组组长李敏一语道破:"这得益于甘泉多元文化的底蕴和一以贯之的跨文化素养培育。法语这朵小花,在'甘泉'多语的肥沃土壤中茁壮成长。在校内,我们与各个外语教学团队探讨交流,博采众长,融会贯通,逐步开发一门门适合学生的法语课程。在校外,我们积极参加国内外各类教学研讨会,不断研究和改善教学方法。尽管起步阶段适合中学法语学习的教材非常有限,但我们并不迷茫,根据学生实际情况灵活选择并使用教材,以符合学生的年龄特点和认知能力。我们还编写了《高中法语听说训练》,填补了高考法语听说测试配套教学训练的空白。"

面对新时代的课程建设新要求,学校对基础型、拓展型和研究型三类课程进行了整合优化,形成了国家课程与校本课程相结合的多语课程新构架。学校以外语学科核心素养为导向,根据绝大多数学生的学习需求,明确国家课程包括必修与选择性必修的所有内容。在校本课程中,一方面聚焦外语能力来匹配学生个性成长的需求,设立一外创新实验课程和二外课程;另一方面,强化跨文化素养的培育,设立多元文化探究课程集群,供学生自主选修,满足学生全面发展与个性化成长的需要,为学生步入高校做好充分的准备。

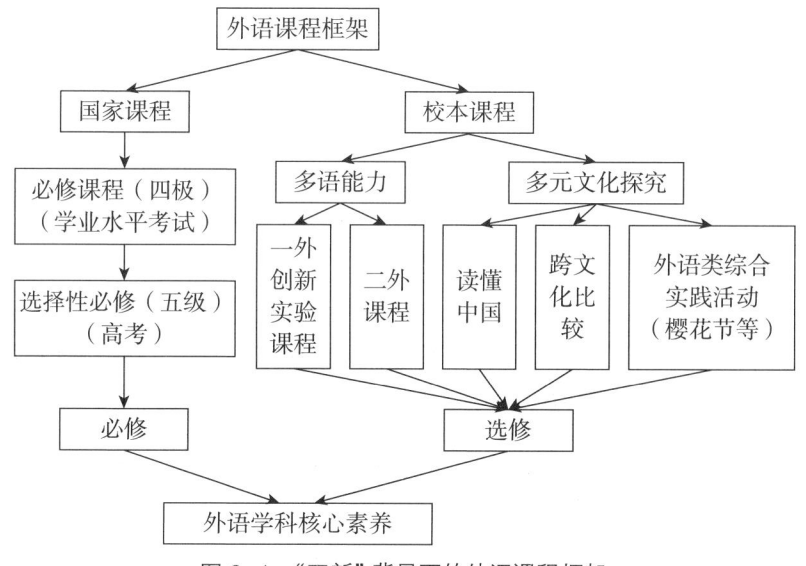

图2-1 "双新"背景下的外语课程框架

日语学生蝉联世界高中生日语演讲大赛冠军

2014年6月，朱徐为在第19届世界高中生日语演讲大赛中脱颖而出，夺得第一名。2015年7月，在第20届世界高中生日语演讲大赛上，俞越以极具感染力的演讲及机智敏锐的现场应答赢得世界最优胜奖，实现了学校在本项世界级赛事中的两连冠。

从两位冠军的日语学习经历中，可以发现这些共同点：从初中开始对日语学习的热情一直保持到高中，初中四年打下的坚实基础让他们在高一年级就能够以高分通过N1考试。此外，他们不会错过学校各项活动，例如演讲、配音、短剧、歌舞比赛以及与日本中学校的外事交流。他们在课内课外的学习与活动中既运用了知识，提高了能力，也开阔了视野，锻炼了跨文化沟通和交际能力。

俞越的日语教师陈晓静回忆道："俞越从初中开始就对日语学习抱有极大的热情，爱模仿、爱表达，积极地参加学校各项精彩纷呈的活动，尤其对配音、戏剧、演讲很感兴趣。从全国高中生演讲大赛的《追忆遣唐使》到世界高中生日语演讲大赛的《我》，俞越结合自己对历史、文学的兴趣，在演讲稿中写出了超越一般高中生的独特思考。另外，演讲大赛中有现场问答的环节，尤其考验学生的综合实力和临场应变能力。俞越广泛的兴趣和之前参加各种活动锻炼起来的心理素质起到了很大的作用。在世界大赛的舞台上，俞越丝毫不怯场，凭借走心的内容、地道流畅的表达以及对评委提问的机智回答赢得了第一名。在世界级演讲大赛中，他和世界各国的同龄人同台竞技，收获了友谊，增长了见识，也更进一步明确了目标。高中毕业后，他选择了去日本同志社大学留学，成为更好的自己。"

（日语教研组）

可以看出，学校多语种特色课程体系从日语的一枝独秀，到日、英、德、法、西的竞相绽放，覆盖了初中和高中七个年级，成为学生学习历程中独特的生命体验。学生们在传统的外语学习能力方面的渐进式发展只是成长过程中的小小成绩，他们还在选修课程序列中找到了能够满足自己兴趣爱好、特长发展、学业规划的个性化课程，在这样的课程体系中自由舒展地张扬个性，成就自我。

是参加高考，还是留学海外？这样甜蜜的烦恼经常会发生在高三毕业生的身上。选择高考的学生不必担心用日语、德语、法语或者西班牙语参加高考外语考试会对国内高校的志愿填报有任何限制，相比英语略有优势。此外，在高中阶段参加 DSD Ⅱ 项目的德语学生通过选择 DSD Ⅱ 的选修课程，通过 DSD Ⅱ 考试后可以凭借 DSD Ⅱ 证书及高考成绩，申请德国大学，直接就读大一。例如，2019 届德语 DSD Ⅱ 项目毕业生张睿豪不仅拿到了上海交通大学的录取通知书，也获得 DAAD 全额奖学金，收到了德国慕尼黑工程大学、纽伦堡大学、亚琛工业大学等高校抛出的橄榄枝，几经纠结，最终选择在慕尼黑工程大学就读机械制造专业。

有意出国留学的学生同样有多元的选择。学校与日本、法国、西班牙等国家的优质高校建立了直通车项目，学生可以在高二年级自主选择与留学相关的选修课程，在达到一定的外语能力水平的条件下，由学校推荐参加相关高校的测试，通过后即可获得入学资格。此外，日语学生还可以从高二年级开始选择与日本留学考试相关的选修课程，全力冲击东京大学等日本知名国公立高校。近年来，学校培养了 2014 年留考理科魁首陈诺，2017 年至 2019 年连续三年的文科第一名：童菲、郭方磊和侯东郡。

由此可见，学生在个性化、可选择的多语课程框架里，搭建起了发展规划的"立交桥"，不再囿于同质竞争的升学"独木桥"，稳步走在了定制式的成长道路上，以兼顾全面培养和个性发展的方式通往适合自己的光明未来。

三、文化敏感力与外语能力的双线进阶

正如有学者在跨文化素养的研究中指出的，跨文化敏感性是跨文化素养中一个情感层面的概念，指交际者发展积极的情感，理解和欣赏文化差异，促进得体且有效交际的能力，包含自我尊重、自我监控、思想开放度、共情、交际参与和非评判六个构成要素。[①] 在青少年时期，跨文化素养的提升基于增强文化多样性的意识以及在日常情境中体验跨文化交流，尤其是关于文化异同的讨论会增强青少年

---

① 戴晓东.跨文化能力研究［M］.北京：外语教学与研究出版社，2018.

辨识自身文化和其他文化的敏感性。① 在构建了具有学校特色的外语课程体系的同时，学校对外语课堂的教学实践也在持续不断地推进和优化，以期使传统外语能力与文化敏感力真正地随着学生七年的外语学习而不断地生发、发展与成熟。

1."语翼计划"：为学生插上飞向远方的翅膀

与外语课程以学段为单位进行设置相匹配，在外语教学的实践中，学校遵循外语学习的规律，抓住不同年龄段学生的认知发展特点，将七年的外语学习时间分为四个学段。对于每个学段的外语学习与跨文化素养的培育，由教师结合既往的教学经验和学业质量标准的要求，明确对应的语言学习侧重点和文化敏感力培育点。经过多年的探索与实践，"甘泉"形成了具有学校特色的"语翼计划"，成为一份"新生入学礼"，伴随学生七年的外语学习和跨文化素养不断生长的历程。这也是外语教师办公桌边的一份参考，能促进课堂教学的开展和跨文化素养的培育。

表 2-2 "语翼计划"教学指引

学段	语言学习侧重点	文化敏感力培育点
【萌新】预备＋初一	听说先行，读写跟上	对不同文化的持续好奇心
【丰羽】初二＋初三	分层教学，文化比较	对文化差异的尊重与包容
【满翼】高一＋高二上	思维提升，求同存异	对自身文化的深刻认同感
【鹏程】高二下＋高三	系统回顾，反思迭代	跨文化交流的自信与主动

初中阶段的四年时间被分为"萌新"与"丰羽"两个阶段。在"萌新"阶段，预备年级重点关注新学语种的书写规范和语音语调模仿，学校通过设计具有所学语种文化特色的听说作业（如学唱歌曲、配乐诗朗诵），激发学生对异文化的好奇心。初一年级重点培养阅读的习惯，学校指导学生利用"思维导图"等方法

---

① 孙有中，等.跨文化外语教学研究[M].北京：外语教学与研究出版社，2021.

进行阅读笔记，设计以异文化发现为主题的阅读及写作作业（如整本书的中外双语阅读），加强学生在异文化好奇上的持久性与自觉性。在"丰羽"阶段，学校重点关注学生分层走班的情况，改善小班化教学生态，明确各层的学习目标和课堂教学的主要策略，作业设计注意分层作业和个性化作业。在这一阶段，学校重点实施"外语+"主题式、跨学科学习，侧重中外文化比较，增强多元文化意识，提升面对文化差异的包容度。

例如，在"萌新"阶段，形成了与日常生活紧密相关的"外语+日常生活"的主题式课堂教学。在德语"业余休闲活动"单元中，涉及"文明出行"的相关话题。教师将分别发生在德国城际特快列车和中国高铁上的情境会话作为引入，引导学生发现中德两国乘坐火车文明礼仪的异同，同时学习制止他人不文明举止的情态动词 dürfen、können、sollen；最后通过小组合作分角色情景表演，模拟文明用语在真实生活场景中的运用。作为一堂市级公开课，在场的专家给出了高度的评价：

"德语+"课堂体现了浓浓的德育元素，授课老师相当完美地将德育融入了德语课堂。导入环节的听力对话生动有趣，既结合了文明礼仪的教学内容，又自然融入了文化自信与跨文化交流的内涵。（王蔚教授）

主题式的教学设计衔接自然，环环相扣，在强调学生重点练习情态动词语法点的同时，有意识地采用了推导方法，引导学生在真实的语言情境中感悟文明礼仪是中德两国的文明共识。（李双志教授）

高中阶段的三年时间被分为"满翼"与"鹏程"两个阶段。在"满翼"阶段，教师着重提升学生的思维品质，在课堂教学及作业设计中体现思辨精神（如辩论、议论文写作），引导学生从不同的文化视角对同一问题开展讨论，在观点的交锋与思维的碰撞中强化对自身文化的认同。同时，教师结合教材单元主题内容，参考《促进实现可持续发展目标的学习目标》，开展项目式学习，引导学生关注社会热点，综合运用其他学科知识，"用外语做事情"，在开展跨文化交流的过程中不断深化文化自信与身份认同。在"鹏程"阶段，教师系统设计高考总复习的内容与节奏，注重"见森林—识树木—辨叶脉"，即：给予学生完整的知识架构，进行明确的重点梳理和精讲精练，给予符合学生能力和潜力的升学指导。对于选择参加DSD Ⅱ等欧洲语言考试及出国留学的毕业生，尤其注重在选修课中创设真实的跨文化交流场景，用不良结构激发学生综合运用语言知识开展有效的跨文化交流，为今后身处国外的真实日常生活做好充分的准备。

例如，在高中德语学习单元"自然灾害与环境保护"中，教师以"塑料垃圾问题"为议题，组织学生开展一次模拟联合国会议的活动，作为本单元的大任务。学生们自由组队，分别代表中国、德国、日本、泰国和肯尼亚等五个国家。在正式"开会"之前，每个小组分析本国的国情和减少塑料垃圾的措施，进而提出全球解决塑料垃圾问题的方法。在此过程中，各组需基于国情，以本国利益最大化为前提，讨论措施的可行性。最后，各国代表举手表决，共同起草面向全球的减少塑料垃圾的会议文件。学生们在德语课上从自己代表的国家所具有的文化视角与现实条件出发，沉着自信地阐明自身的立场，同时在相互的观点交锋中积极主动地回应他国的诉求，通过一场和而不同的模拟联合国会议，在相互尊重与妥协中达成了一份全球倡议。

总之，"外语+"的项目化学习将外语的工具性和人文性相融合，教师从创设真实问题的情境出发，引导学生用外语开展基于单元大任务的学习，在听、说、读、写、看等语言能力得到全面锻炼的同时，激发学生关注国家大事，关注社会话题，关注与人类命运共同体息息相关的世界性议题，在多元文化背景下开展对话与沟通，实现积极有效的跨文化交流。

可见，在跨文化素养培育视角下的外语教学不是外语教学和跨文化通识类课程教学的简单叠加，而是将跨文化知识与技能、情感与价值观的培养贯穿外语教学之中，在提高学生的外语学科核心素养的同时，促进跨文化敏感力，提升跨文化理解力，锻炼跨文化沟通力。

2. 表现性评价：丰厚学生外语学习的个性化档案

在"甘泉"的多语种课堂中，各种表现性任务都以口头表达（如主题讨论会、小演讲、微辩论等）、文字表达（如微小说创作、议论文、微课题研究报告等）等形式穿插其中，给予每一位学生独一无二的学习反馈，逐渐积累形成了每一位学生个性化的外语学习档案。

"开口脆"通常是每位外语老师在课堂教学中激励和引导学生去达到的口头表达效果。在语言入门阶段,教师们运用"听说先行,读写跟上"的策略,抓住预备年级学生语言模仿黄金期,以外语歌曲(儿歌)、绕口令等活动练就扎实的"童子功",在精准模仿的刻意练习中练就地地道道的发音,养成了学外语先开口的习惯,从源头上杜绝了"哑巴外语"的可能。在进入初二之后的语言进阶阶段,"情境会话""课前3分钟演讲""微辩论""圆桌讨论"等课堂活动,进一步实现了学生从语言输入到思维训练,从简单模仿到综合创作的飞跃。针对学生不同的兴趣爱好,各类微型课和个性化辅导可谓"百花齐放",外语配音、外语歌曲创作、口译入门、中级口译、高级口译等课程都以学生的表现性任务作为评价的手段和方法。

　　针对高考中相当考验学生外语综合能力的读写综合题型"概要写作"这一典型的表现性任务,我们从高阶认知的维度中锚定了最为关键的两项学习结果,即"文本分析—主题与中心思想"和"创作与写作—组织结构",使学生在高中阶段完成由简到繁的各类概要写作任务,最终能够得心应手地完成高考的作答。

表 2-3　德语学科高一年级议论文"概要写作"量规

一级维度	二级维度	指标说明	等级1：新手	等级2：基本	等级3：合格	等级4：熟练
文本分析	主题与中心思想	在分析文本时,能够确定文本的主题和中心思想,也能够解释文本中的各部分内容如何作用于主题和中心思想的表达	能够识别文本的主题和中心思想,并能够提供一些主要细节	能够识别文本的主题中心思想,并能够使用主要细节来解释主题与中心思想	能够识别文本的主题与中心思想,并能够理解主要细节如何支持中心思想;或者能够使用主要细节来描述作者对于文本主题的观点	能够识别文本的主题与中心思想,并能够为文本中的细节如何支持主题和中心思想(的发展)给出初步的解释

（续表）

一级维度	二级维度	指标说明	等级1：新手	等级2：基本	等级3：合格	等级4：熟练
创作与写作	组织结构	能够使用清晰的表述结构和适当的过渡，以实现清晰连贯的内容传达	围绕文本的主张和观点组织段落或章节 使用连接词和短语将一定范畴之内的想法联系起来	有逻辑地组织语句，以支持文本的主张和观点 使用连接词、短语和句式将一定范畴之内与范畴之间的想法连接起来	语句间相互连接、富有层次，以支持对观点的理解。过渡是多种多样的，大多是适当和有效的。	语句间相互连接，逻辑上层次渐进，以加深对观点的理解，并澄清这些观点之间的关系。过渡是多种多样的，并且适当和有效

此外，在新时代的素养教育环境中，我们发现语文的学科核心素养"文化传承与理解"与外语的学科核心素养"文化意识"同属跨文化素养的态度与价值观维度，为语文教师和外语教师合力提升学生文化自信，塑造文化品格，提供了广泛的合作教学空间。例如，在西班牙语必修Ⅲ中加入"人物介绍：讲述名人生平和偶像故事"的学习内容。在初一年级的西班牙语课中，教师将相关单元的文化意识核心素养指向明确为："学生能加强对中华优秀传统文化、革命文化、社会主义先进文化的认同，坚持中华文化立场，发展中国特色社会主义，尊重人类文化多样性，增强民族自豪感和社会责任感，形成正确的价值观，树立文化自信，增强家国情怀，讲好中国故事。"教师由此设计了"中国名人堂"的表现性任务作为本单元的大任务，具体内容如下。

任务背景：随着中外交往的日益密切，越来越多的西语国家中学生对中华文化产生了兴趣。为此，甘泉外国语中学和西班牙姐妹校最近正在组织一场"名人海报展"。

任务要求：你将和组员一起作为甘泉外国语中学的代表，利用自制的海报向西班牙的同伴介绍中国的一位名人。

学习结果1：使用资料——选用材料。在面向某研究问题寻找相关资料时，能够选择具有相关性、可靠性的资料,资料的内容应该明确区分事实与观点。

学习结果2:创作/写作——组织结构。能够使用清晰的表达结构和适当的过渡,从而实现清晰连贯的内容传达。

学习结果3:口头表达。运用适当的公共演讲策略,吸引听众和交流要点。

学生们通过对教材文本内容的学习、文本结构的分析、语法时态的掌握,以小组合作的形式选取中国的名人,结合在语文课上所学习的内容,通过选用资料、文本创作、海报制作、演讲展示等学习活动,对钱学森、邓稼先、袁隆平、姚明等名人进行介绍,实现了用外语讲好中国故事,增强了文化认同与文化自信。

四、关键语种人才早期培养的创新行动

随着国家对外语拔尖人才和全球治理人才的战略需求日益突出,在基础教育与高等教育衔接贯通的人才培养路径上,学校主动响应并积极行动,坚持将外语教育作为跨文化素养培育的关键要素,通过创建外语教学与研究的创新实验室,持续推进外语类高端赛事,为具有语言特长的学生提供无限的成长可能。学校打破了在外语教学上自我满足的"天花板",打造了聚焦于跨文化素养培育的校内外教学场域,一茬茬多语种的好苗子不断走出舒适区,突破最近发展区,向关键语种人才的目标靠近。

1. 全市唯一的多语种考试评价中心

全市唯一的多语种考试评价中心,能够花落"甘泉",实属来之不易。在2014年之前,学校已经连续多年承担了多语种考试的组织工作,但并不是唯一的标准化考点。为了用多语种考试评价来反拨日常教学,实现外语教学的可持续发展,学校与上海市教育考试院展开合作,申报了"多语种考试评价研究"的课题。在课题项目的框架内,学校向市教委和市教育考试院申请建立一个市级层面的多语种考试评价中心。这一申请获得了批准,学校得到了600万元的经费支持。多语种考试评价中心的建成奠定了"甘泉"在全市多语教育领域的龙头地位,除英语以外的高考外语和中考外语听说测试都在此设立考点。

在六百多平方米的空间里,"上海市多语种考试评价中心"以多语种口语考

试为主要功能，设置了九间专用考场，同时合理兼顾了小班化教学的日常需要。考场（教室）的设施设备充分考虑了人人对话、人机对话、远程在线考试、虚拟场景考试等需要。室内空间以活动式隔断为主，可以灵活扩容或分隔。学校每学期外语学科的听说测试、口语测试等模拟测试与正式测试均在此进行。

自多语种考试评价中心建立以来，每一届预备年级与高一年级的新生都会在这里迎来第一次外语听说测试，全真的环境带给了学生正式严肃的仪式感；通过全流程的测试体验与评估反馈，学生对自身的外语听说能力有了全面的认识；结合老师个性化的分析与指导，学生对今后的外语学习有了更为明确的目标和更具实操意义的方式方法。每一位从多语种考试评价中心走出来的学生，都增添了不少自信，直观地看到了自己从零基础开始一路学习的成果。可以说，在"甘泉"学习外语的学生不会陷入"哑巴外语"的泥潭；有的学生还发现了自己在语言沟通与表达上的特长，走上了成为演讲、辩论等比赛型选手的个性化成长道路。

立项后，这里还成为学校开展外语教学与评价研究、关键语种早期人才培养研究的重要基地。近年来，各语种教研组以新课标的学业质量标准为参照，结合本校学生学情，研制适合初高中七年一贯培养的外语听说学业质量的校本评价标准，为学生的外语听说能力培养提供明确的指引。

面对 2017 年上海的高考改革方案中明确外语学科听说测试以 10 分计入高考总分的新变化，学校迎难而上，举各语种之力，联合开发基于标准化听说考场环境的试题库和模拟操作系统。在既没有可供参考的试题样板，又没有可以直接上机使用的系统软件这样的困境中，多语种考试评价中心牵头学校信息中心和科创中心开发模拟平台，各语种教研组在校外专家导师的指导下编制模拟试题，用最短的时间实现了学生在学校就能上机模拟高考外语听说测试。经过多轮的上机实操，模拟平台日臻完善，各语种听说试题库日益丰满，各教研组还将成熟和典型的试题进行了整合，先后出版《高中西班牙语听说训练》《高中法语听说训练》，惠及全市学习多语种的学生，也吸引了全国其他省市多语种教师的关注，以此探得全国外语高考改革的风向。

2. 建在中学里的"高翻基础人才"创新实验室

"创造适合每一个学生发展的教育"不能是一句口号。我们发现，教室里的常规外语课已经不能满足所有学生的需求了。不少学生通过几年的外语学习,在语言能力方面表现出极强的天赋与潜力,他们对更高水平和领域的外语学习抱以极大热忱与渴望,对未来的个人发展也有着理性而明确的规划。这些"小苗苗"的涌现,促使我们思考一个问题:外语人才的早期培养怎样与高校需求衔接?怎样与社会需求对接?基于这样的思考,刘国华校长在 2010 年带着相关的中层干部前往上海外国语大学高级翻译学院学习,对建设中学阶段的同声传译基础训练的实验室项目进行了系统的规划设计,向普陀区教育局争取了 50 万元建设经费,终于建成了全国首个建在中学的多语种高级翻译实训中心。

该中心建成于 2013 年 6 月,作为学校特色语言创新实验室,开设语言创新课程,是兼备实战和训练功能的多语种口译训练基地。该中心分为训练室、译员间和大报告厅三大功能区域。训练室内设主席 1 座、代表席 15 座、旁听席 30 座,可以同时容纳 15 名学员接受交互传译、同声传译等模拟训练。在训练室的后方,设有 4 间独立的译员间,可通过红外设备向大报告厅的嘉宾同时提供 4 个语种的同声传译。

目前,学校开设了日语、英语、德语的中高级口译课程以及同声传译基础训练课程。截至 2018 年底,近 50 位同学获得了日语、英语高级口译证书,获得中级口译证书的学生更多。[①] 这样一个外语创新人才培养项目也为孩子们打开了一扇通往外语专业高级人才的大门。他们在各类外语赛事以及海内外高校录取的交流与面试环节中,展现出大气沉稳的气质、地道流利的表达、逻辑思辨的思维,给专家评委留下了深刻的印象。

侯东郡是 2019 届高三日语毕业生,她是日本语考试 N1 满分获得者、2020 年日本留考文科总分第一名,目前就读于东京大学。在她成功的背后,也有多语种高级翻译实训中心的一份功劳。2014 年 9 月,学校日语中级口译课程班面向全校第一次招生,在前来报名的 25 名学生中,当时年仅 13 岁的侯东郡受到了大家的关注。授课的老师们起初还有些担心:初一的孩子能否适应口译班的教

---

① 按照相关规定,自 2019 年 1 月 1 日起,上海外语口译证书考试不再接受 18 周岁以下人员报名。(编者注)

学？最终，侯东郡用自己的实力通过了入学考试，成为第一批16名正式学员之一。在高中学长学姐面前稍显胆怯的侯东郡，也慢慢地开始适应口译课的内容。尽管每节课都有许多陌生的单词，但她不仅每周按时完成回家作业，在课堂上的表现也渐渐得到了大家的认可。

侯东郡曾聆听过原外交部同声传译，曾为毛泽东、周恩来等国家领导人担任翻译的周斌老师的讲座。提到这段经历，她这样说道："刚开始接触高翻实训中心的中级口译这门课程的时候，觉得十分困难，但在老师的引导和分析下，渐渐习惯了这紧张的环境。中级口译这门课程的专业术语很多，通过学习这门课程，我掌握了许多单词和语法的实操运用。在学校的好几次大型活动中，我和几位学长学姐一同担当了同传员，深切感受到了同声传译的魅力。同声传译不仅需要高度集中精神，同时还要和搭档互相配合。如今，我已经顺利通过了上海市高级口译考试，也会在这门课程中继续努力学习，为实现自己的梦想而努力。"

周生升校友既是学校首届高中双外语实验班的学生，也是中日同传班的学员，他在学校纪念日语教育50周年的大会上，真诚地与大家分享作为甘泉毕业生的感受。

周生升校友发言

Good afternoon, Secretary Pu Hong, Principle Yang Yun, distinguished guests and participants! It is a great honor to be here amongst you. It is indeed a privilege to represent and speak on behalf of alumnus. 正如刚才杨校长介绍，我是母校第一届双语班学生。在校七年间，母校的日语教学以及与日语相关的特色活动为我打下了扎实的语言基础，让我和日语结下了不解之缘。从学习同传到担任北京奥运会日本国家男足的翻译官，再到之后赴日留学深造，这些经历的起点就是母校的日语教育。今天，我进入上海国际问题研究院这一为党中央和政府服务的重点智库工作，正是因为国家对于日语人才、双语人才的需求。可以说，没有母校的栽培，就没有我如今的工作成果。最后になりますが、改めて、母校の日本語教育50周年、おめでとうございます。先生及び生徒の皆様のますますのご活躍を、そして栄えある甘泉外国語中学校の更なる発展をお祈り申し上げます。

学校的各语种口译课程不会因为市级口译证书不再面向未成年人而终止，每一期的口译班报名依旧火爆，这得益于多年来口译班口口相传的"口碑"。从口译班走出的学生，都成为校内外大型活动的"同传员"，在一次次的实践中获得学以致用的成就感。随着学校特色发展的不断深入，口译班的课程也随之发生了新的变化：课程内容更加丰富，在原有中高级口译教材的基础上增加了以可持续发展为主题的内容；课程组织形式更加多元，在原有的人机训练的基础上增添了模拟同传真实场景的实操训练；在学习评价上更为完善，在原有终结性评价的基础上丰富了过程性评价，在教师评价的基础上补充了学生的自评与互评。不断升级更新的口译课程为关键语种早期人才的培养提供了重要的途径和保障。

3. *助力梦想起航的多语种高端赛事*

学生外语学习的天地不仅仅局限于学校里的"一亩三分地"，高手过招间的惺惺相惜会加速特长学生的成长，同伴间的竞争与合作给学生带来的不仅是语言能力的大切磋，更是对沟通、合作、批判性思维与创新等关键能力的大考验。学校为他们走出学校，在更大的舞台上展现风采、展示实力，创造了许多机会。学生们也不负所望，在各种平台上亮相，从最初的一鸣惊人到如今的众望所归，他们用自己的综合素养为学校的特色发展不断注入新的动力。

如何在学生中发现"千里马"，伯乐不是教师个体，而是多个教研组。从赛前准备到赛中布局，再到赛后总结，外语教研组提前布局，以目标定位逆向确定指导策略。每一位参赛选手不再是单打独斗，教研组集团队的智慧和力量，精心打磨每一个参赛作品，用心指导每一位参赛选手，细心研究每一处参赛细节。此外，参赛选手如何产生，并非靠简单的缘分或者运气。在决定最终参赛选手之前，教研组会主动加赛，开展校内预选赛，根据选手表现和潜力共同选出代表学校的参赛选手。随后，根据比赛的特点，组建由多个教研组组成的智囊团，按照预先制定的赛前培训安排表，对标最终评价标准，有计划、分步骤地开展赛前集训。经过多轮的比赛实践，教研组打磨出了外语综合实践类校本特色课程。从目标到架构、从内容到评价、从机制到运行、从师资到管理，构成了行之有效的体系。其中，历年赛程大盘点、赛情调研分析、实赛微模拟、多维技巧实训等方法成为校本课程的重要内容。学生通过赛前的系统训练和实践，得到了语言、礼仪、表现力、思维、逻辑、心理稳定性等多方面的锻炼和提升。

全国中学生多语种技能大赛中的日德双料冠军

2017年7月，由外语教学与研究出版社主办的"第三届外研杯全国中学生多语种技能大赛"举行，吸引了来自全国各外国语学校的顶尖学子。学校派出了两支精锐战队——由高二年级日语和德语各三位学生组成日语和德语一外队，最终获得了日语一外组和德语一外组的全国冠军。

德语战队的指导教师陈航飞在比赛结束后，不禁感慨道："短短两天的比赛对参赛学生外语能力的考查是全面和严格的。要赢得这样的比赛，单靠赛前的准备完全不够。学生取得冠军的背后是完整的七年外语学习体系的支撑，以及学生们课内外广泛的锻炼机会。在现场提问环节，评委提出'既然你认为文学如此重要，就请你具体谈谈自己阅读德语文学的经历'。我们的学生便从平时阅读课的亲身感受出发，以《尼伯龙根之歌》为例，信手拈来。这份沉稳和自信，源自日常学习的充分积累和习惯性的反思沉淀。"

（德语教研组）

此外，学校连续15年承办了"共立杯"大、中学生演讲比赛，并坚持按照国际惯例组织大赛，是"甘泉"的日语特色得到社会认可的重要表现。经市教委及有关方面促成，学校与日本国共立国际交流奖学财团于2002年达成协议，在校内设立该财团的中国事务所，并于2003年10月5日举行了揭牌仪式。第二届"共立杯"日语演讲比赛以"2004年度自我能力提高in上海"为主题，吸引了来自上海交通大学、华东师范大学、上海外国语大学等9所大学的83名选手与70名高中生选手（包括来自无锡、深圳的选手）参赛。值得一提的是，曾获得"共立杯"优胜奖的毛岚、孟怡乐两位同学，最终成为首批被北京第二外国语大学同声传译学院录取的学生，成为关键语种早期人才培养的又一例证。

由此可见，参加比赛不只是为了获得一个高分、一个奖杯，相比于结果，过程更为重要。我们将关注点落在学习过程的引导上，落在激发学生学习内驱力上，落在培养健全人格和社会责任感上，落在培养能在国际舞台上发光发热的优秀人才上。学校培养并鼓励学生参加高端赛事，促进的是他们全方位的成长。

各语种的教研组将特长学生的人才培养视为重要的工作内容，通过在准备期的"放手"和"抓手"，让学生在收集信息、甄别信息、提炼信息等方面得到全面的锻炼；通过赛前集训，强化学生的语言组织能力、知识迁移能力。这些能力的培养，为他们实现语言学习、跨学科学习以及终身学习打下了坚实的基础。

经历过高端赛事的学生，在语言上学会了更为地道与优雅的表达，大大激发了内驱力；从社会责任感的培养来看，他们通过对演讲主题或辩题的深入思考，更加关心社会发展，关心人类发展，更深刻地理解"人类命运共同体"的内涵；从跨文化素养的培育来看，他们更习惯从不同视角进行思考，对文化差异更敏感，更为包容地与他人交流，更能在有效沟通中达成和而不同的和谐。

2003年联合国教科文组织发布的《多语世界中的教育》明确指出，外语教学是跨文化教育实施的重要组成部分，它打开了通向另一种世界观和文化价值体系的大门，鼓励文化之间的理解，消除对异文化、异族群体的排斥或偏见。在全球化进程加速的大背景下，掌握至少一门外语并具备跨文化能力，已经成为必备素养。作为一所公办的外国语中学来说，无论是着眼于这个时代赋予的历史使命，还是满足国家、社会及个人的发展需要，都应该肩负起跨文化人才培养的历史重任。

第二节　综合实践活动的跨文化性设计

综合实践活动是国家义务教育和普通高中课程方案规定的必修课程，坚持教育与生产劳动、社会实践相结合，是从学生的真实生活和发展需要出发，从生活情境中发现问题，转化为活动主题，通过探究、服务、制作、体验等方式，培养学生综合素质的跨学科实践性课程。这类课程的具体内容以学校开发为主，为学校在跨文化素养培育的指向下进行校本化的构建和实施提供了广阔的空间。综合实践活动课程的跨文化性设计，有利于解决以往学校社会实践活动比较单一且同质化的问题，有利于培养学生的核心素养，特别是社会责任感、创新精神和实践能力，有利于满足学生对个性化发展的需求，为适应多元文化世界，迎接信息时代做好中学阶段的能力准备。

从学生跨文化素养的培育来看，显然不能囿于学校及教室这些固定的物理环境。跨文化体验离不开实践，我们鼓励学生积累跨文化的生活经验，而不是局限于积累跨文化知识。通过综合实践活动的跨文化性设计，学生能够获得充分的跨文化交流的机会，在跨学科、混合式、串联式等多样化的合作体验学习中增强文化意识，提升思维品质。简而言之，综合实践活动体现了"学校小天地、社会大视野、世界大格局"，以"真实情境、双向传递、融合建构"为特征，目的是让学生在社会性学习中提升跨文化素养，提升学校"五育融合"的育人实效。

一、强调知行合一，创生课程新结构

最初，社会实践活动与国际交流活动分别在学生工作部与外事办的组织策

划下开展。有些活动是一以贯之的"规定动作",而有些活动是机缘巧合的"偶然行为"。从整体上看,林林总总的活动呈现出的是较为松散的结构、较为灵活的安排,学生对于实践活动的评价比较笼统,对于提高学生跨文化素养的评价就更为模糊了。这与学校深化特色内涵的进一步发展之间存在距离,亟待学校从顶层设计上进行一番构想。

这样的时机出现在了 2017 年 9 月,当时教育部印发了《中小学综合实践活动课程指导纲要》,对综合实践活动课程的性质与基本理念、目标、内容与活动方式、管理与保障等做出了明确的要求和指导。学校将此作为统整国际交流活动与综合实践活动的课程契机,紧紧抓住"探究""服务""制作""体验"这四个关键动作,将学校跨文化素养培育的目标与之统整,形成了具有校本特色的综合实践活动课程目标。

表 2-4 综合实践活动课程目标

总目标	获得丰富的实践经验,提升对自然、社会、世界和自我之内在联系的整体认识			
	价值体认 (体验)	责任担当 (服务)	问题解决 (探究)	创意物化 (制作)
初中	形成国家认同,热爱中国共产党 形成积极的劳动观念和态度,具有初步的生涯规划意识和能力	围绕家庭、学校、社区的需要开展服务活动,增强服务意识 初步形成探究社区问题的意识,初步形成对自我、学校、社区负责任的态度和社会公德意识,初步具备法治观念	聚焦文化比较,学会运用科学方法开展课题研究 做出基于证据的解释,形成基本符合规范的研究报告或其他形式的研究成果	将一定的想法或创意付诸实践,制作和不断改进较为复杂的制品或用品 通过信息技术的学习实践,提高利用信息技术进行分析和解决问题的能力以及数字化产品的设计与制作能力

（续表）

总目标	获得丰富的实践经验，提升对自然、社会、世界和自我之内在联系的整体认识			
	价值体认（体验）	责任担当（服务）	问题解决（探究）	创意物化（制作）
高中	深化社会规则体验、国家认同、文化自信 初步体悟个人成长与职业世界、社会进步、国家发展和人类命运共同体的关系 增强生涯规划和职业选择的能力 强化对中国共产党的认识和感情 具有中国特色社会主义共同理想和国际视野	增强社会责任意识和法治观念，形成主动服务他人、服务社会的情怀，理解可持续发展目标，践行社会公德，提高社会服务能力	聚焦文化比较和世界议题，提出具有一定新意和深度的问题，用科学方法开展研究，建构基于证据的、具有说服力的解释，形成比较规范的研究报告或其他形式的研究成果	熟练掌握多种操作技能，综合运用技能解决生活中的复杂问题 增强创意设计、动手操作、技术应用和物化能力

与课程目标中的"价值体认""责任担当""问题解决""创意物化"四个分目标相对应，学校设置了"社会·友善（Will for Society）""世界·融合（Integration for World）""未来·解答（Solution for Future）""成长·赋能（Empowerment for Growth）"四大系列，以每个系列的英文首字母依次排列组合成WISE，寓意为：培养"智慧的"的时代新人。

1. "社会·友善"系列

友善作为社会主义核心价值观中个人层面的内容，是对公民维系良好人际关系和社会关系的基本道德规范，也属于跨文化素养中的态度与价值观范畴。2002年12月，学校成立了校内第一支由学生组成的志愿服务队伍——上海市甘泉外国语中学志愿者协会。2009年，协会获上海市优秀义工团称号。协会以"服务校园，奉献爱心，倡导绿色，关心敬老"为宗旨，努力为同学们服务他人、体现自我价值提供一个广阔的空间。社团长期与普陀区教育慈善超市结对，定期组织义卖、募捐、慰问老人等活动。每年3月5日的学雷锋主题活动，更是协会对于志愿服务精神的宣扬。

2008年，学校承担了上海市教育科学研究项目"校园慈善文化建设的理论和实践研究"，慈善文化成为校园文化的新亮点。为了让学生系统地了解慈善事业的意义、作用、途径等知识，提高对慈善的认知和理解，引导学生参与力所能及的慈善活动，增强投身慈善事业的社会责任感，培养和拥有博爱之心，成为具备社会责任感的有用人才，学校以慈善教育普及读本《慈善是一种文化》为依托，将它作为慈善课程的教材。这是一本既适用于学校教育，又兼有可读性、趣味性、文化深度、思辨性、实践性、可操作性的慈善文化普及读物。

基于较为厚实的实践积累和鲜明的校本特色，学校设计了"社会·友善"系列课程，其中不仅包括"慈善是一种文化"的校本特色课程作为必修内容，还包括具有学校多语种特色的校外大型赛事或者活动的语言类志愿服务、校内外丰富的外事接待服务等社会实践活动作为选修内容，以此引领学生认识慈善，践行慈善，形成服务他人、服务社会的意识，形成对自我、学校、社区负责任的态度和社会公德意识。

慈善教育进"甘泉"

尚在2006年，学校新大楼的底层，就开出了本市第一家教育界的慈善超市——普陀区教育慈善超市。

这个教育慈善超市的宗旨是实现"帮困助学"和"育人成长"的同步发展。与其他慈善超市不同的是，我们的慈善超市重在"慈善教育"。因为有了慈善教育超市，所以就有了一个特别的"慈善课堂"，让甘泉学子在这里成为慈善的体验者、实践者、思考者。

"甘泉"学子总会利用课余时间来这里参加社会实践与志愿者服务，打扫卫生、做营业员、整理货物等。一些价廉物美的手工艺品如剪纸、丝网花、画像等，都是学生们在劳技课上亲手制作并捐到这里的。在这块充满爱的天地里，学校师生们一起分享着爱心故事。

2011年12月19日，时任上海市政协主席冯国勤以及市慈善基金会负责人来到甘泉外国语中学视察"慈善四进"活动开展情况。他们观摩了学校慈善微型拓展课，并给予高度评价。十多年来，慈善超市已成为爱心物品的捐赠接受点、爱心帮困助学用品的发放点、爱心假日学校的服务点和公民道德实践基地。在这里，"乐善好施、助人为乐、上善若水、厚德载物"的中华传统美德得到弘扬。

（学生工作部）

2."世界·融合"系列

本系列以主题探究作为学生开展实践活动的关键行为，将世界的、中国的、长三角的、上海的地理范围与多元文化、红色文化、江南文化、海派文化的文化特色有机结合，将原有的国际交流活动与社会实践活动纳入其中，组织开展短则一天、长则一年的综合实践活动。

这一系列深度统整了学校各个部门以往组织的各类实践活动，例如：学生工作部常年组织的学生春秋季社会实践、寒暑期红色文化研学旅行，外国学生部面向外国学生的长三角文化研修，以及外事办面向学生个人的海外长短期交流项目、学校团组的海外姐妹校校际互访等国际交流活动。

与其他学校明显不同的是，在这一系列中，我们充分利用学校丰富的外事资源优势，鼓励学生运用自己所学的外语在亲身经历、参与和体验中，进行跨文化沟通，尝试解决跨文化冲突，开展跨文化比较，能用外语说好中国故事，加强文化认同，提升文化自信。此外，围绕可持续发展的相关议题，学生在校外的学习和实践的空间里，能够用科学的方法开展主题式研究或项目化学习，关注不同国家和地区的情况，建构起基于证据的、具有说服力的解释，采取积极的行动，形成相关的研究报告或成果。

带着课题去研学：赴日研学行前准备

同学们，请大家参考下面的微课题示例，选择一个你感兴趣的主题，与志同道合的小伙伴一起，完成一个微课题的设计，并思考：为完成这个课题，需要在出国前做好哪些准备工作？

微课题一：从文明细节看城市形象。

在日期间，请注意观察人们在就餐、交通、会面、接待等方面的言行举止，看看有哪些细节令你印象深刻，以及引发了你对于城市形象怎样的思考。结合自身的实际，提出提升城市文明形象的建议。

微课题二：中学生在课余时间做什么？

请调查至少 5 名日本学生和 5 名中国学生，设计问卷，调查他们在课余时间做些什么。请作一些比较分析，看看异同之处各有哪些以及造成异同的原因是什么，并回答：你对某些特别关注的差异，有哪些深入的思考？

微课题三：中学生的偶像和未来职业方向是什么？

请调查访问至少 5 名日本学生和 5 名中国学生，了解他们崇拜的偶像和以后的职业理想。请作一些比较分析，看看有没有相同和不同之处以及造成异同的原因是什么，并回答：你对于某些特别关注的差异，有哪些深入的思考？

微课题四：日本的学校教育有哪些特色？

请你在参观和访问日本学校期间，关注它们在环保教育、生命教育、安全教育、创新教育、公益服务等方面有哪些课程与活动，有没有值得借鉴的地方。

（日语教师　王丹）

像以上这样的微课题示例，每一期开展海外姐妹校互访的团组在行前准备会上，都会提供给学生。大家根据自己的研究兴趣组成小组，在老师的指导下完成微课题的设计与准备工作。当学生在国外正式进行研学旅行时，在各自的小组里开展微课题的研究，在每天晚上的集体例会上交流各自的研究进展，相互帮助解决一些研究中的困惑。研学归来的学生带着满满的一手资料，在回国之后的一段时间里，形成微课题的成果，通过学校的特色活动"海外研学分享会"与全校的同学进行分享。可以说，每一次团组的海外研学都是一次"行走的课堂"，学生们带着课题从行前准备会到研学分享会，经历了一次完整的综合实践。在这样的过程中，学生成为主角，用自己所学的外语在异国进行了生动的实践与运用，结合课题开展了有效的跨文化交流，并将成果与身边的同学分享，扩大了受益面，起到了相当显著的朋辈影响力。有些研究成果还得到了姐妹校的关注和赞赏，从另一个侧面展现了学生所具备的跨文化素养。

3. "未来·解答"系列

与"世界·融合"系列中关注"探究"不同，在"未来·解答"系列中，我们更为关注的是"制作"，即学生能够将创意想法通过信息技术等工具形成可视化的产品或者成果。

该系列统整了跨学科项目式学习的微型课程、社团活动和综合创新项目，主要包含可持续发展目标创变项目 Changing with SDGs、创意设计 Design for Life、学生公司 Junior Achievements、创智小研究员成长营 China Think Big、光学创新实验室项目 Optics for Innovation、智能物联创新实验室项目 Intelligence for IOT 等。这些项目一经推出，就深受学生喜爱。这些课程鼓励学生围绕联合国 2030 年可持续发展议程等世界范围内的议题，将创意付诸实践，利用信息技术等分析和解决问题，综合解决复杂的问题，制作形成相关的产品并进行展示；在条件成熟的情况下，在实际生活中使用新产品，真正解决实际问题。

例如，被学生称为"秒杀课"的"学生公司 Junior Achievements"，自 2013 学年开始面向高一学生作为选修课程由学生自主选择。这门课程是我校根据"甘泉"学生的特点，由教师和志愿者共同备课、上课，逐步形成的具有"甘泉"特色的拓展型课程。课堂上有游戏，有案例，有小组竞争，有体验活动，让深奥的经济学知识和原理变得容易理解，旨在让学生了解企业的基本决策，引导学生关注家事国事天下事，拥有经济学的思维方式，具有一定的理财意识，对自己的人生能早日规划，能以现代公民的视角来关心他人，有投身公益事业的意识和愿望。

"学生公司 Junior Achievements"主要采用交流互动式的活动教学，使学生由被动的接受者转变为主动的参与者、创造者。课程十分重视学生的全员性参与，重视发挥每个学生的积极性，最大限度地促使学生主动、有效地参与设计过程，获得直接经验。同时，该科目也十分强调全程性参与。老师会努力保持学生学习兴趣的稳定性和持续性，使学生获得比较完整的体验，并以引导者的身份创设一种开放、民主、活跃、进取的学习氛围，鼓励学生从多个角度提出问题，畅所欲言，使学生在交流讨论、案例分析、体验感悟的过程中得到发展。

该科目还将课程内容与"JA 经济学社"的社团活动相结合，将课堂延伸到社团。学生自主成立各家学生公司，在社团活动时开会讨论、解决各家公司的个性化问题。学校为学生公司聘请校外导师，提供针对性的咨询和帮助；在学校的大型活动上，学生公司设有展台，举办产品宣传、产品销售专场。在近十年的时间里，该课程不断丰富校本课程资源，同时借助跨国企业志愿者的资源，不断更新升级，成为"外语＋经济"跨学科综合实践课程。

"甘泉之光"闪耀国际赛场

2021 年，我校 GQ light 学生公司的朱晓文和楼烈皓同学参加了"2021 联邦快递/JA 国际贸易挑战赛"中国区决赛。本次大赛的主题为：为一个实体时尚产品制定巴基斯坦的市场准入战略方案。

我校两位同学的方案是根据巴基斯坦的地域气候和人均消费水平，将具有防蚊效果的香氛走珠香体露推荐给当地居民。两位同学作为德语学生，在全英语的赛制中依旧表现沉稳，在阐述方案环节自信流畅，在现场问答环节应对从容，以全国第二名的成绩成功晋级亚太区总决赛。楼烈皓是第二次参加这一赛事了，她认为："学校'JA 学生公司'课程所学的知识和经验，帮助我们在本次国际贸易挑战赛中不断发挥创造力。本次比赛锻炼了我们的英语书写和口语表达能力，丰富了我们的商业知识，拓宽了我们的国际视野，充分发挥了我们在跨文化比较与沟通中的能力，是在国际舞台上更好地展现'甘泉'学子风采的宝贵机遇。"

（指导教师　周文亚）

4. "成长·赋能"系列

与"社会·友善"系列强调学生对外的"服务"相呼应，"成长·赋能"系列更关注学生对内的"体验"，通过渗透学校跨文化素养培育的特色活动，提高学生对自我身份认同过程中的文化敏感度、文化认同度和文化归属感，成为一个有中国心与世界眼的时代新人。

在这一系列中,既有面向全体学生的必修内容,例如在"青春原动力"模块下覆盖预备年级至高三年级的各项专题教育以及在"生涯规划力"模块下的入学教育、礼仪教育、学涯职涯生涯规划等内容,又有面向语言特长学生或学生干部的选修内容。这些综合实践活动旨在引导学生在个体成长的关键时期,平稳地适应青春期生理和心理的变化,形成准确的自我身份认同,具备生涯规划的意识和能力,树立远大的人生理想,在实践中体悟个人发展与社会进步、国家发展与人类命运共同体的关系,最终形成中国特色社会主义的共同理想和人类命运共同体的国际视野。

在这一系列的综合实践活动中,学校的特色部门学生进路指导中心发挥了积极的作用。学生进路指导中心成立于 2013 年 9 月,成立目的是为学校初、高中毕业生提供国内外的升学指导和规划,为有明确留学意向的学生开设留学考试的专项课程。日常职能还包括为开辟国外大学的合作渠道,开展公益性学业规划宣讲会,提供升学指导咨询等。据不完全统计,自中心成立至今,已经有三百多名毕业生考取了日本东京大学、京都大学、大阪大学、同志社大学,德国慕尼黑大学、慕尼黑工业大学,西班牙内布里哈大学,韩国梨花女子大学等国外名校。大家都说,进路指导中心的存在,让大家拥有了甜蜜的"烦恼"。

例如,在 2017 年,我校日语学生童菲参加春季高考,被华东政法大学的卓越商事法律人才实验班录取。同年,她参加了日本大阪大学在上海举办的现地考试,被大阪大学提前录取。之后,她又在日本留学考试 EJU 中取得了文科总分第一名的成绩。面对如此多的选择,她这样说道:"我在高二决定留学日本,当时还有很多合格考科目的学习,没有顾得上太多与留学有关的学习。多亏老师们给了我充分的信任,让我可以自学,有更多的时间自习。高三第一学期合格考结束之后,进路指导中心的郭老师特别安排我们在自习室自习。那里有完整的留考真题以及各种学习材料,有些是老师专门订购的,有些是学长学姐留给下一届的,有些是学校老师专门编写的,集针对性、全面性于一身。进路指导中心里的图书馆让我有足够的资源自我学习探索。这对我留考具有相当大的助力。"

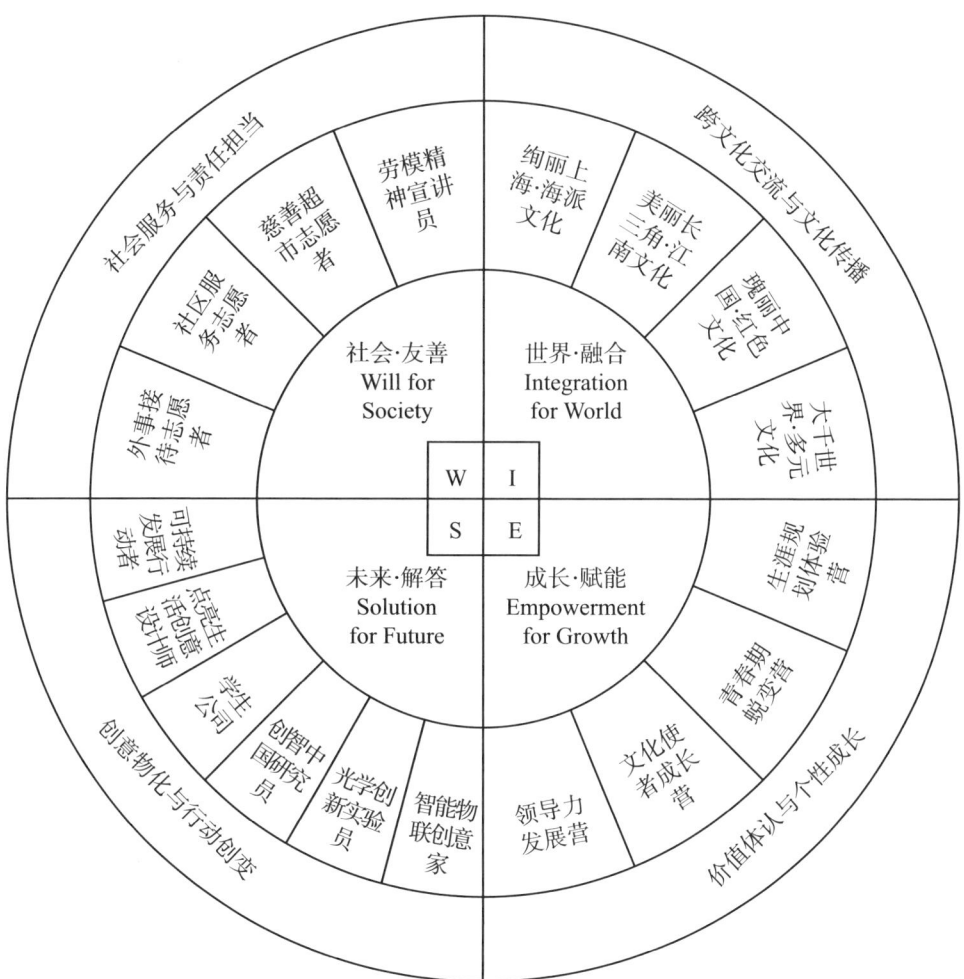

图 2-2　WISE 综合实践课程框架

二、坚持融合共生，孕育实施新常态

在综合实践活动课程的实施平台搭建过程中，我们总结提炼出具有可操作性的跨学科、跨学部（中外学生学部）、跨学校的"三跨"策略，引领学生走出学校的小天地，在参与社会实践中形成大视野，在躬身入局的过程中赢得对话世界的大格局。

1. 跨学科：让综合实践的任务指向更真实

尽管教育部的文件中明确将综合实践活动定义为"培养学生综合素质的跨学科实践性课程"，但在实际落地的过程中要真正做到跨学科并非易事。就拿目标确立来说，跨学科的实践要求不同学科的教师达成培养目标的共识，这对于老师们来说是不小的挑战。原本基于各自学科出发的教学目标，如何在综合实践的项目中形成培育跨文化素养的共同指向，值得大家坐下来仔细议一议。

在学校实际开展指向跨文化素养培育的综合实践活动过程中，起点并非直接地跨学科学习，而是从多学科的主题式学习起步，借助市区课题研究，逐步转向跨学科的项目化学习。这样的摸索与实践，为师生们真正走向跨学科的综合实践项目甚至是项目化学习积累了宝贵的直观感受和实践经验。

例如，在 2017 年 11 月，学校外事办主动联系鲁迅纪念馆寻求资源，同时联合校内课程教学部组织开展了"纪念中日邦交正常化 45 周年暨我校开展日语教学工作 45 周年系列活动——鲁迅与内山书店百年纪念"主题活动，促成了"世界·融合 Integration for World"系列下"瑰丽中国 Brilliant China"初一年级 WISE 综合实践课程的初体验。在此期间，日语组、语文组、政治组、历史组和对外汉语教研组的老师们设计了多学科的主题式学习任务，并进行了成果展示。其中，初一年级开展的"体验'历史叙述视角'的变化——鲁迅与内山的故事"微课题展示引起了学生的热烈反响，取得了积极的反馈。历史教师张炜在总结时写道："在中国近代社会那巨变动荡的时代背景下，鲁迅和内山这对来自不同国家、具有不同身份的朋友为何成为挚友？对此，同学们展开了深入探究，表现出出色的创造力。同学们通过阅读历史材料看到了'很难在鲁迅自己写的文章中所看到的鲁迅'，感受到了不同视角和材料中同一人物的不同历史形象；同时，同学们实际体会了一把做'讲历史故事的人'的滋味——如何搜集、鉴别、筛选历史材料，如何建构故事叙述。他们重建的一些历史叙事，给人以启发和思考。"

作为这一主题活动的复盘，各学科的老师们坐在一起对今后如何开展跨学科的项目化学习进行了见仁见智的坦诚交流，最终形成了一致的看法，认为跨学科的项目化学习将是对实践中出现的难点的现实回应。回顾活动的整个过程，老师们遇到了诸多问题，如：情境问题不够真实，任务成果以知识层面居多，较少触及跨文化素养的发展；在主题式学习中，只是多学科知识的叠加，没有真正开展深度学习；评价侧重于对结果的评定，缺少过程性评价；等等。项目化学习包含问题导向、真实性、持续探究、过程与评价、成果展示、反思与复盘等要素，有利于解决目前现实中遇到的问题，以促进深度学习和跨文化素养发展。

基于以上的共识，学校申报了区级课题"跨文化素养视域下的项目化学习设计与开发"，组成了一支有多门学科背景，同时在 STEM 领域、跨文化教育研究、项目化学习方面有一定经验的教师团队，以课题研究持续推进跨学科综合实践课程的校本化开发。例如，在 2020 年初，学校开设了联合国可持续发展青少年赋能计划之"绿色金融家——碳中和"项目化学习课程，作为"未来·解答 Solution for Future"系列下"可持续发展目标创变项目 Changing with SDGs"，面向初二年级，学生自主报名。学生们在这一课程中，要以"绿色金融家"的身份，与小组成员合作创办一家"绿色产品"公司，设计一款低碳环保产品，与其他公司共同参与"绿色低碳"产品发布会，进行产品的展示。在此过程中，学生们不仅对 SDGs2030 有了知识层面的学习，还从金融学、环境学等角度学习了循环经济和碳中和的跨学科知识，通过小组合作积极思考并设计创意产品。在最终的产品发布会上，各家公司呈现了节能减排阳台、太阳能烤炉、温室气体转换器等产品设计，并面对专家评委进行了答辩。这一产品发布会通过学校电视台进行了全校的直播，受到了大家的高度关注。参与课程开发与管理的顾瑾副校长说道："同学们运用物理、化学等跨学科知识，涉及管理、统计、经济等多方领域，融合属于你们自己的创意与和谐的团队合作。在老师们的帮助下，最终呈现出这样具有专业性和完成度的项目成果。作为初中生的你们实在令人感到惊喜与骄傲，真的很棒！这样的项目化学习培养了你们的批判性思维、团队协作能力、自我管理能力、创造创新能力、解决问题能力和国际理解素养。希望同学们继续开发自己的相关潜力，发挥个性与才华，助力联合国可持续发展目标，成为具有国际视野的人才，为地球的美好明天共同努力！"

2. 跨学部：让综合实践的对象更多元

在综合实践活动框架中，Honor Programmes 模块面向初高中学生自主报名并混龄编班学习，其他 WISE 课程也都面向校内中国学生与外国学生全员开放，无论国籍，不分学段，组成中外混龄的学生团队，充分发挥朋辈力量，提炼了以"跨学部"开展跨文化交流的有效方法。

拿"假如世界是个百人村庄"这一"世界·融合"模块中的综合实践课程来说，通过模拟体验活动，以师生互动的方式启发引导学生学习。在教学方法上，综合采用学生主体参与的启发式、讨论式等多种教学方法，旨在促使学生感悟、思考，学会与人相处、团体协作等能力。具有中外不同文化背景的同学们通过体验式学习，了解全球的人口、地区、语言、文化、财富等方面的现状，认识地区、国家、民族之间存在的差异性和多样性；学会换位思考，能够从全人类发展和全球进步的角度思考问题，懂得同情并学会关注弱势群体，树立国际理解教育提倡的"相互尊重、相互理解"的态度。

"假如世界是个百人村庄"让不同国籍、不同年龄的孩子在同一个项目中相互增进了解，在解决现实困难的同时，获取丰富的国际理解的知识和技能，养成开放、平等、尊重、宽容的国际理解态度和全球意识；能从人类命运共同体的视角认识当今多元文化共存、生态与环境、和平与发展等方面的国际问题；能通过一系列生动的模拟体验活动，让貌似艰深难懂的"国际理解"走进学生的内心，激发其内在动力，不仅使其对国际理解有初步的认识，更期望能为同学们进一步拓展国际理解知识或能力奠定基础。

3. 跨学校：让综合实践的文化特征更凸显

综合实践活动的学习空间显然不仅仅在学校内，在不同的课程系列中，学校借助于"甘泉"教育联合体、特色高中建设的项目学校、海外姐妹校等各具特点的优质资源，跨学校开展诸如外事接待、跨文化主题论坛等实践活动，一方面充分释放综合实践活动中的文化活力，提升了学校综合实践课程的有效性；另一方面也在跨学校的跨文化交流中扩大国际理解教育的受益面，让更多联合体的学生得到跨文化交流的机会和能力的发展。

联合体强强联手 维州团满载而归

2016年10月31日和11月7日下午,正在甘泉外国语中学进行短期研学的澳大利亚维多利亚州未来青年领袖来华项目代表团30名师生,分别来到平利路第一小学和普陀区教育学院附属学校,参与文化体验课程。这是"甘泉"教育联合体自2015年首推区域内优质特色资源互享交流后的又一次积极互动。

在平利路第一小学,澳大利亚师生先后体验了茶艺、陶器制作、口琴等特色课程。博大精深的茶文化、优美动听的口琴重奏,令来访团师生大开眼界;而创意无穷的制陶DIY,则让维州团的师生在陶吧尽情发挥个性和创意,流连忘返。学校赠送了"中澳友好"的书法作品,以传递中澳友谊长存的美好愿景。在普陀区教育学院附属学校,参访团师生参与了射箭、高智尔球、民乐及书法等课程。射箭是学校的特色体育项目,场馆设施一流,引发了澳大利亚师生的热烈赞赏。

此次接待活动,"甘泉"教育联合体的两所学校做了精心准备,将两校的特色强项融入其中,让参访团在亦动亦静的各类活动中体验特色项目,在亲身实践中感受中国传统文化,获得别样的收获。两所学校的学生也借此机会,积极与外国学生沟通,锻炼外语综合能力。两校一致希望今后继续依托教育联合体,开展具有鲜明特色的国际交流活动。甘泉外国语中学也将一如既往地将本校海外资源积极辐射到联合体各学校,为联合体的师生搭建更优质的国际教育理解平台,提升综合素养。

(校通讯员 朱彤吉)

学校结合"国际理解教育下的校园文化建设"课题研究,重新审视了"问题与态度、宽容与接纳、理解与沟通"的含义。学校以国际视野的发展眼光,关注人与自然和谐相处这一主题。2010年至2013年,学校有机会参与了上海市普陀区教育局与英国驻上海总领事馆合作创办的"川流五洲"艺术创作项目,与区内及海外的多个中学联合开展学生的跨校探究合作学习,分别在上海和伦敦举办了中外学校共同创作的艺术作品展。通过这样的跨校项目,学生深刻认识到环保对人与自然和谐相处所起的重要作用,并在校内发起了征集中学生新生活理念的点子，建立了"环保20条准则"。他们通过校园橱窗、电视台及海报等多种宣传途径，发起了"不做环保公民，就做污染难民"的环保运动。

学校与海内外姐妹校的合作项目也逐步形成了"一校一主题""一语一项目"的格局，例如"德语＋环保拯救地球""日语＋科技改变生活""英语＋创意点亮未来""意大利语＋艺术启迪人生""法语＋艺术美丽人生""西班牙语＋运动乐活风尚"等"外语＋项目"综合实践课程。面对疫情的影响，学校始终保持与海外姐妹校的校际交流常态化，通过"云交流"的形式保证"跨校"策略的可持续性。

例如，在"法语＋艺术美丽人生"主题系列课程中，包含中法双语绘本制作课、插画大师社团活动课、中法文艺片赏析、姐妹校艺术同创课程等。

"野兽派"法国艺术一课（节选）

美术老师 André anszky 女士带我们认识了20世纪初期的野兽派画作。野兽派是20世纪最早出现的新艺术象征主义的画派，特点是狂野的色彩使用和强烈的视觉冲击力，所运用的颜色通常与真实世界中物体的实际颜色相违。

所有学生在老师的指导下，从画草图到选颜料上色一步一步进行，最终都完成了一幅自己的野兽派画作，成就感满满。中方同学们把自己的画作带回来送给了父母，还有些送给了结对的法国同学。可用法国教师的原话作为点评：我们的孩子都很有画画天赋。

（法语教师　邓若诚）

简而言之，将综合实践活动进行跨文化性构建的过程，不是对既有的各类综合实践活动在参与主体上进行简单的叠加，也不是为综合实践活动加上用中外双语实施的空壳子，而是基于 WISE 框架内的四大系列各自的侧重点，坚持将学科之间可联结可迁移之处进行充分整合，坚持充分利用学校中外学部天然形成的多元文化环境，坚持将学校优质的外部资源为我所用，设计主题式活动或项目化学习，在真实的不良结构场景之下，让学生动手动脑、用心用力，在做中学，用外语做事情，尝试用积极的行动解决跨文化交流中出现的矛盾和冲突，解决日常生活中的现实问题，实现综合素养的长远发展。

三、打破空间局限，打造体验新空间

综合实践活动的空间在进行跨文化性改造时，首先是从校内空间的改造开始的。尽管被居民区围绕的学校占地面积不大，但在学校内创设文化体验空间的想法和行动始终与学校特色的发展相伴，以期为学生打造校内沉浸式的跨文化氛围，在一草一木、一步一景中感受文化的滋养。

1. 读懂中国文化体验馆：与传统文化的不期而遇

学生在校内的跨文化学习空间不仅在教室里。学校的"一馆五中心"特色场馆，面向全体学生开放，深受大家喜爱。"读懂中国文化体验馆"作为弘扬中华优秀传统文化的教育实践基地，于2009年建成，集中呈现了"思想中国""文学中国""艺术中国""科学中国""民族中国"五大板块的内容，将中式家具、古戏台、国画、书法、建筑、四大发明等中华文化瑰宝缩影生动再现。2013年，该馆被评为"上海市普教系统校园十大新景观"。在国际交流活动中，"读懂中国文化体验馆"作为中外学生开展主题活动的场地，相继开发了"跟我学汉语""跟我学书法""中国戏曲"等课程，成为中外学生浸润式学习体验中华优秀传统文化的最佳场所。

小小文化馆，洞见传统大世界

文化体验馆建筑面积150平方米，以"读懂中国"为主题，分为思想中国、文化中国、艺术中国、民俗中国、科学中国五大体验区，以文字、实物、图片等形式，通过仿古戏台、园林建筑、明式桌椅、中堂字画、文房四宝、宫灯、剪纸等中国元素，展现中国传统文化的精髓，让每个进馆的人置身于浓浓的中国传统文化氛围之中。

从进门，到馆内每一个角落，随处可见中华古典文化的影子。

地板的数米"时空走廊"，每一块方砖上，刻有中国历史上的重要朝代。

白墙和黑瓦，满月门和漏花窗，整个空间让人感觉置身于江南园林。

中厅里，有一个精巧的迷你博物馆，展示着许多极具中国特色的传统物件。

在中堂的一角，放置着一架古琴。古琴后的书架上，放着中国古代的经史子集等传世经典。

这里甚至还有一间私塾课堂和古色古香的戏台，两者融为一体。来自各国的学生们在此休憩，阅读……

（国学课题组）

这里不仅是外国学生感到最有中国味道的学习空间，对于中国学生来说同样具有重要的意义。历史课、科学课、语文课等书本上提及的那些人物或事件，在这里有了生动的呈现，用更为直观的方式叠加，激发了学生的文化认同。在诸多的对外交流活动中，学生用外语向国外同龄人弘扬中华优秀传统文化，讲出了中国故事，增强了文化自信。

2. 课程学习体验中心：书写"我与甘泉"的故事

学校历史、办学追求、办学特长、办学成果，本身就是宝贵的教育财富，也是十分难得的课程资源。"我的甘泉——课程学习体验中心"是基于学校"民族情怀、国际视野"的核心办学理念，整理历史资源和特色成果而创建的"人文创新实验室"。作为学校场馆课程学习体系中极为重要的环节，这里为学生开展探究式的综合实践活动提供了丰富的资源。

走进特色课程中心，"我的甘泉"四个字映入眼帘。这四个字并不是某位业界大师的书法巨作，而是由我校学生施怡阳（2021届高三德语毕业生，现就读于复旦大学）来书写的。如今作为大学生的她，再来看"我的甘泉"，是这样说的："我的梦想指引了我如何过这七年，而学校又进一步塑造了我的梦。这可以解释两个事实。第一，在甘泉，很难有一个有才能的人被埋没，也很少看到梦想和抱负被嘲笑或轻视。'梦多大，舞台多大'是每个'甘泉'人共享的信念。第二，'甘泉'培养不出两个施怡阳；或者说，不管是谁，Ta不复制学长学姐的传奇，也可以成为传奇的自己。因为'甘泉'的目标不是创造考神，而是给足每个人自由的生长空间。非流水线生产而长成的小孩，自然不会是同一张脸，也可以各自盛放。小语种特长在'甘泉'大概是最平平无奇的特色了，歌唱、舞蹈、辩论、棒球、击剑、学科研究、游学……正由于平台之多、覆盖面之广,几乎每个人都有露面的机会,想要始终默默无闻反而很困难,'只有金字塔尖的孩子们才有机会'也不符合事实。于是,关于'我的甘泉'的记忆,恐怕一千个人能说出一千个鲜活又清晰的故事。"

图 2-3 "我的甘泉——课程学习体验中心"题字

"我的甘泉——课程学习体验中心"于 2016 年 4 月 1 日正式开馆。它分设"接待区""陈列区""体验区""微讲坛""互动区"五大功能区,以学校六十多年的特色发展史为课程内容,让学生了解"甘泉"教职员工在学校特色发展过程中所付出的艰辛、学校不同时期的教育教学成果和一代代莘莘学子走上社会所做出的贡献,对学生具有重要的教育意义。此外,以聚焦核心办学理念的《我的甘泉》(上、下册)为校本读物,利用当时开始盛行的"二维码"扫描的方式为学生提供延伸阅读。"特色甘泉"特色课程分四个模块,分别落实学校"培养有教养、有个性、有竞争力、有国际视野的现代人"的培养目标,它通过校史教育与特色课程、校本读物与教育情境相结合,为学生们搭建了了解"甘泉"、解读"甘泉"、展望"甘泉"的一个平台,力求体现特色学校文化的浸润、传承、创新和发展。

特色课程"做有教养的'甘泉'人"课程导语

不同国度、不同民族有不同的基本礼节。在不同场合,你使用的礼仪对吗?

这门课设计了四个单元内容：校园礼仪、家庭礼仪、社会礼仪和中华传统礼仪。校园礼仪包括：尊重老师，尊重同学，学会请教，学会商量，学会倾听，学会劝阻，学会合作，学会感恩，学会师生间的礼仪等。家庭礼仪包括：做客礼仪、迎宾礼仪、待客礼仪、祝贺礼仪、邀请礼仪、服饰礼仪、上下辈之间的礼仪等。社会礼仪包括：问路礼仪、乘车礼仪、购物礼仪、影剧院礼仪、邻居间的礼仪等。中华传统礼仪包括：孝敬亲长、敬兄爱幼等。

这门课旨在帮助我们提高人际交往能力，培养热爱生活的态度，建立良好的人际关系，促进良好的校园风气的形成。

（学生工作部）

总而言之，学校对指向跨文化素养培育的综合实践活动课程的开发，将学生在真实情境中的学习与成长放在中心位置，主要通过对学习场域的解构与学习空间的重构，让学生在形式多样、内容综合的社会性学习中不断运用并提升他们的分析、批判、反思、创造等高阶思维品质，不断锻炼他们在多元文化背景下的有效沟通与合作能力。这是跨文化教育在"常规课堂"以外的学校探索，也是迈上具有"甘泉"特色的高中育人方式变革之路的重要一步。

第三节 跨文化素养与学科教学的"四合之道"

说起"跨文化素养",老师们往往认为这就是语言学科或者是大文科的事情。其实不然。2006年,联合国教科文组织在《跨文化教育指导纲要》中指出:"跨文化教育不能只是在正规课程中进行简单的'添加',而需关注作为整体的学习环境、教育过程,课程内容应包含语言、历史、非主导群体的文化知识等。通过实施联合项目,学习管理冲突等,理解并学会共存;最大限度发展个性,使人拥有更多的个人自主权并承担相应的个人责任,学会生存。"[①] 由此看来,仅仅在外语课程中加强文化理解,显然是远远不够的。

在国家课程的校本化与校本课程的特色化实施过程中,跨文化教育有其应有之义。各学科教师的文化素养高低不一,各学科的性质千差万别,因此在各学科教学中渗透文化自信与多元文化要素,在思想和方法上都不能搞"一盘棋""一刀切"。如何让老师们能够主动参与并找到方法,在提升自我文化意识与文化互动能力的同时,让学生在学习中自然而然地有所"浸润",是学校特色建设过程中面对的一道"必答题"。学校通过"立足国际理解的课程集合,聚焦核心素养的目标融合,指向内容与交际、认知、文化的策略整合,延展教育边界的资源联合"的"四合"之道,"春风化雨"般地践行跨文化素养培育。

---

① UNESCO. ENESCO guidelines on intercultural education 2006. Printed at UNESCO in Paris (ED-2006/WS/59)-CLD 29366.

一、立足国际理解的课程集合

在多语课程体系日臻完善、多语教学全面开花的盛景之下,学校强烈地意识到:光靠外语课程不足以实现对学生跨文化素养的全面提升。"除了外语课,我们还可以开点什么课?"带着这个问题,老师们在学生的回答中寻找答案,推动了学校"文化理解"特色课程集群的诞生。

1. 首本国际理解通识读本诞生记

增设国际理解教育方面的课程,在学校里成为自下而上的共识和行动。在这样的背景下,属于"甘泉"自己独有的首本国际理解教育通识读本《走进地球村》问世。

当时的编委会以开阔的视野和清晰的思路把学校的国际理解教育的起步定位在"国际常识的通识教育"上,因此主要聚焦于包括中国在内的各国的国旗和国徽、国花、国鸟、货币、礼仪、饮食、节日、交通、全球国际组织以及出国留学指南等。编委会经过几轮研讨,确定了章节内容。待目录拟定好之后,大家又总觉得少了些什么,但又讲不出所以然。在研讨会上,大家沉默了很久。突然,刘国华校长恍然大悟一般激动地说:"国际理解,当然要从'甘泉'的学校文化、上海的海派文化起步!"大家特别赞同。于是,在最终的读本目录上,我们可以看到,第一章的主标题便是"了解你所生活的城市"。这其中分别包含:上海市城市历史发展沿革、上海地理位置和行政划分、上海市市花与市标、上海的标志性建筑、2010年上海世博会、上海的对外交流历史以及上海的对外友好城市结对情况等。

这一校本读物的诞生,标志着学校开始建构较为系统的国际理解教育课程框架,为当时的"甘泉"学子,无论是上海孩子、"新上海人"家庭子女还是外国孩子,都提供了很好的国际理解学习资源。随后2007年,在刘国华校长、濮虹书记的推动下,学校又编写了《与世界对话——走向国际理解的"甘泉"》,成为第二本"甘泉"自己的国际理解教育读本。之后,这些校本资料又变为了视频课程"快乐地球村",正式在上海市高中名校慕课平台上线,深受校内外学生的欢迎。

2. 由单本国际理解读物到特色课程集群

百花齐放春满园,继"与世界对话——走向国际理解的'甘泉'"之后,"假如世界是个百人村庄""慈善是一种文化""对外交流的价值"等课程相继问世，逐步形成了"日语见长、多语发展、文化理解"的三大系列特色课程集、十二个课程群、近百门特色课程构成的校本特色课程体系。

例如，在"文化理解"特色课程系列下的"国际理解教育课程群"，设有"与世界对话"的校本微型课程。负责课程开发的吴华清老师分别在初中与高中设置了四个课时的教学内容，在内容上既有融合也有交错，充分考虑了初中学生和高中学生的年龄特点和认知能力，有针对性地提高学生的国际理解能力。

表 2-5 "与世界对话"微型课程列表

初中微型课程安排		
课时	内容	说明
第一课时	与人和谐相处	人际交往是国际理解教育的基础。让每个学生懂得自信地表现自我，形成友好和睦的人际关系。
第二课时	世界变平了	让学生知道整个世界就是一个"地球村"，不同地域、不同文化、不同种族的人迫切需要对话和交流，理解和沟通，使世界文明的精髓得以传承和丰富。
第三课时	共同的家园	让学生知道地球是我们唯一的家园。人类对资源的过度开发和对生态环境的破坏已严重威胁人类的生存。要将保护环境，拯救地球落实在我们每个人的日常生活细节中。
第四课时	合作共赢	让学生理解合作共赢是当代国际关系的主旋律。
高中微型课程安排		
课时	内容	说明
第一课时	生命与爱	让学生认识生命的神圣、平等和尊严，用爱书写生命价值的永恒诗篇。
第二课时	与环境友好相处	让学生了解全球性的环境问题，认识到发展和环境的矛盾，认识到科技进步、人类生活质量、自然环境之间的辩证关系，认识到国际合作共同保护环境的必要性。
第三课时	"和而不同"的文化乐章	让学生理解世界各地文明的诞生和发展。各种文化和文明都以自己独特的方式为人类进步做出了贡献，对人类社会的历史和现实产生了深远的影响。
第四课时	共建和谐世界	让学生明白，世界呈现多极化发展新格局，今天各国人民的命运紧密相连，休戚与共。走进对话与合作，建设和谐世界，符合各国人民的根本利益。

3. 由特色课程集群到跨文化特色课程体系

进入新时代，学校将立德树人的根本任务落实在了对校本课程的整合与重构上，在原有特色课程集群以及学校整体课程框架的基础上，根据"双新"精神，从知识与理解、技能与思维、态度与行动融合构成素养发展的角度，重构了"读懂中国""跨文化交流""科学与创新""个性与发展"四大模块，脱胎出跨文化特色课程体系。

从实践来看，学生在这样的特色课程体系中拥有更大的自主选择空间。根据自己的兴趣爱好、能力特长和志趣理想，学生既可以在七年里在某一模块中深入学习，也可以在各个模块中尝试更为丰富的课程，兼顾广度与深度，满足全面发展和个性化成长的需要。学生徜徉在丰富多彩的课程中，在学习外语的同时开展文化间的对话，用不同的学科视角探寻与世界接触的契机，为走向更为广阔的未来做好准备。

二、聚焦核心素养的目标融合

如何将跨文化素养的培育目标与各门学科的学习目标相融合？在学校特色评审的初评阶段，曾有评委提出过这个问题。的确，学校特色创建初期主要将工夫花在了校本特色课程的体系构建上，对于这个问题的解答是在复评时期逐渐清晰和明确的：学校以"民族情怀、国际视野"为导向，进行了自上而下的行动。

1. 在比较中发现融合点

在学校层面，制定了《上海市甘泉外国语中学学科渗透"民族情怀、国际视野"教育实施指南》。在教研组层面，各学科教研组将本学科的学科核心素养与"跨文化素养"的三个维度进行比较，寻找融合点。在备课组和教师层面，各备课组在具体教学设计中，针对必修与选择性必修内容设定相关的融合性目标，实现跨文化素养在学科渗透教学中的有效落地。

表 2-6 学科核心素养与跨文化素养的契合点分析表

跨文化素养			
	知识	本国知识	思想政治、语文（语言建构与运用）、数学、外语（语言能力）、历史、地理、物理、化学、生物、体育与健康、音乐、美术、艺术、通用技术、信息技术
		外国知识	
		跨文化知识	思想政治、语文、外语（文化意识）、历史（时空观念）、地理（区域认知）、体育与健康、音乐、美术、艺术
	技能	跨文化交流技能	语文（语言建构与运用）、外语（语言能力、学习能力）、体育与健康（健康行为）、音乐（艺术表现）、美术（美术表现、创意实践）、艺术（创意表达）、通用技术（创新设计）、信息技术（数字化创新）
		跨文化认知技能	思想政治（科学精神）、语文（审美鉴赏与创造）、数学（逻辑推理）、外语（思维品质）、历史（唯物史观解）、物理（科学思维）、化学（推理认知）、生物（科学思维）、音乐（审美感知）、美术（图像识别）、艺术（感知能力）、通用技术（工程思维）、信息技术（计算思维）
	态度与价值观	跨文化态度	思想政治（法治意识）、语文（文化传承与理解）、外语（文化意识）、生物（生命意识）、美术（审美判断）、艺术（审美情趣）、通用技术（技术意识）、信息技术（信息意识）
		社会主义核心价值观	思想政治（政治认同）、语文（文化传承与理解）、外语（文化意识）

在基于学科教育的跨文化素养渗透式培育过程中，各学科提炼出了渗透主题：语文——根植中华传统、积淀民族情怀；数学——启迪中外思维、提升科学素养；外语——融汇多元文化、拓展国际视野；文综——融文史哲理、显人文涵养；理综——现科技创新、展责任担当；艺体——育审美心灵、扬文明互鉴。

例如，在地理学科"水资源"相关学习单元，结合联合国 2030 年可持续发展目标的"目标6：清洁饮水和卫生设施"，以"水足迹"作为大概念，设定目标为：在知识方面，学习者能理解"水足迹"的概念，认识到水是多种不同而复杂的全球相互关系和系统的重要组成部分;在技能方面,学习者能够减少自己的"水足迹",在日常生活中节约用水,并能够规划、实施、评估和推广旨在促进改善水质和加强用水安全的实践活动;在态度与价值观方面,学习者能够感觉到对个人用水负有责任,并能够就水质污染、用水和节水措施进行中外国家或城市间的比较,乐于宣传成功的案例。在单元学习的过程中,学生通过计算自己的"水足迹",对上海杨树浦水厂的实地考察,并连线德国汉堡姐妹校学生在汉堡水厂的实地学习,开展了上海与汉堡的城市用水与节水比较,联合发表了《水足迹的未来宣言》倡议,在学校及社区宣传节水与用水安全。有学生在学习感悟中写道:"我们所有人分成几个小组,讨论如何节约用水。这看似是一个没有新意、经常被人提及的问题,但德国学生的想法让我有眼前一亮的感觉,如:倡导用淋浴代替泡澡,多吃自己城市近郊或农村种植的蔬菜水果,超市不要将品相难看的蔬菜水果丢弃不上架,等等。我们每个小组还做了各种小报贴在版面上进行陈述,这些画面至今还在我的脑海里回放。"(徐煜秋)

2. 对"学好数理化,走遍天下都不怕"的跨文化解读

尤其需要指出的一点是,不同于语言学科和人文学科自带的文化因子,"跨文化素养"在数学、物理和化学等学科中的融合,经过老师们的集体研究,将其主要聚焦于在情感态度与价值观方面的融合。这样的操作策略同样在联合国教科文组织《跨文化教育指导纲要》中得到印证:"在跨文化教育的原则中,包括:培养每位学习者具备足够的文化知识、态度、技能,使其能够为不同群体和国家间的相互尊重、相互理解和团结一致做出贡献。培养学生尊重个人、群体、国家之间的文化、价值观念和生活方式的差异,通过历史、地理、文学、语言、艺术、美学、科学和技术学科的教学加深对文化的认识。"[①] 可见,自然科学领域的学科学习同样可以实现学生在跨文化认知层面的发展。理科老师在跨文化教育中同样可以积极行动、有所作为。

例如,在高中数学"祖暅原理与几何体的体积"的教学中,教师以"祖冲之

---

① UNESCO. ENESCO guidelines on intercultural education 2006. Printed at UNESCO in Paris (ED-2006/WS/59)- CLD 29366.

与祖暅的父子故事"作为切入口，引导学生理解"幂势既同，则积不容异"，并与卡瓦列里原理的产生时间做比较。在教学目标上，融合跨文化素养的情感态度和价值观，设定为："能讲述我国古代数学家在几何体体积研究方面的成果以及外国数学家在此方面的研究情况，增强民族自豪感。"

这一目标也呼应了高中数学课程标准所提倡的数学探究和数学文化，要求"数学文化应尽可能有机地结合高中数学课程内容，选择介绍一些对数学发展起重大作用的历史事件和人物"。教师在教学反思中写道："教材安排从祖暅之原理引入，以培养学生的探究能力和创新能力。在这个专题中，教材首先介绍了祖暅之的生平并给出祖暅之原理，然后由祖暅之原理推导柱、锥的体积；最后补充取一个底面半径和高均为 R 的圆柱，从圆柱中挖去一个以圆柱的上底面为底面、下底面圆心为顶点的圆锥，把所得的几何体与半球放在同一水平面上，根据这两个几何体合乎祖暅之原理的要求，断定它们的体积相等，从而求出半球的体积。学生在课堂上体会到体积公式推导时祖暅之原理的理论支持，在学习中国数学文化的同时，产生了强烈的民族自豪感。"（数学教师　冒建军）

又如，在高中物理"重核裂变　链式反应"的教学设计中，教师从跨文化素养的态度及价值观维度，确立教学目标为："学生能够从国际范围内核能的开发和利用的背后，感悟核问题对世界和平与发展的重要意义；学生能够从我国'两弹一星'科学家的事迹中加深爱国情怀和为国奉献的大无畏精神。"

教师在预习阶段提供了两项主题式学习的内容，分别为"各国核能的开发和利用""我国'两弹一星'科学家"，学生自选其中一个主题进行资料搜集和整理，在课堂上进行交流。教师在课后反思中写道："在物理学科的教学中也能开展跨文化教育，结合物理学科的学习内容和特点，挖掘物理学科中的生命教育和民族精神的内涵，引导学生热爱生命、热爱祖国，培养学生的民族自尊心和自豪感。本节课中，学生不仅深刻体会到我国老一辈科学家们开展科研的艰辛以及忘我的科研精神，也意识到了核武器对人类的伤害以及维护世界和平的重要性。通过本节课，也让作为教师的我认识到：课堂教学不仅要关注物理知识的教学，也要关注跨文化教育，这对于学生形成正确的世界观、人生观和价值观有着不可小觑的作用。"（物理教师　胡激）

3. 美美与共的跨文化美育课堂

音乐、美术、艺术等课程，对培养学生的审美感知、审美判断和审美情趣有明确的学科素养要求。这些素养对学生开展跨文化交流、树立正确的跨文化态度起到了重要的作用。例如，在高一艺术第一学期第二单元的"肢体语言　心灵律动"中，主要学习内容为古典芭蕾舞剧《吉赛尔》和中国古典舞《踏歌》《敦煌彩塑》等。教师结合学生的实际学情，将教学目标设定为："学生通过观摩东西方古典舞蹈、舞台上的舞蹈和生活中的舞蹈以及民族舞和现代舞，感受舞蹈艺术给人们带来的不同审美情趣，关注肢体语言对人类生活的精神表达，提高对舞蹈艺术的鉴赏能力。学生通过对舞蹈作品的赏析，了解这些作品在情绪、意象、功能上的特点，进而探究不同风格、不同形态的舞蹈所具有的文化内涵。"

在实际的教学过程中，结合高一年级学生第一外语的不同语种，教师分别选取了英国、日本、德国、法国、西班牙等国家具有鲜明特色的舞蹈作品，学生充分发挥自己的语言特长，对不同国家和民族的舞蹈所体现的文化内涵进行解读。学生们积极主动学习的热情和兴趣令教师深有感触："艺术课的学科特点体现在审美性上，教师需要结合学生的外语特色，引导学生积极、主动地投入到艺术活动中去。学生的表现力和创造力超乎想象，呈现了美美与共、和而不同的文化互动的学习氛围。"（艺术教师　蒋旭婷）

三、指向四维交互的策略整合

当各学科在跨文化素养培育的目标上找到了契合点之后，在具体开展教学活动时，更需要策略支持。

学校基于 CLIL 内容与语言整合的教学理念及 4C 框架，将其加以迁移应用，鼓励教师在各学科教学以及德育活动的实施过程中有意识地将内容、交际、认知、文化四个维度深入融合。其中，内容（Content）包含学科知识和实践知识，交流（Communication）主要指向语言交流和非语言交流，认知（Cognition）主要指向高阶思维能力，文化（Culture）主要指向跨文化能力。4C 框架强调，创设面向实际情境的交流任务，要将学科知识（跨学科）、实践知识（超学科）的学习与应用整合，让学生在这一过程中有高阶思维的成长空间并获得跨文化能力的发展机会。

1. 信息技术"会说话"

信息技术学科就在 4C 框架下与外语学科进行了积极的互动，在渗透跨文化素养教育的课堂教学中，创设了具有跨文化背景的交流任务。学生在运用与信息技术相关的学科知识和语言知识的过程中，既培养了计算思维和工程思维，又得到了跨文化交流的机会，在解决实际问题中提升了跨文化素养。

例如，初一年级的信息技术学科有"学生能够用流程图表示生活中需要解决的问题，或者展示事件的过程"的教学要求。同时，在初一年级的法语学科中，有"我的城市"主题单元。信息技术教师与法语教师一起在 4C 框架下对指向跨文化素养培育的"流程图"教学进行了整体设计，将学生最终的任务产出设定为"法国姐妹校的小伙伴周末将到你家做客，你打算和她一起游览上海的红色景点，请你使用流程图将游览的安排用中法双语展现出来"。具体来说，在内容上，学生掌握流程图的基本构成要素（信息技术）和上海城市游览的相关主题语言；在交流方面，学生能够利用流程图实现非语言沟通，也能借助中文与法语进行语言沟通；在认知上，学生能够在制作流程图的过程中形成计算思维与逻辑思维，使用不同的算法实现任务效果，具有创新意识；在文化上，学生能够对上海的红色文化有所了解，在景点选择和游览路线的说明中讲好中国故事，增强文化自信。

学生们的学习日志中有以下的反馈：

今天我们学习了一种新的方法来表示旅游安排。上节课我们用表格来制作旅游安排，因为我们要根据天气来进行不同的安排，感觉用表格有点麻烦。今天学了流程图，我觉得这是个全新的方法。这些游览的景点都有着动人的红色故事，我之前都不知道，这回我也要去看看。（王璐）

今天我学会了流程图的制作。我觉得不管是制作流程图的人还是看流程图的人，都能快速地了解旅游的安排计划。我想以后可以用这种方法来制订我的学习计划，简单明了，一目了然。（邵佳程）

可见，在 CLIL 内容与语言整合的教学理念下，信息技术学科在渗透跨文化素养培育的教学实践中有了可以落地的工具，在体现语言的工具性与人文性的同时，将超学科的实践知识予以运用,学生在非语言学科的学习中积累了跨文化交流的经验。

2. 德育读本"入脑入心"

在基于学校特色的文化品格教育中,我们强调对文化自信的培养,着力渗透中华优秀传统文化、革命文化和社会主义先进文化。学校以各学科深入开展学科德育为着力点,开发了《高中生多语德育读本》等学习资源,坚守社会主义核心价值观的主导地位,强化国家认同,厚植家国情怀,培养具有与世界平等对话能力的、具有文化自信的新时代青少年。

在内容上,《高中生多语德育读本》以中外双语精选了中外伟人、名人的故事,激励学生爱国明志。在认知上,学习语言知识,了解中国与外国的文化。在文化意自信的培养方面,立足于帮助学生树立"民族情怀、国际视野"的胸怀,并能够通过这些历史故事,找到熟知的中国故事,进而找到讲好中国故事的切入点,树立正确的价值观和人生观。

我们强调,在教育教学活动中,教师作为设计策划者需要关注学科内容、交际功能、认知生成和文化属性的融合策略。在跨文化视域下的教育教学活动中,这四者相辅相成,相互关联。由此,学生的跨文化交流和体验实现了从外语课堂向所有学科课堂的延伸;在跨文化知识的学习上,不再仅仅局限于所学语种与其对应文化,各个学科相关的多元文化极大地丰富了学生的跨文化知识;在完成具有跨文化背景的不同学科任务过程中,学生综合提升了分析、评价、创造等高阶思维能力;借助于母语与外语,学生能够就某些学科领域的话题与外国小伙伴开展跨文化沟通,增强了自身用外语讲好中国故事的本领。

四、延展教育边界的资源联合

跨文化学习的课堂不仅在课堂内,外部资源对学生走出校园、走进社会、走入世界开展真实的跨文化学习也具有重要的意义。学校的课程实施因为有了如政府项目、国内外姐妹学校、社会组织、跨国企业、学生家长等提供的资源而愈发具有跨文化学习的多元性和真实性,逐渐从"补充性引入"走向"功能性升级"。

1. 因语种不同而"与众不同"

多年来，学校凭借自身特色和影响力，获得了多项政府交流与合作项目的信任、青睐与支持，如教育部、国家汉办、上海市教委国际交流处、上海市侨办、上海市教育国际交流协会等各级部门的汉办基地项目、市中小学非通用语种推广项目、AFS 项目合作校项目、中国高中生赴日访问项目、侨办夏令营项目、澳大利亚维州青年领袖项目、上海友城志愿者项目等。这些项目具有明显的跨文化交流特征，对于培养学生实际运用外语开展跨文化交流具有极大的促进作用。

感谢函

上海市甘泉外国语中学：

由上海市教育委员会主办、上海教育国际交流协会承办的"2017（第九届）上海国际友好城市青少年夏令营"已成功落幕。本届夏令营邀请了来自加拿大魁北克省、芬兰埃斯波市、法国奥弗涅－罗纳－阿尔卑斯大区、瑞士巴塞尔州、荷兰鹿特丹市、俄罗斯圣彼得堡市、比利时安特卫普市、以色列海法市、日本长崎县、韩国釜山市、韩国济州道、泰国清迈府、印尼日惹省、越南胡志明市、澳大利亚昆士兰州、新西兰达尼丁市、南非夸祖鲁－纳塔尔省、乌兹别克斯坦塔什干市等 18 个国际友好城市的百余名师生。在各有关学校的大力支持下，夏令营招募了 43 名来自全市各学校的优秀学生代表以志愿者身份全程参与。与外国同龄人朝夕相处，一起开展丰富多彩的互动交流活动，共同度过美好而难忘的 14 天；在介绍传播中国文化、增进相互了解的同时，培养自己的跨文化交流能力以及全球化视野。

来自贵校的邵偲莹、黄丁益、忻士楠、杨与泽等四位同学经过层层选拔，担任夏令营志愿者。在夏令营期间，四位同学遵守夏令营各项规章制度；在紧张繁忙、高强度的工作中，不计较个人得失，恪尽职守，任劳任怨为外国营员提供服务与帮助。他们流利的外语、无私奉献的精神、良好的礼仪举止得到了夏令营中外师生的肯定与赞扬。

在此谨代表夏令营的主办单位上海市教育委员会向贵校及参与夏令营的学生志愿者表示衷心的感谢！

上海教育国际交流协会
2017 年 8 月

十几年间，学校与日本、美国、英国、德国、法国、意大利、芬兰、韩国、俄罗斯、澳大利亚、加拿大、泰国等多个国家四十多所大中学校签订友好合作协议；日本、英国、德国、法国、韩国、泰国等多国驻沪领事馆均与我校保持着长期稳定的友好合作关系，在学校课程框架下提供了丰富的教学资源和跨文化交流机会。

"一带一路"里的小天地与大世界

2015 年，我校成为上海市首批中小学非通用语种实验学校，正式开启泰语课程推广合作项目。多年来，该项目的泰语课程始终得到了上海外国语大学的支持，该校每年派送本校的泰语教师在我校初中的二外拓展课上开展泰语的教学。泰领馆每年也会赠送泰语的图文资料，在学校设立了"泰语角"，这里成为学生们走近泰语与泰国文化的小天地。

学生们不仅有机会在校内直接享受到上海外国语大学泰语教师的直接辅导，还能在每年代表学校参加泰领馆的泰国文化节，或者在暑期到访位于泰国的姐妹校北革中学，进行文化交流。这样的跨文化体验让学生自然而然地理解了国家"一带一路"倡议下不同国家的历史和文化，并能用自己学会的泰语与同龄人交流，实现跨文化素养的提升。

（校通讯员　蒋雯祎）

2. 家长的精彩"另一面"

在学校推进特色教育的过程中，家长是重要的合作伙伴、教育资源，也可以成为主角。家长们文化层次普遍比较高，从事的职业丰富多彩，有医生、律师、工程师、设计师、记者、自主创业者等等。每学期，各个年级根据学生的身心特点，开展"励志成才类""创新实践类""文化生活类"的"家长讲堂"。家长们走进孩子们的教室，这样的身份转变令学生们兴奋不已，他们从未见过自己的爸爸妈妈给自己上课，也没有深入了解过爸爸妈妈的工作，更不知道爸爸妈妈上起课来那叫一个"认真"，真是"厉害了，我的爸爸妈妈"！

纸上得来终觉浅，绝知此事要躬行
——初一年级"家长讲堂"里的职业体验活动

此次活动由我校学生工作部牵头，发动了各班家委会与家长志愿者的力量，同学们得以深入父母的工作单位，体验了不同职业的岗位职能和工作性质，激发了大家的创新能力和学习动力。有的班级深入眼科医院，对爱眼护眼有更生动和深刻的认识；有的班级深入敬老院，体验养老护理员的日常工作；有的班级分组体验了邮政快递员、特警、烘焙师、汽车修理工等不同的职业；有的班级深入印刷博物馆，不仅了解了印刷技术的变迁，还亲自动手实践。

学生们在活动中发现了爸爸妈妈作为"职业导师"的闪光点，收获满满。徐梓珊同学说："通过职业体验，我了解到每份工作都不容易，不仅要全面掌握器械的性能，还要懂得如何与顾客交流，如何应对突发情况。我们要广泛学习各领域知识，为将来的工作打好基础。"秦朗迪同学感悟道："平日里，我们是课堂里的学习者，而今天我们披上了白大褂，化身为稳重的大夫，在模拟操作中深深地体会到了什么叫作'医者仁心'。此次实践实在是不虚此行，我明白了无论做什么工作都要胆大心细，实践才能出真知。"

（学生工作部）

不同的家长带来了不同的授课内容，既丰富了孩子们的视野，又激发了孩子们探索和学习的欲望，更增加了孩子们的认同感、自豪感和幸福感。"家长讲堂"作为学校家校共育的重要形式，经过多年的建设与经营，成为学校开展跨文化素养培育的又一有效途径，尤其在学生的生涯规划、职业体验等主题教育中发挥了积极的作用。

3. 来自企业的"橄榄枝"

企业资源同样是学校开展跨文化素养培育的有力支持。学校与日本共立奖学财团、日本好侍食品株式会社、日本三井物产公司、日本卡西欧公司、德国大众汽车公司等企业开展合作，为学生提供各类比赛与活动的赞助，搭建职业体验的平台，开设各语种的图文资料室，开展借助字典的教学与研究，等等。

例如，日本三井物产上海有限公司自2015年与我校合作以来，每年资助购置日语书籍，日渐丰富了"日语阅读室"的书籍。日语教研组根据学生们在不同学段的阅读能力和身心特点，制定了学生作为结合日常学习的拓展阅读和作为个性选择的假期阅读的推荐书单。在每年6月的赠书仪式上，不同年级的学生代表回顾自己有趣的阅读经历，还有的学生展示自己的读书笔记，成为日语学习之路上的小小里程碑。

我的书单我做主
——日语学生代表参与"日语阅读室"购书活动

2015年5月30日，我校部分日语同传班的学生在福州路外文书店参加了三井物产图书阅读室的图书挑选活动。各位同学亲自挑选了自己喜欢的日语原版书籍，一共购买了120本图书，其中包括小说、漫画等。同时，阅读室将另置三井物产捐赠的200余本书籍，合计共有300余本图书即将向大家开放。

同学们在挑选书籍的过程中，收获的可能不仅仅是挑书时的快乐愉悦，同时被激发的是对日语学习处处镶嵌的恬淡的热爱，或许，还会是对每一本书籍的珍惜。祝愿同学们今后的阅读筑造更加美好的生活，能够在日语书籍中激发出属于自己的灵感，能够将通过这段经历获得的感悟持续倾注在每天的学习生活里。

（日语教师　穆旭明）

经过多年的探索，学校总结出了以"课程集合、目标融合、策略整合、资源联合"为指引的跨文化素养的行动策略，开展指向跨文化素养培育的国家课程校本化实施，从"单学科增能"向"全学科联动"，实现了国家课程与校本课程的有机融合与和谐统一，做出了作为市特色普通高中在落实立德树人根本任务中的行动解答。

总而言之，学校的课程规划与实施在特色高中建设的创建、发展和深化过程

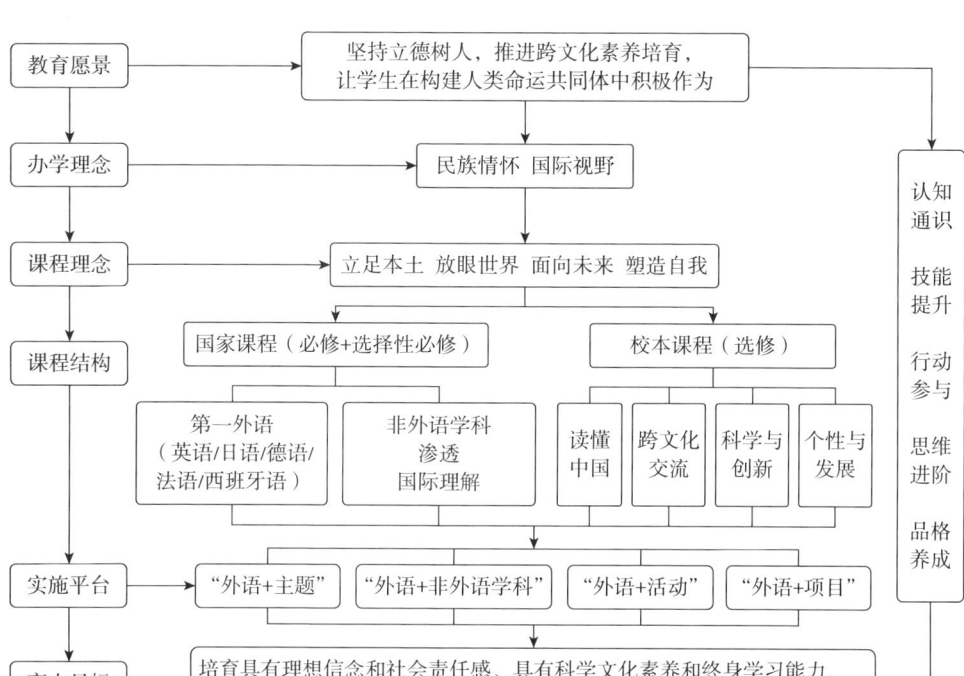

图 2-4 "跨文化素养"视域下的学校课程构建逻辑图

中处于关键地位,学生在课程中的生命体验具有无可替代的独特性。无论是从校本特色课程的开发到校本特色课程集群的形成,还是从散如繁星的实践活动到类目完整的实践课程体系,又或是从只有外语学科的跨文化交流到全科渗透的跨文化素养培育,其背后的根本动因都是对学校既有历史沉淀的传承、对学生在初中和高中阶段素养培育的落实、对国家战略人才储备的主动担当和积极行动。尤其是从 2000 年以来,伴随着上海市中小学二期课改、上海加入 PISA 测试、国家"双新"的持续推进,学校的课程规划也在进行自我革新。我们提出了"立足本土、放眼世界、面向未来、塑造自我"的课程理念,以更加开放的姿态回应学校、学生和家长的诉求。这就需要我们以辩证的视角审视以往"集中开发、强化差异、突出个性"的课程路径,基于学生立场,夯实"外语+主题""外语+非外语学科""外语+活动""外语+项目"等课程实施平台,把握国家课程和校本课程之间的平衡点。一方面,确保国家课程的主体地位,将学校"跨文化素养"培育浸润式地融入国家课程中;另一方面,深耕学校特色校本课程,整体构建综合实践活动课程，使两者与国家课程形成互补与融合的关系，更好地服务于学生的全面发展与个性成长，以期他们能够在构建人类命运共同体中积极作为，成为兼具民族情怀和国际视野的时代新人。

第三章

海纳百川：文化育人中的对话与重塑

人类的文化交流从古至今从未停止。文化交流可以促进知识、科技等各方面的交流，达成对人类共同面临的挑战和对未来愿景的一致看法。文化可以激发创新的灵感，突破狭隘与简单的思维窠臼，激发并形成为增进全人类福祉而积极行动的意识。文化可以塑造教育的灵魂，既让我们知道"根"之所系，又让我们清楚"心"之所归。自党的十九大以来，习近平总书记关于"共同构建人类命运共同体"的理念，为教育的对外开放和文化育人的方向与目标提供了明确的指引。

从人的发展上看，个体的社会情感能力发展、思维模式构建、人格品质淬炼与外语学习以及跨文化素养的发展有着密不可分的关联。培养学生学会外语以及形成跨文化素养的最终目的是推动以"人"为中心的发展，无论是语言能力、跨文化素养还是思维模式、社会情感能力、人格品质的形成与发展，都可以外化为学生在长大成人之后，以积极的跨文化交流姿态和必备的跨文化沟通能力主动参与多元文化背景下的社会生活，平等地和世界展开对话。

　　对于上海甘泉外国语中学来说，我们的"根"紧紧地系在文化自信上，我们不把跨文化素养培育简单地理解为外语教育的延伸或拓展。所有的外语教育，其本质是跨文化教育的重要组成部分。学校通过"樱花节"等校园文化品牌的平台，使学生在熟练掌握外语的同时，理解文化的多样性与差异性，具有文化传播力，以文化自信的立场在国际交流中积极开展平等的对话。我们的"心"稳稳地落在一颗赤诚的中国心上，我们以中国情、中国人、中国心、中国力深耕民族情怀的土壤，培育学生能够面对多元世界的文化敏感力与识别力、文化互动力与反思力，在主动作为与积极行动中实现思维构建与发展、人格淬炼与提升。这是"甘泉"在培育兼具民族情怀与国际视野的时代新人之路上，对文化育人的内涵解读与实践探索。

第一节　重塑文化品牌的精神价值

　　建设学校文化品牌是积淀和创新学校文化精神的必由之路。学校的核心竞争力，其根源就是创新；创新来自变革，变革又以文化构建为基础。学校的变革发展过程就是学校文化形成的过程。这个过程，既是"甘泉"寻求适合学校自身发展的文化定位的过程，也是师生精神同行共进、相互成就与影响的过程。

文化价值的重塑，带给当代中学生的意义和影响何在？新时代的中学生所呈现的代际特征是非常鲜明的：随着未来生活情境不断提升的复杂性和综合性，他们的个性更加张扬，他们的思想更加自主，他们的身份更加多元。这就需要我们在开展文化互动与价值创新的实践研究中回应这样几个问题：

（1）如何形成独特的文化品牌的功能定义？
（2）如何在历史积淀中形成特有的文化主题？
（3）如何借助文化品牌激发学生持久的自我效能？
（4）如何从文化视角看待文化品牌的育人价值？

下面我们以学校具有二十多年历史的文化品牌"樱花节"为例，逐一解析。

一、从品牌文化到文化品牌的"甘泉"定义

文化品牌源于品牌及其文化的建设。品牌文化是指在经营中逐渐形成的文化积淀，它代表着品牌自身的价值观和世界观。当学校的品牌活动有了文化内涵、理念凝练和精神提炼，并与学校的整体运行机制有机融合起来，逐步影响到学校治理的诸多领域，最终建立其独有的开发、运行和传播体系，且体现出深厚的文化意蕴，并高效整合成一个全方位系统工程的时候，才能形成真正意义上的文化品牌。

依托文化品牌为实施载体的学校文化重塑，主要包含实践与精神两大方面。从社会学角度而言，文化品牌有着极其明确的定义。从学校系统来看，文化品牌是学校最宝贵的无形资产。"甘泉"对学校的文化品牌有着独特的理解，包括"形美""意深""集好"与"誉广"。

"形美"指有具象的美的外在表征，需要可见、可看、可听、可感知、可参与、可欣赏。简而言之，就是具有实践性和体验性。

"意深"指蕴含特定的精神与情感价值,即主体对象(师生)有情感投入和精神因素,具有唯一性和垄断性。

"集好"(hào)指主体对象(师生)对文化品牌有极为明显的偏好度,甚至是有一定的"信仰度"和"聚合度",并持续影响到他们在校园外的社会身份认同和塑造。

"誉广"指具有一定社会美誉度。社会对学校的文化品牌责任的呼声越来越高。

因此,"甘泉"的文化品牌以弘扬优良传统和文化、增强文化自信、倡导多元包容为主要精神,通过可直观感受且参与实践的活动,凝结起师生对其高度的认同。同时,作为一所外国语中学,文化品牌的影响力不能仅限于国内,更需要蜚声海内外。"樱花节"作为学校持续耕耘二十余年的校园文化活动,已经具备成为学校文化品牌的条件,在其不断发展与成熟的各个阶段,体现出对"形美""意深""集好"与"誉广"的内在追求。

1. 萌芽起步:让孩子用多语拥抱世界(2000—2006年)

2003年5月,学校更名为"甘泉外国语中学"。这一时期,也是学校"二外学习"蓬勃之期,除了第一外语日语、英语以外,已经开设了德语、法语、俄语这三门第二外语。让"樱花节"首先从形式上更具吸引力,营造"二外"学习的氛围与多元文化交流的情境,让其"形更美",成为这一阶段的主要任务。

于是,在2004年的第五届樱花节上,多语特色与多元文化相融合的"欢乐地球村"在"甘泉"刮起了"世界风"。展示日、韩、法、美、澳五国风情的大型室外展示交流活动成为这届樱花节的高光点。学生自己选出了"甘泉"五大语种(一外和二外)的代表国家,并就此进行展台设计。在不到两平方米的空间里,各语种学生代表用风格各异的展台向全校师生和嘉宾展示最具代表性的语言、地理、历史、科技、艺术等文化产品,吸引了更多学生体验这些语种与文化。

相聚地球村

——记2004年樱花节社团巡礼活动

把四本课本卷成筒状,扎上皮筋,两个人对扔并对接。别以为这只是"小菜一碟"的游戏,玩起来难度还不小呢,稍不小心就会掉到地上。这个游戏看似简单,玩起来居然也是其乐无穷。高一(4)班的缪多多同学一边教嘉宾们怎么玩,一边介绍说,这是澳大利亚老师教他们的"棒棒操",听名字就有趣得很。这是在甘泉外国语中学樱花节上"欢乐地球村"大型社团巡礼的一幕。

"欢乐地球村"大型文化展示与交流活动是樱花节中一道独特而美丽的风景线。站在宽阔茵绿的操场上放眼看去,一面面艳丽夺目的展板高高树立,象征着各国地域文化的标志性建筑或吉祥物印于其上,仿佛一扇扇向我们开启的国门。日语展台通过别具一格的日本茶道吸引了众多嘉宾驻足观看。日语组老师的精湛表演以及用屏风巧妙隔出的幽静空间让游客们对日本文化有了更加深刻具体的感知。规模最庞大的应该算是英语国家的展台了。英国、澳大利亚、美国、新西兰的国旗飘扬在操场四周。法语组和德语组也不甘示弱,都在各自的展台前大展身手。这边女生在表演日式茶道,那边小小旅行社在介绍美国迪士尼,不远处还飘出了德国香肠的浓香味道来⋯⋯

(课程教学部)

随着学校逐渐呈现出"日语发展、多语见长"的办学特色,樱花节从原来单纯的日语校园活动逐渐转变为以日语为主、融多语及多元文化为特色的校园文化活动。全校师生共同参与,中外嘉宾云集,越来越多的人记住了"樱花节",在"形美"的同时,自然而然地产生了"誉广"的社会效应。

2. 茁壮成长:"民族情怀、国际视野"的深度内涵建设(2007—2012年)

"甘泉"人从未忘记肩负着弘扬民族文化、继承民族精神的重任。2007—2012年,"意深"成为樱花节作为学校文化品牌的持续发力点。在师生高度认同樱花节多元文化色彩的基础上,将一抹中国红的底色画深画实,也让樱花节的"形美"更为厚实。

在这一发展阶段,樱花节里更多展示中华文化的活动大放异彩,唐诗宋词吟诵比赛、民乐专场音乐会、德育读本的读书节活动、外国学生学中文大赛等一系列彰显中华传统文化的活动成为樱花节上的一朵朵奇葩,将民族情怀深深扎根在每个"甘泉"人的心中。

在坚守民族情怀的同时，学校始终在为拓展国际视野而做出努力。在2008年举国同庆奥运的大好契机下，学校紧密结合时代主题，将樱花节与迎奥运完美结合，将超越语言的体育作为开展跨文化交流的途径，与众多国际姐妹校结下了深厚的友谊。

随着2009年学校成为区实验性示范性高中，樱花节这一品牌活动的内涵与功能提升成为建设特色校园文化的新使命。在第十届樱花节上，学校成功举办了上海市汉语国际推广中小学基地学校汉语教学研讨会、上海市德语教师联谊会、日语和英语教学研讨会。此时的樱花节已经从语言类活动全面升级到了创意发明、体育、绘画、音乐等多个领域，集外语节、科技节、艺术节等多种功能于一身。樱花节在"形更美""意更深"的加速发展中实现了"誉更广"，推动了中等教育阶段跨文化素养培育的优质教育资源的流动与汇集。

3. 蜕变成熟："与时俱进，在实践中成就自我"（2013年至今）

一个文化品牌的诞生与发展离不开突破与变革，只有创新才能赋予它新的生命力。为了更好地倡导文化间的融合，培养学生的全球意识、开放胸怀以及正确面对文化差异的态度，樱花节与达人秀、社团共同组成了三个"一"活动课程，成为文化理解课程的重要组成部分。这标志着樱花节从单纯的校园文化活动转型为校本特色课程的关键环节，更加聚焦学生的全面发展与个性成长，将"集好"变得更为持久深入，从一年一度的欢乐体验升级为贯穿日常的精神滋养。

在这一阶段，樱花节的课程属性更为明确，作为WISE综合实践课程框架的重要内容，尤其在"成长·赋能"系列中发挥着不可替代的作用，通过各种实践活动和项目全面提升学生的文化理解力，给予每个学生独特的成长体验，形成学生个体在融入多元文化中的关键经验。樱花节也不再局限于短短的两周时间，由此延伸出的各类课程涵盖两个学期供学生自主选择。在每年春季，以樱花节为契机，学校集中邀请世界各地的姐妹友好学校与"甘泉"师生共享节日，集中邀请各使领馆、联合体等机构单位开设"名人进校园"等高端讲座。例如，第十四届樱花节期间，学校与澳大利亚姐妹校凯斯博中学（孔子课堂）进行了第一次中澳校际连线，实现了实时的中澳课堂对接和师生交流。第十六届樱花节期间，学校尝试将校园文化活动与特色课程建设相结合，与五所海外姐妹校共同开发了海外共享微型课程，体现出中外课程融合、中外学生融合、中外教师融合，为"甘泉"学生提供了多样性、个性化的课程选择。

因此，在樱花节的活动课程化过程中，学生的主动性和创新精神得到了充分发挥，作为综合实践课程的樱花节进一步助推学生展能成志，真正成为提升学生竞争力的重要平台。"集好"这一特征在这一阶段得到了充分的体现和加强，也进一步稳固了樱花节作为学校文化品牌的不可动摇的地位，让樱花节深深地扎根在了每一位"甘泉"学子的心中，成为不可替代的文化记忆与身份符号。

二、从历史积淀中形成特有的文化主题

德国历史学家斯宾格勒认为，每一种文化都植根于她自己的土壤，各有自己的家乡和故土的观念，各有自己的风景和图像。学校有着自己的文化基础和历史积淀，那便是植根"海纳百川，有容乃大"海派文化的多元文化土壤。每年三月下旬樱花盛开的季节里，学校都会举办主题鲜明、意义深远的樱花节，迄今已逾二十载。每一年樱花节的主题背后，折射出的是学校对文化育人的深刻思考。

1. 从取名缘起看育人追求

说到"樱花节"，很多不明就里的同行或社会人士会提出疑问："樱花是日本的国花，'甘泉'的樱花节就是日语节？还是日本节？"非也！每次听到这样的疑问，我们总有一种冲动想要好好地解释一番樱花节的前世今生。

从樱花节的起源来看，它的确与日本有关，但它的成长是多元文化融合的绝佳产物。1985年，日本久留米市政府代表团访问甘泉中学并赠送100株樱花树，其中60棵樱花树落地生根。从此，每年三月下旬，樱花盛放，"甘泉"校园也因樱花而更加美丽。2000年时，在日语教学已进入第27个年头的"甘泉"校园里，为了更好地营造日语学习氛围，让学生理解日本文化，提升日语水平，展示自我，日本外教真木胜文老师倡议学习日语的同学要有自己的文化节。于是，樱花节在美丽浪漫的樱花树下诞生。首届樱花节，实际只有短短一天的时间，主要是日语学生参与的日本文化体验活动与日语学习成果展示。

经过二十多年时间，樱花节日趋完善和成熟，已经从日语扩展到多语种，从

部分学生参与变为全体学生参加，从单一的日本文化扩展到多元文化交融，再从多元文化回归到民族文化，变成了校园文化品牌的代表性符号。

随着"樱花节"品牌的成熟，其参与面更加广泛，校本特色课程的属性更为明确。她从最初的校园文化项目逐渐成长为内涵丰富的校本研究型课程：不仅有盛大的开幕式和闭幕式，还有樱花节形象大使评选，吉祥物设计，节徽、节标、节歌等周边文创设计项目，形成了具有"甘泉"特色的校园文化现象。

樱花节体现了学校探索教育对外开放、走特色发展之路的发展战略。我们可以自豪地向外界宣传：樱花节是孩子们玩转校园、体识文化的绝好方式，它不是某一个国家、某一个语种的节日，既是一个平台，也是一粒种子。由学生自己设计、参与、更新、优化的樱花节，充分展现了校园文化的独特魅力和旺盛的生命力，更承载了"民族情怀、国际视野"的跨文化教育特色，在学生的心中萌芽生发，伴随学生七年的学习生活茁壮成长。

2. 从主题沿革看文化创新

截至 2023 年 3 月，总共 22 届的樱花节的主题个个都很精彩。每一年的主题不仅需要体现学校的办学理念，更与每一年学校的发展重点相结合，与当年的国事、天下事密切相关。每年的樱花节前，学生和老师们都会紧密团结与协作，筹备组的每一位师生都穷尽智慧，把她当成学校的"春晚"来对待。这么多年下来，每一届樱花节在前一届的基础上都有超越和突破。

历届樱花节主题

第一届（2000 年）：快乐学习　传播文化

第二届（2001 年）：手牵手共创美好未来

第三届（2002 年）：和谐　发展

第四届（2003 年）：文化育人　和谐发展

第五届（2004 年）：外语，让甘泉更美好

第六届（2005 年）：融多元文化　展个性魅力

第七届（2006 年）：凸显外语特色　推进国际理解

第八届（2007 年）：民族情　世界风

第九届（2008年）：群星闪耀甘泉园　五环唱响奥运魂

第十届（2009年）：十年铸就品牌　特色成就未来

第十一届（2010年）：与世博牵手　展民族情怀

第十二届（2011年）：礼行天下

第十三届（2012年）：四十年坚守　建特色甘泉

第十四届（2013年）：甘泉的星　世界的心

第十五届（2014年）：汇聚多语特色　续写六十荣光

第十六届（2015年）：扬国风汉韵　做世界公民

第十七届（2016年）：甘心筑梦　泉汇世界

第十八届（2017年）：多语+年华　缘来是一家

第十九届（2018年）：中国力量　甘泉声音

第二十届（2019年）：跨YUE世界　共享未来

第二十一届（2021年）：多彩甘泉　樱你而美

第二十二届（2023年）：观樱花开　"泉"新向未来

在"甘泉"学习生活七年的学生们都有一个明显的感受，就是樱花节每一届都会有一些"不一样"。用学生自己话来说，就是："樱花节，超越停不下来！""樱花节，对你爱爱爱不完！"可见，文化品牌的持续创新力会影响到参与其中的主客体并产生交互作用，从而创生出多元创新力。我们力图让学生成为"樱花节"这一品牌的文化主创力，让他们拥抱变化，并持续拥有创新激情。

三、在文化体验中激发持久的自我效能

"樱花节"作为学校的文化品牌，不仅给予了学生拥抱变革、敢于创新的持续激情，还有重要的一点是，学生能在文化体验中塑造积极自信的品质。在樱花节的各类比赛、活动和项目的平台上，学生不断确信自身的能力，深信自己一定能成事，实现所追求的目标。在与樱花节共同成长的青春岁月中，"甘泉"学子积累起了面向观众与舞台时"我能行"的难忘经历，积蓄起了面对陌生与变化时

"我可以"的积极心态,积淀下了面临机遇和挑战时"让我来"的成长勇气。

1. 我能行:"百分百参与"的台前与幕后

我们提出要让每个普通学生都参与到樱花节中,坚持"让每一个孩子都有上台展示或参与幕后的机会"。因此,在每一届樱花节中,保留了诸如征文大赛、艺术作品设计大赛等面向全员的活动,邀请中外老师、中外籍学生以及海外姐妹校的学生一同参与,他们都是樱花节的参与主体。

老师们逐渐从组织者变成了指导者和协作者,把活动组织与策划的权力交还给学生。在这个过程里,很多生性胆小羞怯的学生练了胆量,也有学生获得更多从事创作、布置灯光、制作道具等幕后工作的机会。樱花节闭幕之际,主创团队的学生成员还会进入各个班级做问卷调查,获知"学生最爱的活动项目"、意见反馈等信息。这样的过程本身就是开放、包容、多元的学校文化展现,师生们也用自己的语言、声音、形象、作品展现了自己不同的侧面,收获了不同于课堂学习的成长体验。

这一"学生百分百参与樱花节"的初衷是基于我们对"发掘他人的优秀品质和潜力,则需要在文化互动中完成"的认识。心理学家塞利格曼曾指出,理解并帮助人们获得幸福和主观幸福感是积极心理学的核心目标。文化品牌的核心价值就包括最大限度地去激发师生的潜力,以让他们谋求自身对学习及生活的幸福感。

2. 我可以:走出舒适圈的积极尝试

从心理学角度来看,人类对于外部世界的认知可分为三个区域:舒适圈、学习圈和恐慌圈。常办常新的樱花节对于参与其中的学生主体来说,不仅是在参与面全覆盖之下对自我存在感的一次次刷新,更是在不断创新其形式和内容的过程中踏出舒适圈的一次次自我挑战。樱花节将学生们从一种自我感觉安全舒适的舒适圈中牵拉出来,营造了一个可以让学生涉足新领域、新事物的学习圈,鼓励学生锻炼自我、挑战自我。

在第十八届樱花节的闭幕式上,我们看到了一场樱花节人物形象的服饰设计秀,这是一群初中的孩子怀着设计师的小小梦想和对樱花节的深深热爱,将往届毕业生专门为樱花节设计的人物服饰图纸变为了真正能够穿着的服饰。在传承中的创新与突破,给了这群孩子莫大的鼓舞。校歌《甘泉,我们共同的家园》

也是樱花节中不断被超越的存在,继在上一届樱花节上由学生社团进行了阿卡贝拉版的演绎后,又在新一届樱花节上呈现了民乐版的首演。学生们在丰富校歌表现形式的同时,也在自己的身上镌刻了多元文化融通的印记。

此外,樱花节形象大使的评选是最能体现学生们自我超越与突破的一项焦点工作。在每届樱花节开幕前,形象大使的评选作为最先启动的工作,由全体学生投票选出心目中最能体现"甘泉"精神的形象大使。新当选的形象大使由此进入了樱花节的工作周期,在各项活动的策划、组织、协调及协助等工作中,承担起"文明礼仪、国际交流、文化引领"等具体职责。经过这样的全面锻炼,形象大使在领导力、沟通力、适应力等方面得到了切实的锻炼。

在樱花节的舞台上,学生们在走出舒适圈、进入学习圈后,实现了自我的成长,进而又扩大了自己的舒适圈。樱花节给孩子们画出了一个个色彩斑斓的同心圆,就像一层层越来越大的舒适圈,记录着孩子们不断成长的变化轨迹,体现出越来越深的民族情怀和越来越宽的国际视野。

3. 让我来:走向社会的主动亮相

文化价值的重塑有助于学生构建自我认知、自我意识和自我文化意识。校内的樱花节带给他们的自信,对他们在校园生活以外的身份建构产生了积极的影响。我们欣喜地看到,这些年从樱花节走出了形象大使,走出了各项比赛的获奖者,走出了活跃在国际舞台上的"甘泉"学子。他们有的刚刚进入大学,有的已经走向社会,还有的从事着国际交流的工作。从他们身上,我们几乎都能找到樱花节给他们留下的印迹:自信、多元、融通。正如在第十五届世界高中生日语演讲大赛中夺冠的俞越同学所说的那样:"七年的学习生涯,樱花节是我紧张的学习生活中一道最美丽的风景线。它充实了我的校园生活,让我走进了中日友好的氛围,更为我站上世界舞台提供了锻炼的平台。在樱花节中我做过演员,做过观众,也做过主持人和导演。每一次的角色转换,都让我惊奇又享受。这一年一度的活动,每次都让我翘首企盼。我感谢它,享受它。樱花节是我中学生活中最美丽的回忆。现在的我即将毕业,但她将永远在我内心留下深深的烙印。缤纷世界,你我初相见。看樱花飞舞,温暖如纤。"

在樱花节中涌现出的"有教养、有个性、有竞争力、有国际视野"的"甘泉"学生有很多。例如，2004年获"上海市世博友好小使者"称号的周笛、姚嘉鑫，2003年第一个AFS项目赴美交流的学生齐勋飞，2006年出访日本与首相夫人亲切交谈并合影留念的朱玮逸，2010年在世博会上采访德国总统的学生丁岚……他们每一次的闪亮登场，都在国际交流的舞台上自信地展示了"甘泉"人的风采。这些孩子把从文化体验中获得的乐观、快乐等积极的品性融入社会生活中，充分展现其积极人格品质和人际交往能力。

毕业多年之后，樱花节早已被"甘泉"学生们视为开拓国际视野、提升国际理解的大平台。在这个平台上，学生们通过多元文化的体验，锻炼了跨文化交流能力，升华了国际理解意识。"有体验才有理念，有了解才有理解"，樱花节营造了多元文化的氛围，搭建了展现学生魅力的平台，构成了学生成长体验中不可或缺的重要环节。

四、以文化视角解读文化品牌的育人价值

当学校的文化品牌在"形美""意深""集好"与"誉广"等方面不断发展与成熟的时候，伴随而来的必然是该文化品牌对育人方式变革的正面推动和积极影响。樱花节作为优秀的学校文化品牌，在文化育人的过程中体现出不可替代的价值和意义，从樱花节中孕育而生的文化互动力、文化传播力和文化反思力成为学校不断深化和发展"跨文化素养"培育特色道路上的重要基石。

1. 可视化的文化互动力

文化交流过程中难免会出现矛盾和冲突，人们经常会为某种文化冲突冠以"要么你们……要么我们……"的对立视角去解决问题。在以往的多元文化教育中，我们强调要尊重文化的差异性和特殊性，要充分认识每一种文化都有其独特的魅力。随着实践的不断推进，我们更加认识到：在文化互动的过程中，要坚定自身的文化自信，同时以积极的心态和尊重的眼光去认识其他文化，实现与不同文化的积极沟通和有效互动。这样的文化互动力在樱花节的各项活动中都有明显的体现，其高光时刻出现在学校被评为"上海市特色普通高中"之后的2019年樱花节。

"跨YUE世界 共享未来"——第二届上海高中学生论坛·跨文化素养论坛活动，作为2019年樱花节的重磅项目，在邀请海外姐妹友好学校学生代表线上参与的同时，邀请了来自上海市、长三角及海外高中生共30支团队围绕"跨文化·传承·民族情怀""跨文化·发展·多元融合""跨文化·创新·未来已来"三场分论坛进行专题展示，充分彰显了新时代高中生在思考和行动中坚定的文化自信和优秀的跨文化素养。

在这样一届由上海市教育委员会基础教育处、共青团上海市委员会学校工作部、上海市学生联合会秘书处、上海市推进特色普通高中建设项目组、上海市普陀区教育局以及共青团普陀区委员会共同主办，我校作为上海市第二批特色普通高中承办的大型高中学生论坛上，团委与学生会的同学们成立了论坛工作小组，全面策划、组织了整个论坛。

在以"跨文化·传承·民族情怀"为主题的第一篇章，来自嘉定一中、大同中学、七宝中学、吴淞中学、华政附中的学生代表围绕"书院文化""戏剧文化""建筑文化"等，在一场穿越时空的展示中，体现出新时代青少年对继承发展自身文化的高度自觉、对保持自身文化理想和文化价值的高度信心，围绕以自身优秀文化所激发的精神力量面对未来机遇和挑战的主题，结合上海城市发展蓝图，从高中生的视角提出自己的思考与见解。

第二篇章以"跨文化·发展·多元融合"为主题，分为联合发表和圆桌讨论两个环节。在联合发表环节，闵行中学、南洋模范中学、真如中学和意大利E美迪中学的学生代表就东西方的服饰文化、节日文化、大众娱乐文化及城市建筑文化展开对比研究。随后，在圆桌论坛中，学生会主席施怡阳邀请来自澳洲凯斯博中学、日本冲尚学园、苏州外国语学校、上外附中和甘泉外国语中学的学生代表展开了一场多国多语言的圆桌讨论。大家结合自身的跨文化交流经历，就中德、中澳间的中学课程及校园生活、跨文化交流的途径与媒介展开热烈讨论，这期间还穿插进行了与"甘泉"海外姐妹学校意大利老普林尼中学和法国巴黎喇沙车站圣母学院高中生的视频连线。甘泉外国语中学日语学生、英语学生作为现场同声传译，将台上学生代表的精彩对话同步分享给现场的观众。准确的视角、有力的观点、精彩的事例，使大家对跨文化素养有了更为全面和深刻的认识与理解。

在以"跨文化·创新·未来已来"为主题的第三篇章,来自上海海事大学附属北蔡高级中学、曹杨中学、复旦大学附属中学的学生代表就 AI 技术保障海上安全、科技发展与人文关怀在城市发展中的关系、语言识别程序运用于外国游客对上海旅游业的评价等进行了灵动有趣的展示,以高中生的所思所践为上海建设成为卓越全球城市写下了年轻人的注脚。来自甘泉外国语中学海外姐妹学校芬兰埃斯波中学和德国汉堡莱辛菲尔德文理中学的团队通过视频连线,传递了全世界对人工智能及机器人对服务未来生活的探索实践及辩证思考。

这样一场更具人文性、开放度和可持续发展观的大型论坛,让樱花节获得了更大范围的赞誉和影响力,为特色高中的建设发展成果作了有力的背书。"跨文化素养"这一议题的选定,高度契合了上海教育的发展,通过三场分论坛有层次地传递了中国声音,诠释了构建人类命运共同体的年轻一代的思考。

2. 可持续的文化传播力

每年乍暖还寒时节,很多校友都会在学校公众平台上留言打听:今年的樱花节什么时候举办?更有很多校友不远千里从外地,甚至国外赶回来参加,这就是樱花节本身独特的魅力所在。这也回应了文化品牌的"甘泉"定义中的"集好"标准:具有一定的聚合度和信仰度。

事实上,樱花节留给所有"甘泉"师生的是一个"精神家园",其中持续不断的凝聚力让这样一个文化品牌呈现出生机和活力,进而更为强烈地支撑起"甘泉"人的身份认同和价值体认。记得某一年的上海高考日语作文题目,是让学生讲述"最难忘的高中生活","甘泉"学子不约而同地写到了樱花节。这让阅卷老师一度认为是老师让学生背诵了范文,可想而知樱花节对每一位"甘泉"人的影响,用"深深的烙印"来形容也不为过。

每年樱花节,不论是室外操场还是室内报告厅,总能看见一大批校友的身影。他们在樱花节之际,重返校园,看望曾经教过他们的老师,走进教室看望学弟学妹们。他们聚在樱花树下,拍照留念。还有校友特意选择在母校樱花节的时候进校园拍摄主题婚纱照,他们说想把人生最有意义的时刻永远定格在母校樱花盛开的美丽校园。这何尝不是一种扎根于内心深处的眷恋呢?有的校友至今还保留着十多年前樱花节主题徽章等文创产品,像宝贝一样珍藏多年。当他们走出校园、步入社会，面临种种复杂和不确定性时，面对逆境而不免有些消极时，也许会在走进母校与校友共度樱花节的那一刻，翻开相册回忆樱花节的那一刻，打开储物箱看到樱花节专场比赛奖状的那一刻，内心又一次被点燃，又一次被温暖，又一次重拾对美好生活的向往。

曾经活跃在樱花节上的"甘泉"人，即使毕业了，也想着回来再参与一次。比如 2016 届毕业生王耀迁重返第十八届樱花节闭幕式舞台，作为校友，他用一首《改变自己》点燃全场，歌声中迸发着激动和自豪。经历一次次樱花节的历练，不断地改变自己，如今他找到了自己喜欢的工作，成为日本动漫艺演的策划人。再如 2016 届毕业生唐文昊，在校期间作为校园电视台台长，是几届樱花节活动音控设备负责人，对舞台音效控制各个环节的操作驾轻就熟，毕业后还主动来母校继续参与樱花节，手把手培养学弟学妹作为接班人。如今他创办了一家影视制作公司，延续了自己擅长的技能。我校 2015 届毕业生祝芝浩，在校期间就是一个文艺骨干，歌舞、笛子、钢琴样样拿手，活跃在每一年的樱花节舞台上。毕业后，他签约中唱集团，走上央视《星光大道》，勇夺年度总决赛人气王，发行多首单曲，被誉为"国风少年"。多年后，他依然怀念樱花节，并多次回母校再次站在樱花节闭幕式舞台上表演。他感慨万千："正是母校樱花节等活动给了我发挥特长、张扬个性的舞台，为我之后能专注于自己喜欢的演艺事业奠定了基础。刚出道时，我的底气正是来源于母校樱花节给我的锻炼和经验。"

还有 2002 届毕业生于浅知参加了第一届樱花节，当时一个重要的环节就是试穿和服，日本外教真木胜文老师手把手教和服的穿法，让她至今难忘这段经历，以至于毕业后自己经营了一家和服店，当年学到的有关日本和服的知识和当时的感受成为她创业的基础。她在第十五届樱花节上现场进行了和服表演，还赠送给母校多件和服。2002 届毕业生汤顺杰在校期间参加了将棋社团，并多次在樱花节社团巡礼中表演，毕业后勇夺 2008 年世界业余将棋锦标赛冠军。在第十一届樱花节上，"汤顺杰将棋教室"正式揭牌，此后带领将棋社团荣获市区级多个大奖。2006 届毕业生徐昊宁在校期间参加了学校日本茶道社团，经常参加樱花节社团巡礼的展示，毕业后自己经营了一家名叫"小茶亭"的茶道教室，当初茶道精神的熏陶成为如今开办茶道教室的初衷……

像这样的例子实在太多太多，学校搭建的多样文化交融的平台，让学生在异文化的理解包容、融合中感受每一种文化的独特性以及多元文化的一统性，成为一个适应全球化发展的文化传播者，让他们更加从容地迎接未知世界的一次又一次挑战。

3. 可生长的文化反思力

遗憾的是，从 2000 年起每年举办的樱花节，在 2020 年因疫情而按下了暂停键，曾经热闹非凡的"甘泉"校园彻底安静了下来，国际交流活动也彻底停摆。对于全体"甘泉"人来说，这既是一个"艰难决定"，又是一个"无奈选择"，更是一次对当下、对自我、对社会、对世界的"深度反思"和"认知更新"。我们意识到，越是在艰难时刻，越是需要引领"甘泉"人对学校文化价值进行再一次核心凝练和深度诠释。

写给第二十一届樱花节的一封信

亲爱的同学们、老师们：

2020 年的三月如期而至。三月的"甘泉"校园虽已春意盎然，但却多了几分寂寥，几分思念，几分遗憾。受到疫情影响而延迟开学的"甘泉"师生，你们还好吗？

二十年间，樱花节从单一的日语文化节成长为多元文化交融的"甘泉"名片。它成就了几代"甘泉"学子心中闪亮的梦想，见证了"甘泉"这所普通学校走向特色与卓越的不凡历程。

它是我们"甘泉"人心中共同的"念想"。

曾几何时，我们总觉得汩汩甘泉旁的樱花树会一直都在，一年一度的樱花节会一直都在，校园里琅琅读书声与欢笑声会一直都在，熟悉的你我他会一直都在。

我们习惯于将"岁月静好"当成一种理所当然的生活常态。此刻的同学们或许在为去年没有鼓足勇气参加樱花节而感到有些懊恼呢，又或是会因为明年樱花盛开时已毕业离开校园而感到遗憾。曾经想躲避的校门此刻可能是我们最想踏入的地方，曾经感到厌烦的"谆谆教诲"此刻可能是我们最想念的声音。

日本茶道文化中有一个禅词叫"一期一会"。或许人生中的很多个瞬间都不能重复。我们可否珍视每个瞬间的机缘，视之为"只有一次"的可能而用尽全力去珍爱，而不空留遗憾与追忆？

第二十一届樱花节虽然暂停了，但"甘泉"人践行"民族情怀、国际视野"的脚步并未停歇。

远在海外的"甘泉"学子积极筹措物资，向国内灾区和母校展开捐赠；外国学生足不出户便能在自己的国家收看来自"甘泉"的在线课堂；海外姐妹友好学校为"甘泉"录制了令人动容的祝福歌曲；随着全球疫情的蔓延，我们正向所有海外姐妹友好学校送去问候和关心。

今年的春天，我们虽不能像以往一样相聚樱花树下，但我们与世界的连接却更加紧密，我们对世界的认知也更加多元。我真心地希望，我们"甘泉"人能在这场疫情中提萃出跨文化素养的"高阶思维"。面对百年未遇的大变革，我们如何才能更加自信、理性地观自我、理解世界、参与其中，从而站稳中国立场，发出中国声音，为构建人类命运共同体而采取行动？

对此，我们每个"甘泉"人应有思考与担当。

最后，衷心期待：追忆甘如饴，泉涌润心田。樱花烂漫时，你在画中间。

（校领导　杨云）

真正的文化品牌，应该是灵魂的升华、思想的内化、行动的自觉在"形美""意深""集好"与"誉广"中相互融合的成果。当"甘泉"的毕业生或者老师走出校园、步入社会、走向世界的时候，他们能和世界平等对话，他们身上的"甘泉"文化特质能为更多世人所见，能为社会创造更多价值，这就是文化品牌对其精神内化与行为外化的辩证统一。

第二节　培育对话世界的时代新人

21世纪初,中国加入WTO以及上海申博成功后,教育的对外开放日益受到重视。当时上海市教委在《加快基础教育改革和发展步伐　努力实现上海基础教育现代化》中明确指出:"基础教育必须培养学生具有国际意识和全球胸怀,必须加强国际合作,加大开放力度。"

当时的"甘泉"借助语种发展的先机,国际合作方兴未艾。如何在一所地处工人新村,不具备"先天发展优势"的公办完中里勾画出国际交流与合作的未来图景呢?我们期待中学校园里的对外交流能够带给学生什么?

要回答这两个问题,首先就要明确,它们其实是关于教育立场和育人根本的坚守和把握的问题。在中学阶段开展国际交流与文化互动,我们始终坚持三个"不动摇":一是坚持社会主义办学方向和立德树人的根本任务不动摇,"外国语中学"姓"中"不姓"外",这是主导性的问题。二是坚持面向全体学生开展对外交流不动摇,这是公平性的问题。作为一所公办中学,对外交流绝对不是"极少数"学生的特供资源,需要将之视为惠及全体学生的公共资源。三是坚持课程视角下"知、行、思、情"多维统一的文化互动教育不动摇,这是教育特色的问题。对外交流要向纵深发展,不能停留在单纯的姐妹友好学校数量增加上,不能满足于表面热络的你来我往与走马观花的浅尝辄止,要从跨文化素养培育的视角做好学校特色发展和学生个性化成长这篇大文章。

正因对这三条原则的坚持,"甘泉"二十多年的对外交流之路步疾行稳。同时,随着信息化、全球化时代的不断变迁,我们更需要不断挖掘空间,寻找契机,培育学生的跨文化生存与发展能力、文化自信与人格品质,让他们成为包容平等的对话者、知行合一的实践者、多元世界的服务者和中国故事的传播者，成为兼具民族情怀和国际视野的时代新人。

一、"交换苹果"理论下的握手与同行

英国剧作家萧伯纳曾说过："当两个人交换一个苹果，得到的还是一个苹果；交换一种思想，得到的却是两种思想。"在学校的教工书吧门口，就摆着这两个分享思想和智慧的铜质大"苹果"，寓意为对话思想、分享智慧；旁边还有两把木椅，其把手被刻意地锯去一半，若将两个椅子拼在一起，又变为了一张略大的长椅，象征着消除隔阂，融合统一。像这样的"小景"在"甘泉"并不少见。体现尊重与包容、共情与分享的"交换苹果行动"在"甘泉"的对外交流中是一种常见的理念。

1. 风起东瀛，行至美洲

应该说，"甘泉"的对外交流起步比较早，其开端主要是在日语方面。早在 20 世纪 80 年代初，甘泉中学就有了第一批中学生赴日考察学习的记录，这也是上海市派出的首个中学生赴日考察团。此团由时任上海市教育局副局长吕型伟带队，从"甘泉"选派了 5 名学生组团成行。1995 年，在上海市教委国际交流处的见证下，学校与日本龙谷大学签约，缔结了与日本高校的首个合作关系。1996 年，"甘泉"首批 4 名高中毕业生赴日留学。到 2001 年，学校又签约第一家日本中学姐妹校大阪胜山中学。2010 年，学校组织了百人访日团，这是迄今为止规模最大的出国交流团组。至今学校接待来自日本的友人已近万人，赴日交流的师生近千人。2001 年 3 月，我校和日本大阪胜山中学缔结友好学校（第一所海外中学姐妹学校）时，胜山中学的学生们在操场上组成了一个大大的"友"字，来欢迎"甘泉"的师生代表。日本《每日新闻》租用了直升机对此活动进行航拍，场面非常感人。国际交流的友谊之种深深播撒在中日两校学生心间，也支持着我们之间的互动交流逾 20 年，至今未中断。

20 世纪 90 年代至 21 世纪初，同"甘泉"签订友好合作协议的首批教育机构主要有：日本龙谷大学、加拿大达英国际学院、日本大阪胜山中学、韩国金童留

学院、俄罗斯莫斯科1948中学、澳大利亚西摩尔顿学院、日本立命馆亚洲太平洋大学、上海日本人学校等。在当时,"甘泉"的国际交流已经算是顶上普陀区的"大半边天"了。

21世纪以来,学校发现学生不仅需要短期的校际交流活动,还有一批学生希望能够用一学期甚至更长的时间来进行交换留学的跨文化体验。由此,学校深度开发了教育部的高中生访日项目、日本文部省的文化桥梁项目、日本"心连心"项目、AFS赴日长短期留学项目等等。自2003年至今,近50名学生通过AFS、YFU、IHSP、墨卡托中德交换生、上海—里昂中学生个人交流等项目,远赴世界各地进行长期的浸润式跨文化体验,形成了理解包容、尊重互鉴的跨文化理解心态。与此同时,有近30名来自亚欧各国的学生怀着对中国文化的向往,在"甘泉"学习生活。"在这样的项目中我有机会和条件,与世界各国的中学生进行跨文化交流,开阔了我的眼界,也培养了能力。在这个过程中,我也有机会向世界各国的同龄人介绍我的国家、我的家乡和我的学校。"几乎所有参与过这些交换项目的学生都有这样的感受。首位参加AFS项目的"甘泉"学子齐勍飞在他的日记中这样写道:"美国高中实行走班式授课制,这让我这个'老外'在偌大的教学大楼里像个无头的苍蝇'乱撞'。在众多美国同学的目光注视下,我真切体会到了老外在异乡备受瞩目的待遇。好在不久,我认识的同学就成倍地增加。好几周,我才能渐渐地把那众多的英文名字和众多的脸对上号。"他们不再以"不是我们……就是你们……"或者是"非白即黑"的心态看待异文化,而是更加开放、包容地去接受、理解并尊重,他们的文化认知变得更加理性,文化思维更加辩证,文化立场更加客观。

2. 语通世界,友遍天下

进入2010年以后,随着"甘泉"的多语种及多元文化教育不断深化,我们的协作伙伴的世界版图进一步扩大。至今,"甘泉"在英国、德国、澳大利亚、芬兰、日本、泰国等15个国家的友好学校共计53所;白俄罗斯教育代表团、缅甸教育部官员及14所中缅友谊学校校长组成的代表团、格鲁吉亚校长代表团等陆续和我们建立了合作交流关系,每年来往于不同语种、不同文化背景交流的师生有数百余人。

联合国里第一次响起"甘泉"学子的声音

2019年,"联合国可持续发展目标青年2030创变者"大会在联合国的舞台上唱响"甘泉声音","甘泉"学子用英语大胆地发表关于SDGs目标议题的主题发言,表达对世界性议题的关注,并在研究的基础上提出了中学生视角下的解决方案。

在活动中,我们了解了联合国的目标,怎样处理好人与社会、资源、文化的关系,以及对自然环境应当承担起自己的责任。我们独立学习、收集与处理信息;主动提出问题,进行批判性思考;与他人共事,合作解决问题;主动关注有关联合国发展的实际问题并提出创新性解决方案。

我从小生活在上海,贫困对我来说是一个比较陌生的概念。通过学习,我了解到中国仍是世界上最大的发展中国家,所以消除贫困是一个重要目标,也是人类面临的最大的挑战之一。作为参与者,我们要思考可以采取哪些行动来促进目标的实现,采取哪些措施来改善生活品质,要从小我走向大我。

(日语学生 侯韵凌)

在基于分享与协作的"交换苹果行动"中,"甘泉"的学生获得了更多出国交流的机会,老师们也有了更多的机会到国外进修,拓宽了"朋友圈",得到了更为丰富多元的跨文化体验。学校利用对外交流的机会,借鉴国外的办学经验、教育理念、教学策略等,推进学校教育改革,使学校的发展更具活力,提高了学校自身的综合办学实力与教育对外开放程度。

3. 行动参与,服务社会

在"甘泉",对外交流是提升学生社会参与能力的重要平台,这也与中国学生发展核心素养中的"社会参与"高度吻合。无论是2010年上海世博会期间,我校组织50名日语生到日本馆做志愿者,还是作为一年一度的"上海国际友好城市青少年夏令营"志愿者,在诸多对外交流项目中,学生们都团结协作,跨越国籍和语言的障碍,在增进互相理解的同时,培养自己开放、包容的心态和全球化、国际化的视野,增强了社会参与的意识和服务本领。

2020年新冠疫情袭来时,当时的高三年级德语班学生与2017年来我校外国学生部做短期交流的德国学生Mathias、Johann、Jean和Carlotta等了解到,在德国汉堡有六百家中国餐馆，大部分的厨师与家属都不精通德语。现就读于汉堡 Christianeum 中文高级班的德国学生们马上就行动起来。通过网络，他们分工合作，将德国政府发布的最新防疫信息翻译成中文，并发布到相关信息平台上，为在德生活的中国人提供了极大的帮助。小小善举，温暖了每一个华侨的心。汉堡教育部中国事务及汉语教学负责人柴明老师在给我校的感谢信中写道："甘泉学生对德文的理解很正确。孩子们虽然尚未熟悉官方语言，但这对他们无疑是一次锻炼机会。这些孩子受过贵校的教育，我衷心感谢你们成功的育人工作！"

我校德语班学生王阳也在疫情期间主动请缨，进行了《流行病学调查对话手册》的德语版翻译并录制语音，为江宁路街道社区服务中心的防疫工作出力，为流调解决了一大难题。谈起这段经历，王阳自述道："我的妈妈所在医院的街道社区内居住着很多外籍人士，由于语言沟通障碍，他们打算制作一份多语种防疫沟通手册，我就主动请缨，承担了德语版的翻译工作。一开始我觉得有难度，因为有些专业词汇没有学过。碰巧从 3 月初开始网上学习，在德语课上学习了与疫情相关的内容，正好能够用在手册的翻译上。将学到的知识运用在生活中，既能为生活服务，又能帮助他人，让我倍感骄傲。"

二、基础教育走出国门的破圈行动

随着中国对外开放的进程加速，在中国的外国企业与人员数量也不断增加。同时，随着赴海外的中国人数量日益增加，华人华侨的子女教育问题也日益突出，越来越多的华侨倾向于将孩子送回中国接受基础教育，让他们加深对祖国语言、文化的认识和了解。21 世纪初，学校管理者便意识到这一领域将成为一个重要的教育开放与文化交流的广阔空间。

把国外学生吸收进来，学校自然就形成了多元化的环境，学生可以在这种环境中得到语言、文化等方面的熏陶，同时可以提升学校对外开放的水平。但是，像"甘泉"这样的普通完全中学，以守株待兔的方式"坐等"外国学生上门是不可能的。刘国华校长动足脑筋，提前谋划，找准机会，只身赴日，开启了一场"一个人"的海外招生说明会。为了节省开支，连会场安排接待都是由当时在日本留学的

"甘泉"校友帮忙完成的。当时就有几位在日的家长表示出浓厚的兴趣。

招生会的宣传在日本《东方时报》刊登后即刻引起了各界强烈的反响。2002年11月10日,上海市甘泉中学在日本东京丰岛区生活产业展示场举行了招生说明会。这是中国的中学第一次走出国门,针对日本学生举办的大规模的招生说明会。对此,《上海教育》2002年第21期刊载的文章是这样描述的:"作为普通中学,……要让自己有长期发展的能量,就要主动出击、扬长避短。因而,甘泉中学看准了上海教育发展所给予的良好机遇,将目光对准了国外市场。……这次招生会还承担着另一个重要的使命,就是寻找合作伙伴,建立合作关系,向社会效应、规模效应发展,……上海的基础教育在经过一轮轮的自身发展之后,开始将目光投向更广阔的天地。"

"甘泉"这一次"大胆的行动"将上海的教育理念向世界推广,吸收外国小留学生在上海生活学习,这既对中国普通学校的发展提出了更高的要求,也促进了学校向更高层次迈进。

第一年的海外招生活动后,学校招来了三位日本籍学生。2003年,外国学生部正式成立,并开创性地在中学阶段公办学校中首开HSK汉语课程,公开招聘"新品种"师资——对外汉语老师。再后来,逐步丰富了外国学生课程体系,立足培养"外语见长、文理相通、中国情怀、国际视野"的"甘泉"外国学生,吸纳现代国际教育管理理念,形成了一套较为完善的外国学生管理制度、管理模式和教育模式;在海外设立办事机构,进行境外办学尝试;外国学生部的小班化教学、汉语教学、中国文化教育等成为知名教育品牌。时至今日,我们走过了20个年头,培养了来自十多个国家的两百多名外国籍毕业生,他们有的回到本国大学深造,有的被中国高校录取,成才道路各不相同,生涯选择多元个性,"甘泉"烙印清晰可见。

从古代穿越来的"小中国通"

2002年3月,学校迎来了第一批留学生。其中,有一个男生特别惹人注意,他长得圆头圆脑的,脸上总是挂着微笑,待人十分和气。他就是后来闻名全校的日本留学生桑代裕史。

桑代进"甘泉"时才16岁，可他的志向爱好却很特别。他对佛教十分感兴趣，并立志要做一个和尚。据桑代妈妈介绍，这一点从幼儿园时就初见端倪了。桑代读幼儿园那会儿，放学后会先去横滨中华街逛一圈，在中华街的商店里还会吵着买个弥勒佛像回家呢！记得有一年暑假，桑代在北京某寺庙做了近一个暑假的"实习和尚"。他的传奇式经历时常会令同学和老师瞪大眼睛，惊叹不已。

桑代对中国传统文化知识也十分感兴趣，例如养金鱼、种兰花、学国画、练书法、学民乐这些似乎老人家才感兴趣的事情。虽然是个外国人，但是他对上海花鸟市场分布却比有些上海人还熟悉，关于金鱼、兰花的种类、特点可以讲上三天三夜。谁能想到，他的葫芦丝演奏也风靡过"甘泉"校园。大家都开玩笑说桑代不是从日本来的，而是从中国古代来的。

桑代为了学习中华传统文化而来到中国，来到"甘泉"。在"甘泉"学习的三年中，桑代多次在学校中文演讲比赛中获奖，还带领宣传部干事独立撰写中文宣传单。最终，他凭借HSK七级的中文水平被复旦大学录取，同时凭借不错的古汉语知识又考上了南京中医药大学。深思熟虑后，桑代最终选择了南京中医药大学，因为他坚信，学习中医可以治病救人。

如今，桑代裕史已经毕业多年，可不管是学生还是老师，大家都非常想念这位像是从中国古代穿越来的外国学生。

（对外汉语教师　李晓玲）

三、国际航线的艺术体育交流之舟

对外交流中的文化互动与对话，从微观层面来看，注重个人或者群体对不同民族、不同文化的理解，消除跨文化交流上的障碍，诸如民族优越感、民族歧视、民族刻板印象等，以此促进个体或者群体对不同文化的适应、尊重乃至认同，从而使得主体在相互尊重的基础上进行交流。简单来说，就是解决个人与群体的文化适应性问题。

学校先后与九个国外民间组织签订了合作交流协议，与一些国际友好人士建立了良好的合作关系。"甘泉"的外语教育、对外招生和外教引进工作等均得到中国驻外使领馆以及有关机构和人士的支持。校园里伫立着的写有"全世界人民热爱和平"的和平柱是五井平和财团和"世界和平祈祷社"2002年共同捐赠的。"甘泉"现代化视听中心是日本万国博览会纪念基金捐赠建设的。还有"樱和轩"日式茶室，也是由日本民间设计师免费设计的。有关友好团体还资助教师出国研修、学生出国访问修学等活动。民间交流成为"甘泉"主动发展的助推器。

1. 支起传统艺术之帆

中外艺术交流一直是"甘泉"国际合作平台上一颗亮眼的珍珠。早在2005年，学校艺术团就应日本冈山县高等学校艺术联盟、日中青少年友好交流协会、冈山县高等教育局等单位的邀请，在上海市人民对外友好协会的组织下，组成了中学生艺术代表团，赴日本冈山县仓敷市进行国际文化交流演出。仓敷青陵高中女子合唱队的老师与学生们主动热情地予以全程陪同。所到之处，街道的整洁、淳朴的民风、寄宿家庭给予初到日本的中国学生的温暖，都给大家留下了深刻的印象。此次日本文化艺术交流对于代表团的每一位成员来说，都是一次难忘的经历。两国的青少年展开和平的翅膀，呼吁世界永远和平，让天空永远阳光灿烂，让大地永远鲜花盛开。热爱和平的呼声是谁也阻隔不断的。

一直到今天，"甘泉"学生走出国门，把中华优秀传统文化传递给世界的步伐从未停歇。越来越多的学生把武术、民乐、民舞、戏曲等艺术形式展示给海外中学生，责无旁贷地成为"甘泉"与中国文化的传播者。

让民族舞蹈在国际舞台熠熠生辉

2019年8月24日，我带着期望搭上了去往山口的飞机。山口县位于日本本州岛的最西端。与东京的繁华不同，山口是个安静闲适的山村。县民大多是老人家，即使是未曾谋面的过路人，也会矜矜笑着向你打招呼。

其实，出国前我就想好了"文化传播"这事儿，所以我的行李特别重，有一大箱子的表演服装。AFS山口支部常有穿着本国传统服饰进行文化交流的活动。我知道，走进外国人视野中的中国传统服饰更多是旗装，对于汉服，大多惊叹其华美却不知来自何处。齐胸襦裙常被误认为是韩服，加之"汉""韩"二字日语音读相同，更是容易混淆。贴花钿、点面靥、描斜红、涂唇脂的唐妆与艺伎妆也常引人生疑，清晰明了地向日本师生说明它们各自的特点和由来化作了我汹涌在心中的使命感。

在幼儿园、敬老院、社区图书馆的表演中，我用汉服和舞姿征服了在场各个年龄层的观众。我的耐心讲解，让每一个抱有误会勇于前来提问的人听了都赞叹不已，让中国文化与汉服之美一同留在他们的心中。

（AFS赴日项目学生　张紫璇）

即便在2021年疫情期间，学校的对外交流也不曾中断，艺术的力量在这样的特殊时期显得更为珍贵。应意大利姐妹校老普林尼中学的邮件邀请，两校通过网络连线同步直播的方式，共同参与并完成了"紫色椅子"的行为艺术活动。学校美术社团的同学们身着紫色T恤，并在T恤背面写上了KINDNESS的英文字样；同学们一起将一把白色椅子喷漆成了紫色，并在椅背写上了"美美与共，天下大同"的字样；校健美操队的队员们手拿紫色的花球，展示了一段热力四射的啦啦操舞蹈；学校领导戴着紫色的围巾，为"紫色椅子"的诞生剪彩。中意两校师生通过这样的行为艺术活动，共同传递了平等、友爱、希望。这把椅子也被放置在了学校大厅图书角，希望所有坐过这把紫色椅子的人都能友善地对待世界上的所有人。

2. 划出民间体育之桨

除了用传统艺术形式奏响《茉莉与樱花》的协奏曲之外，在中学校园内引入"将棋"这一与相扑齐名的日本国技之一，也是"甘泉"对外交流历史上的一大"奇景"。"甘泉"的将棋活动始于1996年10月，当时是把将棋作为"第二课堂"活动内容首选在初中预备年级进行授课。将棋以其独特棋形和着法，吸引了不少同学慕名而来，一时学棋者达两百多人。

1997年9月，校将棋俱乐部成立，杨泳同学任社长。1999年，时任将棋社社长汤顺杰（后被上海交通大学录取）受日方邀请作为中国少年将棋选手代表赴日参赛，获将棋初段称号。2002年，他作为中国将棋代表队成员赴日本东京参加"第二届国际将棋锦标赛"，为中国队获得团体亚军做出了贡献。

2003年，学校将棋社参加上海将棋代表团赴日本考察，会见了日本将棋联盟会长,并参加了"上海横滨将棋对抗赛"。同年 5 月 24 日,学校将棋俱乐部与日本庆应义塾普通部将棋会在网上进行了两校棋手的对局交流,并举行了两校友谊赛。日本《近代将棋》杂志作了宣传报道。时任上海将棋学校校长的许建东担任了本次比赛的现场解说。这是甘泉外国语中学在当时积极防治"非典"的同时,坚持做好对外交流活动的一项重要举措。二十多年过去了,"甘泉"的将棋社团已经成为上海市知名的学生社团,更成为中日学生开展文化对话的重要载体。

这些以中外艺术与体育作为载体的对外交流活动,除了让中学生们有了与以往传统的口语交流不同的全新体验,更重要的是,培养了他们主动参与其中,用自己熟悉的文化方式开展交流,提升自我与他人及群体的文化适应性。

四、海外综合学习之路的行走课堂

"读万卷书,行万里路",这样的边走边学,自古就有孔子带学生周游列国学习,日本自战后开始的修学旅行在普及之后被写入国民教育大纲。从国家层面来看,教育部在 2014 年发布的《中小学学生赴境外研学旅行活动指南(试行)》中指出,"境外研学旅行应当以加强国际理解教育,推动跨文化交流,增进学生对不同国家、不同文化的认识和理解为目的,有利于促进中小学的对外交流与合作,丰富中小学的课程内容和社会实践,增进与国外中小学学生的交流和友谊"。的确,学习不仅仅发生在书本上,也可以在走出家门、校门甚至国门的时候,用脚步去丈量,用眼睛去观察,用耳朵去倾听,用双手去实践,用头脑去思考,在综合学习中获得真知,在交流沟通中获得超越国度的友谊。依托学校丰厚的国际教育资源,海外综合学习成为学校培育学生跨文化素养的重要阵地。

1. 滋养始终不变的中国心

跨文化素养培育的初心,首先是培养新时代的民族自信心。自信不是盲目自大。真正的自信意味着独立、自主,同时兼具从容泰然的气度、海纳百川的胸怀和志存高远的格局,在国际交往中不卑不亢、充满自信,这才是一个具备跨文化素养的中学生在国际舞台上的正确打开方式。

在海外"板面孔"的"甘泉"代表团

20世纪末,由普陀区体委蔡伟民教练和学校体育老师共同组织成立了"甘泉"翻斗乐足球队,曾于2001年7月29日—8月7日代表上海市赴英国参加国际少年足球锦标赛。在出国前的参赛动员会上,队员们纷纷表示:"在国外一定表现出中国人的精神面貌,决不能给祖国丢脸。"

然而,就在大赛的开幕式上,发生了让"甘泉"代表团"板面孔"的国旗事件。当时大会组织者为各国队伍进场准备了国旗,可是给我们准备的却是一面国民党的旗帜。大家非常气愤,在沈雷团长的指挥下,迅速退出场外,并与大会组织者严正交涉。最后,组委会讨论决定各国队伍均不举国旗。在这样的情况下,"甘泉"队员们才同意进场。当时教练员对队员说:"我们一定要打赢比赛,让利物浦人知道中国的五星红旗。"当天晚上,英国友好人士连夜手工绣制了一面五星红旗。因此,当女队取得冠军,展开五星红旗上台去领奖时,男队队员和女队队员一起,自发地唱着国歌,热泪盈眶。这场二十多年前"甘泉"学子打响的"国家尊严战",值得永远铭记。

(体育教研组)

2. 形成主题探究的多元视角

亨利·米勒说:"我们旅行的目的地,从来不是个地理名词,而是为了要习得一个看事情的新角度。"海外综合学习是学校 WISE 综合实践课程体系"世界·融合"系列的一部分,主题式的课题探究是学生开展实践活动的关键行为。让学生在海外参与到自己感兴趣的课题研究中去,让"行走"变成立体的学习,是一种有效的学习方式。出访归来的体验和成果还可以作为一种国际理解教育资源进行二次开发利用,通过举办海外摄影展、观看访问纪实录像、举办分享会等,惠及更多在校学生。

有的同学曾在海外综合学习分享会上动情地说:"此次泰国之行,彻底改变了我对这个国度以及生活在那儿的人的看法。天赋佛性,面带微笑,对生活持乐达、简朴的观念,面对生与死,安泰、自然。随遇而安,这就是泰国人追随的宗教信仰赐予他们的至宝。感谢学校,让我们从文化行走中体验到了泰国的独特文化，也更加清晰地看到了自己作为中国人的文化坐标。所以，同学们，当机遇来临，就去做吧！你经历的是别人带不走的财富。生命不长，年轻更短，可以去多尝试一些不同的经历，也许会觉得生活更加精彩。"

还有同学连续多次参加海外研学，所撰写的《低碳生活在日本》和《我在英国上劳技课》作为课题总结，都已在专业杂志上刊发。在"中澳课堂教学比较分析"这个课题中，有些小组成员详细地调查并思考了两国教学方式的异同："都说澳洲是孩子们的天堂，到底作何理解？那里的孩子是怎样学习的？我们想走进他们的课堂，了解他们的课堂教什么，了解他们的作业，更想了解他们的学习方式。"这是该课题组学生的最初想法。他们从问题入手，逐步接触到两国教育的差异，在比较中进行自主探索。

"百人访日大调研"纪实（节选）

2010年7月6日这天在"甘泉"的国际交流史上是具有历史意义的。学校近百名师生集结，远赴日本开展研修调研，史称"百人访日团"。师生们访问了日本姐妹中学、日本知名高校，通过体验动漫、参观科学未来馆等特别景点亲身感受日本文化，体验更深层次的日本。这次超大规模游学活动引起了中日两国媒体的极大关注。吸引他们的，不仅仅是赴日规模的庞大，更有此行的意义和目的。

我们希望孩子们通过此次"百人访日调研"活动，采用中外比较研究的视角，对他们最熟悉的群体和话题——青少年和校园文化生活开展深度的探析，从而对未来学校如何提升文化软实力提出有效建议与设想。

有意思的是，在"中日两国中学生课余生活对比"课题汇报的结语中，同学们有着他们自己的思考："当问起日本学生课余时间怎么安排时，他们的答案让我们觉得极其亲切，'睡觉啊，电玩啊，看看漫画什么的'，就像所有的同龄人一样，这是孩子的天性吧。但当聊到升学问题时，又能感受到他们的成熟。他们更了解自己想要什么，将来的路如何去走。只有近距离接触这些，才能更好地了解他们的思想，再从年轻一代折射到对整个日本社会的了解。"

经过多年的探索与实践，学校的海外课题研修的目的进一步明确为：不仅要帮助学生开拓国际视野，更要提升他们的创新精神和实践能力。区别于现有的其他海外游学项目，海外课题研修具备这样几个基本要素与特征：指向跨文化素养培育的自选课题；参与的学生需具备用外语开展跨文化沟通的能力；参与的学生按照自愿原则进行跨年龄、跨国籍组队（中方与外方学生混合编队）；团队合作开展课题的设计、申报、论证和立项等工作；与指导教师建立联系，并利用寒暑假深入海外合作院校、国际社区和实验室开展实境研究和田野观察；完成结题报告，取得学术交流研修成果；在学校、社区等地进行成果展示。

我们发现，学生们受到自选课题任务的驱使，积极地展开自主阅读与背景研究，学会了带着批判与探究的精神去实地调查或考察，在丰富的实践资源与素材中分析判断，找到了与课题相关的重要信息与关联。他们想要了解得更多，主动去向专业人士咨询，发表自己独到的见解……对于学生来说，比掌握这些知识更重要的是，这其实为他们打开了一扇自主探究的大门，这扇大门让他们未来在任何领域、任何科目中都有可能成为专家。

3. 成就受用终身的高阶思维

青少年时代是人生中寻找自我、建立自信、培养独立人格的黄金时期。长短期的对外交流，不仅能培养学生的独立处事能力，更能帮助他们掌握各民族背后的多元文化特征、人文风情和特有的思维模式，并在此基础上实现在连接真实生活、面向世界议题的深度学习中体验跨文化互动，有效提升洞察、批判、反思、建构等高阶思维品质。

就拿"甘泉"学生连续三届入选中法学生数学交流活动来说，2014年德语学生胡轶铭、2017年日语学生侯东郡、2019年日语学生陈蒔荃分别作为上海中学生代表，与来自全国各地二十多位高中生一起组成中国代表团，参与中法数学夏令营。这项活动由中国教育部和法国国民教育部主办，中国教育国际交流协会和法国驻华大使馆共同承办，旨在充实中法人文交流机制内涵，促进双方青少年在数学领域的专业交流。

这三位同学在中法数学交流活动中的优异表现让我们振奋不已，他们向我们印证了：第一，学习外语、双语甚至是多语的孩子，在其成长过程中展现出更为流畅、活跃、创新的思维能力；第二，在文化互动交流中，外语不再是唯一可行的沟通工具。我们需要培育学生的多元视角和思辨能力，借助更高层次的工具——思维，呈现他们的精神世界。对此，大家都戏称："没有去过法国交流数学学习的学生不算一个优秀的日语或德语学生！"

参与第一届中法学生数学交流活动的胡轶铭同学，在"甘泉"完成了七年中学学业后，以优异的高考成绩以及德语 DSD Ⅱ 语言证书，收到了复旦大学、德国慕尼黑大学等多所国内外高校的录取通知书。他选择了在复旦大学完成四年本科学习，之后前往德国进行研究生阶段的深造。回忆起多年前的中法学生数学交流活动，他侃侃而谈，言语间透露出历尽千帆的通透与成熟：

法国给我最初的牵绊，还只是影视作品里巴黎铁塔与凯旋门依稀的轮廓；等长大一些，莫泊桑和雨果的文字成了我了解法国的主要途径，那是一个精雕细琢却又蒙着面纱的法兰西。2014 年，"甘泉"把参加中法数学夏令营的宝贵机会交在我手中。为期十天，我第一次亲身体验了巴黎生活，并有幸与法国数学家作面对面的交流。

八年之后，我怀揣着多吃多占者的愧怍，享受罢四年复旦"自由而无用"的滋润，即将毕业于慕尼黑大学国民经济学系。头悬名为"经世济民"的达摩克利斯之剑，穿过德国西南边境，再入法国。再次漫步在巴黎，奥赛美术馆里各色颜料在画布上激荡的响声和香榭丽舍林荫下法国女郎浮夸的香气像是一道明亮的光，从记忆里猛地投射进现实。八年前的法国之行似是一场"甘泉"为我悉心编制的青涩却回味悠长的梦，在懵懂的小世界里肆意生长，如今变成我身体里会呼吸的不可分割的一部分。

交流活动的主旋律是数学，一个内敛的学科——讲究严谨，对形式上的完美有着近乎变态的追求，与我儿时刻板印象中放荡不羁的法国格格不入，却又是这个国家在人类的时空里画出的第一个横平竖直的坐标系。去法国前，我觉着矛盾。

金融学上有一个"均值回归"的概念，大概意思是：虽然市场中始终有噪声，但任何一个被高估或低估的标的都会以大概率回归到它的价值中枢。这条规律也常被经济学人拿来指导生活——昨天没赶上公交的小小不幸和今天抢菜软件里的意外之喜，不会改变十年后的我们成为什么样的人。但那次法国之行着实改变了我的"均值"。当时与法国学生代表共同探究的数学难题，现在已经忘了解法，却还能清楚地回忆起两国"数学莽子"们执意要独立啃题的狠劲；在发现宫（法国诺贝尔物理学奖获得者让·佩兰用奖金兴建的科学博物馆）参加数学主题活动，即使一些小组的思考时间已远超预期，向导们也始终坚持先把谜底藏起来，让每一位尽情享受到探秘数学的乐趣。如今把"均值回归"奉若信条若干年，我开始理解：并非偶然，对缺憾的不满、对未知的无畏让旁人看来一板一眼的数学在这片被浪漫命名的土地上开出艳丽的花，弗里吉亚帽下的拼劲像是看不见的拉格朗日乘子，引领着它的人民勇敢地向外探求，誓要从混沌的约束中找出闪闪发光的极乐点。从朋友那零零星星地偷师几句法语，我慢慢能品出联诵时的浪漫，还有经得起推敲的字斟句酌。八年前，虽不能名其一处，但我已有幸感受到这种张牙舞爪却又深深扎根的力量。

在我的体验里，这种力量与"甘泉"的教育理念是不谋而合的：它从没给我安上篱笆——反而纵容着、鼓励着我步离那些"必须走的路"，温和地承托我去一片新的田地"野性生长"。在我渴望英语之外的另一种可能时，它给了我一个选择德语的机会；在我对环保现状感到困惑时，它说：不妨送你去德国看看啊；在我踟蹰于就读复旦与出国留学的两难选择时，它说：只要你自己选定了，我就支持。在"甘泉"学习的七年，我感受到的是无比广阔的成长空间，未有一秒觉得受到束缚——用自己的眼睛去看吧，用自己的双脚去丈量吧，去问是非，去说美丑，去摆脱羁绊，去创造。

离开法国前，我拜访了从数学交流活动中结识、现就读于法国高校的老友。与他侃大山时，讨论到在翻译软件日趋智能的今天，学习外语的意义。讨论的结果是：学习外语的过程如同从一个崭新的维度投影"生活回归"里的每一次观测，从一群陌生人的句读里感受喜怒哀乐，用自己的经历理解他们的思考，然后收获新的思想。手搭手叠起的巴别塔，比起钢铁怪兽铸造的杰作，更有人情味，也更坚固，更值得铭记。

（校友 胡轶铭）

多年来的实践活动证明，海外综合性学习是超越课堂、超越学校的学习模式，使学生置身于多元文化背景下的现实学习环境之中，基于自己的经验，密切联系自身生活和社会实践，体验对知识综合运用的学习形态，是以学生的经验与生活为核心的实践性学习。学生通过参加海外综合学习，更有利于提高国际理解能力，增进对不同国家、不同文化的认识。在形成和提升跨文化素养的过程中，学生同时构建起积极、健康、和谐的人际关系，责任、关爱、利他的人格品质，以及乐观、尊重、包容的社会情感能力。这些也非常契合新时代育人目标下的中学生跨文化素养培育的核心价值取向。

二十多年来，奔流不息的"甘泉"，一直沿着教育对外开放的方向奔腾入海。学校对外合作与交流范围不断扩大，内涵更加丰富。我们始终倡导学生要通过亲身实践、合作研究方法参与到对外交流中。学生要在文化基础、自主发展、社会参与等方面得到长足发展，就需要走进真实的海外课堂，走进异国他乡的接待家庭，走进不同肤色的人群之中，观察与体验，交互与生成，批判与创新，从而逐步培养起全球意识，学会尊重世界多元文化的多样性和差异性，学会关注人类面临的全球性挑战，理解人类命运共同体的内涵与价值。

第三节　笃实跨文化实践的民族情怀

2013年8月19日，习近平总书记在全国宣传思想工作会议上提出"四个讲清楚"，其中包括：讲清楚中华文化积淀着中华民族最深沉的精神追求，是中华民族生生不息、发展壮大的丰厚滋养；讲清楚中华优秀传统文化是中华民族的突出优势，是我们最深厚的文化软实力。国学是中华民族优秀传统文化的核心价值，是对数千年来中国人思维方式、行为方式、生活方式的高度总结。

"甘泉"早在2002年就提出"民族情怀、国际视野"的办学理念。其中，"民族情怀"就是要通过对中华民族深厚历史和文化的深入了解和理性认知来培养学生，让学生具有民族自豪感、文化自信心和历史认同感，自尊自爱，自信自强，爱国爱民，自觉承担起中华民族伟大复兴的使命。作为一所外国语中学，学校首先要明确民族的才是世界的，要培养能对中华民族文化的基本理念与价值有正确理解、深厚感情、强烈认同感的人，这是我们的育人使命。

民族情怀的培育，应该是由内而外的。近年来，我们愈加觉得，在教育对外开放的今天，我们的学生既需要拥有广阔国际视野和国际交往的能力，更需要浸润在传承千年的传统文化之中，具有深厚的民族底蕴与民族情怀。在了解自我文化的基础上，向世界传播中国文化，是国际交流与互动的重要元素。我们将"民族情怀"的培育放在首位，以"立德树人"为价值导向，以培养担当民族复兴大任的时代新人为着眼点，使学生形成国家认同，具有文化自信与民族自豪感，学会用全球的眼光看世界，尊重文化差异，具备与世界平等对话的基础素养。

具体而言，"民族情怀"的内涵包含：

在传统文化浸润中，习得民族认知，即"知中国情"；

在国学汉韵体验中，获得民族认同，即"做中国人"；

在多元思潮碰撞中，保有民族自信，即"葆中国心"；

在多元文化交流中，讲好中国故事，即"信中国力"。

一、礼育校园：传统文化浸润的"中国情"

学校要基于中华民族的历史开展教育教学工作，让学生了解中华民族的基本历史，并在此基础上形成对民族发展、民族特点的认知。多年来，我们以"礼育"为核心，实现多通道培育"民族情怀"，让学生在潜移默化中习得民族认知。

走近"甘泉"的校门，首先会看到镶嵌在墙上的"禮"字，这背后浓缩的是学校"培养有教养的人"的办学宗旨和"文化育人，和谐发展"的核心价值观。无论是学校正门的"禮"字、充满儒家文化气息的长廊，还是古色古香的"读懂中国馆"，都体现了学校重视文化环境的育人功能。在节庆典礼上，在接待内外宾的场合，老师们穿着具有民族情怀的特色校服，讲述"中国故事"，彰显着"甘泉"人深厚的文化底蕴和对中国传统文化的继承和发扬。

礼育的另一通道是慈善文化的营造。我校的慈善传统由来已久。上海市普陀区教育局筹办的第一个教育爱心慈善超市就落户于"甘泉"。在这里，"乐善好施、助人为乐、上善若水、厚德载物"的中华传统美德得到弘扬，师生心灵得到净化。2011年至今，慈善课程的开设已历时十余个春秋，超过半数的在校学生选修了这门课程。学生积极参与各类慈善与志愿服务活动，使校园浸润在慈善文化的温暖氛围之中。慈善课程不仅成为学校特色课程体系中深受学生欢迎的一门课，更作为上海市特色拓展课程面向全市学子。秉持宣传先进慈善理念及慈善文化这一项目建设初衷，我们不断传播慈善之爱，号召更多人参与力所能及的慈善活动，增强投身公益事业的责任感。

同时，学校善于抓住国际交流中的各种契机，进行"大爱"教育。2011年，当东日本大地震和海啸发生时，学校组织了大规模的募捐活动；2016年，日本熊本大地震发生后，日语班学生自发组织慰问，将捐款和慰问信亲手送到了当时的日本驻沪总领事手里。在新冠疫情发生后，我校在日留学生们自发组织捐赠防疫物资,与海外姐妹校互发慰问加油视频。这一切都让我们深深为之动容。这就是大爱的力量。这就是身为"甘泉"人的一份国际理解自觉。简而言之,懂得感恩,学会共情,乐于分享,敢于作为。

日本加油!
——一位"甘泉"留学生的日记(节选)

"樱花烂漫的季节,希望每个人都能露出春天般的笑容。"这是留学生亲手制作的板报上的一句话。日本"3·11"大地震的消息传来后,留学生们在第一时间行动起来,通过各种形式为灾区人民送上一份祝福。

大家首先想到的,是通过义卖募集捐款。同学们整理出很多崭新或者只用过一两次的物品,包括书籍、文具、服装、玩具,在操场上搭起了一个简易的"跳蚤市场"。负责人奈良木同学说:"这次大地震,让很多人在美好的春天流下了伤心的泪水。为了这些遇到困难的人,我们做了这个活动,请大家多多关照。"

此外,在操场上还举行了各种祈福活动,同学们用鲜花组成了爱心图案,向遇难者表达哀思。另一边,留学生和中国同学们席地而坐,合作折了一串又一串的纸鹤。日本学生介绍说,纸鹤祈愿是我们的传统,愿伤痛早日过去,生者坚强,重建家园。参加此次活动的中国同学们也纷纷慷慨解囊,一元、两元、五元、十元,募捐箱里很快放满了大家炙热真诚的爱心。

今日活动共募得捐款6205.7元,义卖所得2595元,总计8800.7元。

日本加油!希望这份来自"甘泉"学子的心意,能够给邻国日本的朋友们无限的勇气和力量。

二、君子养成:国学汉韵支撑的"中国人"

中国有句古语,叫"落其实者思其树,饮其流者怀其源"。中华优秀传统文化是文化自信之"根",她构成了中华民族的文化基因。

只有民族的才是世界的。在"甘泉"校园文化活动中,我们力求让学生扎牢民族优秀传统文化艺术的根基,在这个基础上认识、理解异域文化艺术,去其糟粕，取其精华，增强学生的文化底蕴，提高民族自尊心和自豪感。尽管学校开展了一定数量的具有异域文化色彩的艺术活动，但是中国传统文化艺术教育仍是主体，占据主导地位。如民乐、国画、书法、唐诗宋词吟诵等活动，相对异域文化艺术来说，开展得更普遍、更深入、更有成效。

2000年10月，由中共上海市委宣传部、市精神文明建设委员会办公室、市教委主办，上海市中小学生读书活动指导委员会承办的"上海学生唐诗宋词吟诵活动"，在全市大、中、小学里开展得轰轰烈烈。经过层层选拔，最终"甘泉"作为普陀区唯一一所参赛学校，获得了二等奖。

2014年3月，我校与上海市秋霞圃书院联手合作，上海市第一家中学校园里的书院"甘泉国学书院"正式挂牌。根据双方协议，"甘泉国学书院"计划建成培养国学师资的基地，以推动国学经典进入更多中小学。目前已有语文组十多位教师参与了有关培训或者开设相关研究课，语文特级教师黄玉峰等专家也专程来校给予指导。学校已专门开设了国学社团，培育学生骨干。我校将国学纳入创建上海市特色高中的17个项目之一，将依托"甘泉国学书院"和秋霞圃书院，推动国学教育，积累国学教育经验，为弘扬民族传统文化做出努力和贡献。

我们依托课堂，发挥语文学科的优势，弘扬国学精神，探究语文教学中进行国学教育的具体途径，使学生受到国学熏陶，积淀国学底蕴，提升人文素养。我们充分利用好教材中的每一篇课文，在教学中突出民族文化的传承性和国学知识的延伸性，探索"导引—诵读—探究—拓展"这一在语文课堂教学中进行国学渗透的教学方式。除了变革传统的语文课堂，在传统的语文课堂上渗透国学专题活动之外，我们还努力尝试打破学科的界限，开发跨学科的国学课程，以"国学堂"的新形式，组织国学学习活动，即同时由来自不同学科的教师根据同一主题，共同备课，共同设计活动，共同参与课题的全过程。跨学科整合课程不再受传统的课堂局限，能够开阔学生的视野，更好地提升国学素养。课题组跨学科教师共同开设公开展示课《阿房宫赋》《孔孟论道》《庄子·山木》《香菱学诗》《侍坐》等公开课。

为提升教师自身的国学素养，我们通过专题讲座、参观研讨、观课展示等专业研修活动，努力打造一支具有丰富文化底蕴、教有特色的国学教师队伍；同时，依托学校"定制式"工作坊，制订教师国学素养提升计划，推进经典的阅读和相关研修活动，将国学学习纳入教师专业发展的评价体系，共同提升全校师生的国学素养。

一次特别的古诗词吟诵比赛

正是一直怀着对唐诗宋词这份瑰宝的热爱，当读书俱乐部找我参加上海学生唐诗宋词吟诵比赛时，我的心从一丝惊讶瞬间变为了抑制不住的惊喜。这首由李白所作，歌颂中日两国人民深厚友谊的《哭晁卿衡》对于我来说，不仅仅是一次为校争光的任务，更是一个能让我与大家一起享受，给我带来快乐的好机会。

一次次地练习，一次次地彩排，一次次地将这首诗烂熟于心，也一次次地将对唐诗宋词的热爱倾吐于我的吟诵之中。特别是我们在赛前大胆决定，要用中、日双语吟诵这首诗词。富有古典气息的诗歌被搬上舞台，得到了评委的一致推崇，获得了高分。

那次经历对我而言是整个高中生涯最闪亮的一颗珍珠，不仅让我对唐诗宋词有了更深的了解和热爱，也让我感受到了民族文化的力量。无论是古代诗词还是现代文明，无论是用中文还是用日语，只有不断地交流与互鉴，才能让这些千古瑰宝具有更年轻的活力，散发出更奇异的光彩。

（获奖学生　李晶）

对于博大精深的国学，学校根据精神、文化、技艺三个层面的要求，遵循学生身心发展规律，结合学生年龄特点，精选国学经典诵读内容，开发国学经典诵读的校本教材。所选内容可以是一些篇幅较短、容易牢记成诵的中国古代儒家经典、古诗词、典故、名言警句等；利用晨读开展经典诵读，诵读内容主要是《百家姓》《千字文》《名贤集》和古诗词等。

同时，用现代理念审视国学教育资源，对学校现有的国学教育资源进行梳理、归类，并在可能的条件下作进一步拓展；鼓励教师按照专题开发一批国学微型课程，建设国学课程群，纳入学校选课系统，供学生自主选择学习；收集和开发国学课程资源，包括校本教材、教案、音像资料、视频资料等。

三个"一"课程是我校特色综合活动课程，包括一节（樱花节）、一秀（达人秀）、一社团。结合该课程开展樱花节国学专场活动，包括"风雅颂古诗文吟诵专场""汉字英雄汉字听写大赛""樱花杯征文比赛"等。学生社团，如国学社团、白水文学社等，以学生为主体，开展社团活动，编辑《国学作文》专辑。同时，策划实施"文化万里行——国学发现之旅"，带领学生走出课堂，踏上山东曲阜、陕西西安、河南洛阳等实践探索之旅。近年来，特色场馆课程深受学生喜爱。"国学堂"里，跨学科教师共同开设国学诵读课程；微型课小讲堂里，师生共同评析探究诗词经典；"读懂中国""我的甘泉""创智中心"等特色场馆里，师生们体验最新科技与传统文化的思维碰撞。

学校成立"国学社团"，满足那些国学基础好、学力强的学生对国学教育的需要，提高教育效益，打造国学教育品牌；进一步搭建活动平台，推进国学热潮，如开展"我学国学征文大赛"、国学诵读艺术大赛、国学接龙比赛、国学书画艺术大赛、国学故事大赛、国学学习创意展示大赛、我演国学、我唱国学、"国学与我同行"等活动，增强学生学习兴趣，提高师生参与热情。

伴随"国学发现之旅"，学生走出课堂，走向更广阔的天地，与人文、自然对话，收获更丰富的文化体验。学生的足迹曾走遍山东曲阜、陕西西安、河南洛阳等。近几年来，受疫情影响，樱花杯国学作文大赛、国学发现之旅等活动暂停举办，但学校借此机会参与各类线上线下国学活动。疫情期间，学生以抗击疫情为写作资源，给一线医护人员写慰问信，向社会小区发倡议书等。相关活动被上海电视台报道，相关文章被普陀教育报刊采用，学生创作的古诗词在普陀教育网站和学校网站发表。国学书院的学生先后参与了上海市古诗文大赛、上海市中学生诗词创作大赛、上海市中小学生古诗文赏析会等比赛，获得上海市中小学生"古诗文小达人"等各类奖项。

今天，中华传统文化氛围在"甘泉"校园日益浓郁。丰富的国学活动激发了学生学习中华优秀传统文化的兴趣，增强了学生的民族自豪感和民族凝聚力。校园国学氛围日益浓厚，师生国学素养日益提升，实现了通过多种渠道以国学经典浸润滋养学生的内心，丰厚"国学底蕴"，滋养"民族情怀"，养成"君子品格"。

从"文化礼育"到"慈善文化",再到"国学甘泉",传统文化教育的系列举措和不断探索,厚实了"甘泉"人的精神底蕴,养成了具有"甘泉"特质的翩翩君子,描绘出学校"民族情怀"的绚丽色彩。

民族音乐的一次"机场快闪"

2018年10月1日,我带着校民乐团的九名学生,准备对意大利两所姐妹校——E美迪中学和老普林尼中学——进行以"民乐之旅"为主题的艺术研学访问。尽管队员人数不多,但涵盖了中国民乐的四大类别:拉弦乐(二胡)、弹拨乐(琵琶)、吹管乐(竹笛、笙)、打击乐(铃鼓、木鱼、三角铁)。小小民乐队精心准备了校歌《甘泉,我们的家园》以及极具中国特色的作品《喜洋洋》,准备在意大利"一鸣惊人"。

没想到,还没到意大利,我们先在德国机场大放异彩了。

出发当天,在德国慕尼黑机场有七小时的转机时间。因为乐器体积较大,也比较贵重,同学们都随身带着各自的宝贝。一位吹笛子的同学闲而无事,拿出笛子吹了起来,没想到,引来了一片好奇的提问。同学们用法语和德语解释了一通之后,顿时来了兴致,索性拿出了各自的乐器,在候机厅开启了一场民乐演奏会。东方的丝竹管弦引来机场各国旅客的驻足观赏,获得了热烈的掌声与欢呼声。不少国外乘客还向学生们了解中国乐器,并满怀好奇心地摸一摸、弹一弹,小小体验了一把中国乐器。

这时,有个机场工作人员朝我们走来,当时心里有点紧张,怕他来告诉我们保持安静。没想到,他笑呵呵地要求我们"再来一曲"!

(艺术教师　蒋旭婷)

三、中外融合:多元文化交织的"中国心"

教师要有一双"世界眼",更要有一颗"中国心",将国际视野和民族情怀结合起来,以取得育人的显著成效。以我校外语教学为例,年轻的多语种教师们充分认识到语言文化的学习和交流必须建立在认同中华文化的基础上,如果单纯学习西方语言，全盘接受西方文化，就无法让未成年的学生全面客观地了解国情、了解世界，容易造成盲目崇拜。为培养学生跨文化交流的能力，教师在课程建设中不仅安排其他国家的文化内容，也教会学生主动了解我国的国情和文化，学会用外语主动宣扬和传播中华优秀文化，学生们学会用不同的外语"讲好中国故事"，那种民族的自信心、自豪感和制度自信、文化自信就在潜移默化中培养出来，达到了润物细无声的育人效果。

学生亦是如此。本书的第三章节详细讲述了中国学生在国际交往与合作中培育爱国情怀的案例。其实，在"甘泉"学习生活的诸多外国学生在博大精深、源远流长的中国文化熏陶下，也深深爱上了中国，扎根在了中国。他们用实际行动树立了一个具有中国情怀的"甘泉"外国学生形象。

2020年2月19日的《新民晚报》上，一则新闻报道吸引了大家的目光。标题为：《阿尔巴尼亚女孩做志愿者，道口站六七个小时不吃饭不上厕所》。文中这样写道："普陀区真如镇街道真西新村第二居民区大门口，来了一位穿着件志愿者红马甲的姑娘，她拿着一把额温枪，对进入小区的居民测体温，'不放过'任何一个人。尽管姑娘戴着口罩，还是有细心的居民从她脸庞、头发等部位的特征，看出她是位外国姑娘。没错，这位姑娘是就读于普陀区甘泉外国语中学的阿尔巴尼亚人陆海燕。"陆海燕的母亲来自阿尔巴尼亚，父亲是中国人。她九岁时，因为父亲工作的关系，全家从阿尔巴尼亚迁回中国，此后便一直居住在位于普陀区大渡河路的真西新村。谈起自己心爱的志愿者工作，陆海燕的眼中总是闪烁着兴奋的光芒。据了解，社区的"守卫"工作已是陆海燕自疫情暴发以来的第二段志愿者经历了。此前，在普陀区红十字会发布招募花桥道口志愿者启事后，身为红十字会会员的陆海燕便积极报名并成功入选。

最初得知女儿将要参加志愿服务时，陆海燕的妈妈袒露了自己的担忧。"不过我还是说服了妈妈。"陆海燕说，"因为我觉得这是我作为红十字会会员的职责，况且我们的防护措施都做得很好。"忆及自己的工作经历，陆海燕更是如数家珍："在道口做志愿者时除了常规的测温工作，我们还会协助返沪乘客填写'健康云'App上的信息，确保他们能够顺利通过。"

陆海燕亲切、周到的服务和独有的异国气质使她成为小区中的"红人"。不少熟悉她的居民在进入小区时都会驻足与她寒暄、交流,有些还会主动询问自己的体温状况。"大家对我的工作都很配合。"社区居民对自己工作的支持让陆海燕感受到身为一名志愿者的价值。

对陆海燕来说,突发的疫情也让像她这样的学生一族经历着格外漫长的寒假。"不过我们的学业并没有荒废,我的弟弟现在仍在坚持每天'打卡'完成寒假作业。"她笑着说,"当然我也希望他以后能像我一样,多多参与公益活动。"

按照社区的工作安排,2020年2月13日是陆海燕志愿服务的最后一天。但这位"公益达人"却坚定地表达了自己继续为社区居民守卫健康的愿望。"只要有需要,我随时可以再上岗!"她说。

甘泉"海燕"与张文宏教授面对面

2020年5月3日,哔哩哔哩网站上一场聚集近170万粉丝的五四大直播正在被弹幕刷屏,"网红医生"复旦大学附属华山医院的张文宏教授通过在线直播的方式与青年们进行着一次深度对话,而我校外国学生部陆海燕同学正是受邀参与活动,与张教授面对面畅聊的青年之一。

"现在很多高中生对自己的未来还是有一点迷茫的,并不知道自己要往哪个方向发展。"针对海燕同学提到的这一现象,张教授建议同学们首先要思考自己能做什么,其次要参考家人的建议,最后要考察社会大环境。"但职业选择最关键的还是内心驱动。有人说靠内心驱动选择的职业不挣钱,这不对,首先你要做到优秀。如果你为社会做出贡献并得到了认可,你就不会贫穷,这是我们社会很合理的一面。"张教授对这一代还在寻找方向的高中生如是说。

(学生工作部)

四、汉语推广:构建文化传播的"中国力"

二十多年来,"甘泉"在中华传统文化的对外输出方面主要形成了这样几个实践途径:一是依托外国学生部,对来校学习的长短期海外学生开展汉语及传统文化教育;二是立足海外孔子课堂,让汉语及中国传统文化植根海外;三是做好国际交流,让中国学生在对外交流活动中成为传播中国文化的小使者。这三种途径互为补充,又各具特色,形成了中学阶段中华传统文化对外传播的"圈链点"体系。

1."读懂中国"成为外国学生的必修文化课

外国学生部自成立至今,培养了来自日本、韩国、美国、加拿大、德国、奥地利、西班牙、意大利、老挝、马来西亚等十余个国家的几百名学生,他们从汉语零基础踏进校园到操着一口流利的中文自信地迈出"甘泉"校园,得益于"甘泉"为其量身定制的汉语及中华传统文化课程。

为了让学生说好中国话,进一步满足他们交际以及深入学习中国文化的需求,外国学生部开设了基础汉语、汉语精读、汉语听力、汉语会话、汉字书写、古汉语启蒙阅读、HSK辅导、小论文指导等多样化的课程,并提供了上海话、课本剧、经典阅读等趣味课程供学生选择学习。

为了让学生读懂中国,深层次理解中国传统文化,外国学生部以形式多样的活动为载体,开发了"欢乐中国节""中国民俗文化""中国文化之旅"三大类活动课程。

节日文化是中国民族文化的重要组成部分,是中华民族智慧的瑰宝。中华传统节日更是民族文化的魅力所在。"欢乐中国节"是外国学生部的传统活动项目,同时也是一个可以让学生、老师及家长共同参与的特色课程,通过扎兔子灯、中秋游园会等形式活泼的活动,培养学生对中国传统文化的喜爱,潜移默化地延展其对中国人家庭观念和生活方式的解读,推动学生对中国传统文化思想观念进行进一步的诠释。

"中国民俗文化"是外国学生部文化拓展类课程之一,基于外国学生学习中国文化的需求,通过老师传授,学生观摩、实践、体验等多种方式,让学生感受中国璀璨多姿的民俗文化,了解中国人的生活智慧和各民族不同的文化面貌,从而进一步理解中国民间文化的内涵,领略中华传统文化的魅力。

"中国文化之旅"是外国学生"读懂中国"的一种立体式学习体验。学生在文化修学游的过程中,自主地将抽象的、孤立的学科知识转化为多元的、融合的实践经验。

学校把真正具有优秀品质的文化挑选出来呈献给学生时，使文化课程更具灵魂和内在逻辑。学生得到的文化教育也是有魂的、整体的、多维的、优质的。学校把学生引入某一文化集中展现的环境之中，深入对其历史的了解、对其真实形态的观察与思考或是主动投入这种文化生活之中，获取亲身体验。这一过程，不仅可以让学生认识文化，而且为发展主动学习与自主研究能力提供了合适的平台。

我眼中的北京

暑假里，我们在班主任李老师的带领下，进行了为期四天的北京之旅。

在北京期间，我们和华文学院的学员一起联欢；游览了故宫、长城、颐和园等名胜古迹；参观了清华大学，感受浓浓的学术氛围；坐着人力车，游走在纵横交错、宽宽窄窄的胡同里；了解了四合院的建筑特点和文化历史。

此前我曾去过两次北京，自以为对北京还是比较了解的。但这次修学旅行，让我对北京有了新的认识。我发现，越是深入地去了解北京，越会发现她的魅力。

我对"故宫"这个词并不陌生，因为在很多书上都能看到它的图片，脑子里已有大概的样子。但是，当我真的到了故宫，我感到热血沸腾，不知道该用什么语言来表达我的心情。我们就像真的穿越了时空，到了古代一样。故宫的建筑群非常雄伟宏大。我们走过每个宫殿，眼前都是不同的故事，串成了一段悠长的历史。

这次旅行让我发现爬长城也是非常美妙的经历。一到居庸关，雄伟之气扑面而来。长城恢宏的气势让我惊叹不已，我感觉每一级阶梯都是古代人民汗水和心血的结晶。我一边感受着长城的宏伟一边向上爬，回过头时才发现自己已爬到了很高的地方，身体和自然似乎已经融为一体了。奋力攀登到达长城最高点的成就感让我至今难忘，登顶后看到的景色仍然记忆犹新。

北京的魅力探索不完……我爱北京！

（日本籍学生　小池雅衣）

2. "快乐学汉语"红遍对外汉语朋友圈

汉语推广在我国已成为一项国家战略，党中央、国务院高度重视，明确指出汉语要加快走向世界的步伐，要求各方面大力支持，统筹规划，稳步扎实推进，追求质量并重视效果。加强汉语国际推广工作是进一步发展我国与世界各国人民友好往来、满足海外学习汉语愿望的客观要求，是增强我国文化影响力、树立良好国际形象、维护世界文明多样性、构建和谐世界的必然要求，是提高汉语国际地位、提升国家软实力的重大战略。

2004年，为了促进对外汉语教学研究的深入，推动对外汉语教学事业的发展，更好地为我校外国学生部的发展和学校的整体发展服务，我校组建了对外汉语研究小组。2006年，在对外汉语研究小组的基础上，我校成立了"对外汉语研究中心"。2008年12月14日至16日，我校参加第九届国际汉语教学研讨会。大会选举产生了世界汉语教学学会第八届理事会中外理事57名，我校入选理事会，光荣地成为理事单位。

2009年3月24日，首届上海汉语国际推广中小学基地学校汉语教学研讨会在我校举行。会议由上海市教委国际交流处主办，甘泉外国语中学承办。研讨会的主题是"新形势下的汉语国际推广"。来自上海8所汉语国际推广基地学校的汉语教学者和推广工作者汇聚一堂，共同探讨汉语的国际推广和汉语教学的改革与发展。此次活动加强了各基地学校的信息沟通，扩大了汉语教师之间的专业交流。

从2006年8月开始，我校多次成功举办面向外籍学生的"快乐学汉语"夏令营。我校于2008年8月举办了第三届"快乐学汉语"夏令营，并于12月再次举办了"快乐学汉语"冬令营。2012年我校接待了韩国昌信大学附属中学代表团"快乐学汉语"夏令营。"快乐学汉语"夏令营已成为"甘泉"的一个特色品牌项目。

2012年至2016年暑假，我校又连续接待了由侨办主办的"寻根之旅"海外华裔青少年组成的夏令营代表团。在短暂的十几天里，要向这些从未来过中国，仅从电视上获得一些模糊概念的孩子们展现一个最精彩的上海，真是忙坏了对外汉语研究中心的老师们。为了给营员们留下最完美的印象，老师们在前期做了大量的筹备工作，整合学校的优质教学资源，开设剪纸、民乐、书法、太极拳、武术等充满浓郁中国风的课程，组织趣味盎然的弄堂游戏、汉语竞赛、学唱中国歌等活动。无论金发碧眼的外国学生，还是华裔青少年营员，与上海、与"甘泉"

师生短暂的相遇，都给他们留下了难忘的印象和美好的回忆。

青青子衿，悠悠我心

——记我校精品国学课程走入上海哈罗外籍人员子女学校

2022年1月10日下午，阵阵歌声从上海哈罗外籍人员子女学校图书馆传出。在上海国际教育交流协会的牵头下，我校精品国学课程《子衿》走出"甘泉"校门，来到了2021上海市浦东新区"境外学生中文风采展示"活动的现场。

本次活动的主题是"诗情·画意"，我校初中语文教师侯玲成采用吉他吟诵与彩笔描绘相结合的方式，带着三十余名五年级的各国学生走进了诗经名篇《子衿》的世界。在整堂课的教学设计中，侯老师充分地融入了她的教学座右铭：志于道，据于德，依于仁，游于艺。她结合五年级学生的心智和性格特点，加入了抢答、协作、对抗等形式，循循善诱，将《诗经》的画卷徐徐展开于孩子们面前。在一个半小时里，外籍学生充分感受《诗》三百首中蕴藏的中华文化的理念、志趣、气度、神韵，从古人的智慧和情怀中汲取营养，滋养心灵。

（校通讯员　蒋雯祎）

3. "孔子课堂"成为中外人文交流链接点

近些年，随着汉语热的不断升温，"孔子学院"这个词语渐渐为人们所熟知。其实，孔子学院并非一般意义上的大学，而是推广汉语文化的教育和交流机构。它致力于适应世界各国（地区）人民对汉语学习的需要，增进世界各国（地区）人民对中国语言文化的了解，加强中国与世界各国（地区）教育文化交流合作，发展中国与外国的友好关系，促进世界多元文化的发展。

在中学层面，孔子学院着重建设的是"孔子课堂"。为充分发挥地方政府和学校在汉语国际推广工作中的作用，国家汉语国际推广领导小组办公室于2007年7月在全国范围内正式命名了首批"汉语国际推广中小学基地"，共计101所。凭借完善的办学条件、鲜明的办学特色、丰富的对外交流经验以及优越的地理位置等综合优势，甘泉外国语中学顺利成为上海市8所"中小学基地"之一。2009年和2012年，我校两次承办由国家汉办主办的"汉语桥"夏令营上海站的活动，分别接待了来自美国俄克拉荷马大学孔子学院和来自加拿大的营员。我校于2012年和2013年先后在澳大利亚和美国成功开设了两家"孔子课堂"。

表 3-1 "甘泉"海外"孔子课堂"大事记

时间	大事
2009 年 5 月	参与国家孔子课堂建设会议
2009 年 12 月 11 日至 14 日	参与"孔子学院资源展·多国语言展"
2011 年 12 月 12 日至 14 日	参加第六届孔子学院大会、世界汉语教学学会第八届理事会第四次全体会议
2012 年 2 月	国家汉办正式批准我校在澳大利亚凯斯博中学开设首个"孔子课堂"
2012 年 10 月 7 日至 13 日	澳大利亚凯斯博中学"孔子课堂"师生团组首次到访
2013 年 3 月 22 日	与澳大利亚凯斯博中学首次网络校际连线,共同授课古诗《春晓》
2013 年 5 月 13 日	澳大利亚墨尔本孔子学院中小学校长团组到访
2013 年 8 月	我校师生组团首访澳大利亚凯斯博中学
2013 年 11 月	澳大利亚孔子学院校长代表团到访
2013 年 11 月	国家汉办正式批准我校在美国纽约爱德华-布勒克185中学开设第二个"孔子课堂"
2014 年 3 月 23 日至 29 日	澳大利亚凯斯博中学"孔子课堂"师生团组到访
2014 年 6 月	美国克利夫兰州立大学孔子学院代表团组到访
2016 年 9 月	澳大利亚凯斯博中学"孔子课堂"教师到校开展教师研修
2016 年 11 月	韩国光州市孔子学院中学生团组到访
2017 年 9 月至 10 月	澳大利亚凯斯博中学"孔子课堂"教师到校开展教师研修
2018 年 9 月至 10 月	澳大利亚凯斯博中学"孔子课堂"教师到校开展教师研修
2019 年 3 月	澳大利亚凯斯博中学"孔子课堂"师生团组参与"跨文化素养"第二届上海高中学生论坛
2019 年 8 月	我校师生组团访问澳大利亚凯斯博中学"孔子课堂"

（续表）

时间	大事
2020年至今	澳大利亚凯斯博中学"孔子课堂"受疫情影响,开展线上汉语课程与教师研修

"甘泉"的海外"孔子课堂"根据实践经验,针对汉语学习者的不同情况,制定了一周、两周、一个月、三个月等长短不一的学习计划,课程涵盖汉语、文化、参观、体验等多个板块,能在短时间内最大程度地展示学校的特色课程和中国、上海的魅力。经过多次的实践,总结出一定的规律和经验,根据学生的实际情况,对课程进行了进一步的调整和完善。例如,对于好动的欧美学生,减少读和写的部分,增加说和活用的内容;对于内向的亚洲国家学生,采用小组竞赛的形式,以激励其参与教学活动;等等。

借助海外"孔子课堂"这一平台,"甘泉"所有的对外汉语教师先后走出国门,前往德国汉堡、日本爱知、韩国釜山等海外多地进行汉语教学与推广工作,并积极反思总结,撰写教学案例或杂记,供同行互相学习交流。《严谨而自由的德国式教育》《我在日本教中文》《我的韩国"大"学生》《在韩国体验当公务员》等多篇文章在主流媒体或杂志上刊登。

蒋先生,你好!
—— "孔子课堂"赴日教学有感(节选)

我作为本校"孔子课堂"派往日本的第一任中文教师,荣誉感与责任感并存,许是初生牛犊不怕虎,凭借生硬的日语和满腔的热情,踏上了东瀛的土地。

我所任教的樱花学院位于日本爱知县安城市,由生活福祉高等专修学校(女校)、慈惠福祉保育专门学校、慈惠幼儿园等多所学校组成。我担任的是专修学校三年级六个班和专门学校一、二年级两个班,共两百多名学生的中文教学工作。

女校三年生虽为高三的年纪,但看起来像初中生,活泼可爱。她们将来的就业方向多为幼儿园教师、敬老院护理人员等,因此课程多为简单有趣的手工、音乐或者专业的护理,文化学习相对薄弱。学生对外语有一种生来的排斥、惧怕心理。针对她们的性格和学习特点,我把教学重心转移到加强学生中文学习兴趣方面,淡化语法概念,改变传统授课模式,设计了大量的汉字游戏,以小组对抗、师生竞赛、团队发表等多种形式,充分调动学生的主动性,在欢声笑语中潜移默化地展开教学。

很多日本学生极富绘画天分,在他们提交的作业里,时常会有寥寥几笔但如立纸上的漫画形象。当看到举着"老师你真可爱""老师我爱你"的微笑小人,我心中的幸福感难以言表。早上,学生响亮地打招呼"蒋先生,你好",感觉一天都充满了干劲。有时,其他年级的学生拿着纸笔跑来,问我其偶像名字的中文读音,略显拗口地重复后,心满意足地道谢……现在回忆起这些可爱的学生,我仍忍俊不禁。

学校的同事们,从校长到普通教职员,都给我留下了深刻的印象。首先便是他们的工作热情和敬业精神。校长铃木先生,成天精力充沛,事无巨细,亲力亲为,完全看不出79岁的高龄。职员们每个人都是班主任,除了多个班级的教学工作,还有班级事务的管理,每天从早忙到晚,午饭匆匆扒拉两口或者无暇进餐就要投入下午的工作了,到了下班时间也不见一个人动身。在人人"上紧发条"的环境中,我也丝毫不敢懈怠。

因为中日文化的差异,他们虽然对上海的发展赞赏有加,但对中国各方面仍存有很多的疑问,我用蹩脚的日语尽量解释说明。在一次次的交流中,我的日语有了很大的进步。最令人高兴的,是他们对我的"一视同仁",大扫除时也给我一把扫帚;运动会时,我和学生们一起步行。"同甘"固然幸福,"共苦"更让人产生一种强烈的认同感。

(对外汉语教师 蒋雯祎)

总之,从21世纪初学校提出的"民族情怀"培育,到新时代下培育"文化自信",我们从认知、实践与价值观三维目标出发,积极探索实现"甘泉"学生"知中国情""做中国人""葆中国心""信中国力"的实践路径,将"民族情怀"的培育融入课程教学、文化交流、社会实践、汉语国际推广等各个领域。我们坚持不忘本来、吸收外来、面向未来,在继承中转化,在学习中超越,旨在培养学生创造更多中华文化精髓,未来能在国际舞台上反映中国人的审美追求,积极传播当代中国的价值观念,让中华文化绽放时代光彩。

第四章

初心逐梦：跨文化素养培育的师者匠心

《中共中央 国务院关于全面深化新时代教师队伍建设改革的意见》明确指出:"百年大计,教育为本;教育大计,教师为本。……教师承担着传播知识、传播思想、传播真理的历史使命,肩负着塑造灵魂、塑造生命、塑造人的时代重任,是教育发展的第一资源,是国家富强、民族振兴、人民幸福的重要基石。"

对于上海甘泉外国语中学来说，要培养出兼具民族情怀和国际视野的时代新人，要在学生的身上看到"跨文化素养"的发展，离不开一支认同学校育人目标、具备跨文化素养、稳定而可持续的教师队伍。相比一批背靠外国语大学丰厚人力资源的老牌外国语学校，"甘泉"的教师培养走的是白手起家、自培自育的道路。在二十多年的学校特色发展过程中，"甘泉"涌现出一批具有人文涵养、熟练运用外语、善于国际交流、乐于文化传播的复合型教师，培养出一大批"青出于蓝"的"甘泉"学子，勾画出"甘泉"特色品牌的师生群像。

第一节 "外"字头教师的集结号

但凡听到"外国语中学"，人们总觉得这样的学校不是"神仙学校"，就是民办学校甚至是所谓的"贵族学校"，里头的外语老师一定是洋面孔居多。作为一所普通的公办完中，"甘泉"在聘用外语教师（特别是日语、德语、法语、西班牙语教师）和外籍教师的工作中，遇到的困难和阻碍并不少。从2000年前后的"一师难求"到如今可以"十里挑一"，学校在特色教师队伍的组建和投入中，进行了卓有成效的实践。

我要建一所既有大师又有大使的外国语学校

很多人认为，我在"甘泉"做的是日语特色的发展和教育国际化。其实，我最引以为豪的是学校教师的队伍建设。我一直认为学校的根本保障在于教师队伍，没有好老师，绝对没有好学生。只有队伍建设好，才能支撑学校的发展。社会上一直有一个说法：学校可以没大楼，但不可以没大师。我很认同，而且我认为，"甘泉"作为外国语学校，不仅要有大师，还要有大使。这个大使不是要在国与国的大场面上有所作为，而是要在教学工作中有国际交流的意识，有培养学生成为中外文化交流使者的意识。

（时任校长　刘国华）

一、求贤有方：打通人才引进之路

从2000年只有寥寥几位日语教师，到如今在"甘泉"将近两百名教师中，多语教师（日语、德语、法语、西班牙语、俄语和韩语）人数占比将近四分之一。他们从应聘"甘泉"、考取教师资格证、经过市区校逐级考核入编入职，到获得更高一级职称的晋升，实现跨越式的专业发展，都烙下了"甘泉"的印记。可以说，多语教师的个人发展与学校的特色发展须臾不可分离。每一位"甘泉"多语教师的成长故事背后，都凝聚着学校在特色发展不同阶段的微历史，串联起了学校特色发展的大故事。

回眸21世纪初的甘泉外国语中学，外语教师队伍面临的困难是显而易见的。一方面，学校里的外语教师以英语教师居多，日语教师不足五位，勉强满足学校英语和日语作为第一外语的课程需求。另一方面，学校在开设法语等其他语种作为第二外语时，并没有对应语种专业出身的教师，仅能依靠个别英语教师在大学期间兼修二外的背景来兼职担任二外课程的教师，在专业功底上不免有所欠缺。另外，外籍教师更是稀缺资源，外教课难以维系。面对重重困难，学校并没有放弃，也没有降低应聘教师的标准，而是向上要政策，对内建立特色部门，想方设法吸纳有外语专业背景的优质师资进入"甘泉"。

进"甘泉"的五道门槛

老师要进"甘泉"是不容易的。我做"甘泉"校长之后，对老师的招聘提出了要求，设置了五道门槛。第一，审查材料，对他们的学历和获奖情况进行审核。第二，笔头考试。笔试有三分之二是专业知识，还有三分之一是我出的，考察的是老师基本的教育理念，主要看与学校的育人理念是不是契合。第三，应聘试讲课。这么多年来，没有一个老师的应聘试讲课我是没有听过的。我听的不是课的内容，而是老师的基本功，考量的是老师的课堂驾驭能力和情感的表达。师生关系是最重要的生产力。至于课是否讲得到位，教研组组长和分管教学的副校长以及学科专业的老师一起参评。第四，面试答辩。面试不止我一个人，主要考量老师的综合素质、对教育的认知、对学业的认同，有时候也会考量老师的性格特点以及家庭教育的背景。第五，个人特色展示。今天老师的魅力有些不是来自学科，而是来自人格。我常说，一个数学老师若是会拉二胡、弹钢琴，日语老师除了会教日语外还能歌善舞，多才多艺，孩子们都会非常喜欢。有时候学生就是喜欢某个老师才会喜欢某个学科。这些年，我非常乐于招聘这样的老师。我能看出他是不是适合做老师。这些老师进"甘泉"之后，再经过学校的培养逐步成长起来。这样的教师队伍，我认为是值得自豪的。

（时任校长　刘国华）

1. 向上争取政策，吸引优质人才

怎么能够吸引到合适的人才加入学校多语教师的队伍？学校不得不依托政策层面的支持。普陀区政府和教育局在学校特色创建阶段，在各方面都给予政策支持。尤其是在多语教师的引进、入编、职称评定方面，区教育局、区人才服务中心等上级单位都给予学校特别的扶持和较大的自主空间。

与其他学科明显不同的是，从多语种教师的专业背景来看，教师资格证是横亘在他们面前的一道坎。应聘者几乎没有师范专业背景，大多是文学专业的高校毕业生或者"海归"，需要花较长时间去准备教师资格证的考试。尤其是在2012年上半年，上海教师资格考试归口全国统一考试之时，还面临没有匹配的报考类别的情况。在这种情况下，学校积极联系相关部门为他们传递诉求，申请放宽了教师资格证的获取时间限制，以便他们通过充分的准备拿到教师资格证。此外，对于应聘者关心的待遇、职称晋升等问题，学校都会参照其他学科教师的情况进行操作，消解相关的疑问和顾虑。

第一张全国中职日语教师资格证诞生记

2012年，教师资格证统一归口为全国考试，我们的日语老师就来找我反映，说是在报名的时候找不到对应的中学日语类别，不知道该怎么办。我马上就向学校领导汇报此事，大家都很重视，决定以学校的名义向普陀区人才服务中心提出申请，一来看看能否给日语老师放宽获得教师资格证的年限，二来也想继续向上级反映能否增加中学日语的类别。区人才服务中心很快给了我们回应，并建议我们继续向市人才服务中心反映相关情况。同时，刘校长也联系了市里的不少领导，具体沟通这样的情况，最后真的就反映到教育部了。在后来报名的时候，就出现了"中职日语"这一类，供老师选择。我们的日语老师成为第一批获得全国中职日语教师资格证的教师。

（人力资源部主任　邵燕群）

随着学校日语教育的品质不断提升，对于外语教师综合素养的要求也越来越高。2010年起，学校开始面向海内外招聘具有高学历和非外语专业背景的复合型教师，希望能有"外语+专业"的高学历教师为学校进一步从外语教育走向跨文化教育的特色深化添砖加瓦。机缘巧合之下，日语教师队伍里有了第一位长期旅日并获得日本知名高校心理学博士学位的"日语+心理"教师。这些年，陆陆续续还有上海外国语大学和东京大学联合培养的年轻博士加盟，日语组成为学校教师平均学历最高的教研组。

我与甘泉外国语中学的"缘分"

2015年，我作为一名留日"海归"，选择且有幸成为"甘泉"大家庭中的一员。说到我为何选择了甘泉外国语中学，其中包含着我与"甘泉"的"缘分"。

在日15年的求学生涯中，我大量阅读了日本临床心理学家河合隼雄先生的著作，走上了心理学的专业道路。我也曾经直接受到大师的勉励，他希望我学成后将相关的心理学理念与实践技法带到中国，成为中日间学术交流的一座桥梁。由于我个人擅长中日同声传译，积累了扎实深厚的心理学专业知识，翻译出版过多部心理学专著，因此我想通过自身的专业知识技能，引领陪伴更多的年轻学子身心健全地成长。幸运的是,一所"日语见长、多语发展"的特色学校——甘泉外国语中学——接纳了我。

入职以来,我在校内的日语口译教学中强调"在中日比较文化视点下的语言实际运用能力",而诸多"甘泉"学子勤奋好学,表现优秀,获得了上海市日语中高级口译资格证书。此外,在学校的支持下,我与校内心理教师团队共同努力,助力学校被评为"上海市中小学心理健康教育示范校"。我将继续积极辐射"甘泉"的心理教育的特色。

缘分,就是如此的神奇。

（日语教师、心理教师　穆旭明）

2. 向内真情相待,建立归属感

"甘泉"大家庭的和谐氛围,对于应聘者来说同样印象深刻。"如沐春风"是初来乍到的老师对学校的第一印象。大门口的门卫师傅礼貌询问后,都会亲切随和地指引应聘者到达指定的地点。无论是人力资源部门的领导还是学科教研组组长,还是试讲课上的学生,都以微笑和问候打消前来应聘者最初的紧张和局促。有时遇到上午最后一节课,课后还能去食堂用餐,让饥肠辘辘的应聘者倍感温暖。很多老师回忆道,对"甘泉"的那一餐午饭印象特别深刻,味道好,菜品丰富,吃得暖胃又暖心。第一次来"甘泉"就被"甘泉"拴住了胃,也系上了感情线。

应聘多语教师的大部分是高校应届毕业生,年轻人在住房或者通勤上常常面临困难。学校积极对接,帮助安排校外教师人才公寓的租住。对于不满足校外租住条件的老师,学校尽可能在校内安排临时的住宿,解决年轻教师职初几年最头疼的"安居"问题。

家访的意义

人才公寓,我是向教育局争取得最多的,租金很低,这是待遇留人、情感留人。18年里,"甘泉"绝大部分老师我都家访过。虽然我也很忙,但只要有可能,我都会家访。一些老师家里发生特殊情况,我会让工会第一时间送上温暖。"甘泉"许多老师结婚这样的人生大事,我都是证婚人,承蒙他们对我的信任,我也非常乐意。

（时任校长　刘国华）

在因新冠疫情而开展线上教学期间，学校工会对住校教师（包括外教）和入住人才公寓的青年教师的日常生活给予特别的关照。工作日里，学校食堂继续开放午餐，保证在校教师能够吃饱、吃好。当人才公寓内因疫情管控封楼时，学校第一时间向楼内的每位教师送上了食蔬大礼包，用速度和温度及时稳定了教师们的情绪。春节前夕，对不能返回家乡过年的青年教师，学校给他们的父母寄出了一封封情真意切的感谢信，被称为"最暖新春问候"。

可以说，每一年新入职"甘泉"的教师，都会在下一年的教师招聘季自动成为"甘泉"的宣传员，向有意从事中学外语教学的学弟学妹们推荐"甘泉"，用亲身体验和感受欢迎他们成为自己的同事。学校收到的应聘简历的数量逐年递增，走出了招不到教师的困境。

二、建部立制：设立多语特色部门

学校的特色发展，不仅需要一群有特色的教师，还需要建立一些特色部门来为这些教师做好长期的、可持续的发展规划，将学校发展与教师发展紧密结合，使两者成为和谐统一的成长共同体。

在学校创建特色初期，只有零零星星的几位日语学科教师，大家都习惯把他们叫作"小语种"老师，感觉他们是小众而神秘的一群人。2000年后，伴随着学校日语学生数量的扩增，日语教师人数逐年递增。2007年，学校又新设德语为第一外语学科，相应的德语老师也逐渐多了起来。怎么让日语、德语教师有更强的归属感，在教育教学上获得更多的存在感？2010年，学校在课程教学部里单独设立了多语中心，专设了独立的办公室，日语教师陈娅成为第一任多语中心主任。

特别的多语中心

在"甘泉"实习的半年，我在陈娅老师的办公室里有工位。她的办公室叫作

"多语中心",感觉很特别。里面有很多日语、德语的教学用书和原版书籍,和陈娅老师一起工作的还有几位日语外教。有时候,日语老师和德语老师会一起教研,虽然语种不一样,但是讨论的问题都是针对课堂教学的。中外教师各抒己见,感觉大家都非常熟悉彼此的课堂,给出的见解特别专业,让我大开眼界,看来自己距离成为一名优秀的德语老师还要学习很多,要努力。

(德语教师　朱彤吉)

1. 成长导航、同伴共行:稳住新进教师的头三年

自从多语中心成为学校多语教育教学管理的专设部门起,日语、德语、法语、西班牙语、俄语、韩语等语种的教师都被称为"多语教师"。各语种由多语中心牵头,在成立各语种教研组的基础上,定期开展主题式的联合教研和交流活动,形成了惺惺相惜的多语教师大集体。这样的氛围也让更多的多语应聘者感到自己今后在"甘泉"将不是孤军奋战,背后有强大的团队支撑,这也成为他们决定留在"甘泉"的重要原因之一。

在教师队伍的建设上,最花心思的设计当数对每一位新进多语教师的个性化培养。通过一份入职时的 SWOT 自我分析,学校发现多语教师相比其他学科教师有着他们的特点:最大的优势在于在外语专业上的优秀表现、成长性思维和终身学习的能力突出;最大的劣势在于缺乏外语教育教学方面的理论学习和实践经验;最大的机遇在于从国家层面的顶层设计来看,中学开展多语教育的政策持续向好;最大的威胁在于在入职初期因对中学多语教学的不适应而萌生离职的想法。

针对他们的特点,多语中心采取了"成长导航+同伴共行"的策略,一方面弥补市区层面短时间内无法提供针对多语教师的培训空白,另一方面更有针对性地开展师徒结对与同行研修的校本培训。师徒结对通过双向选择进行匹配,开展为期三年的师徒带教。一般来说,师傅都是学校各语种的教研组组长或骨干教师,他们为新教师的三年规划做出指导,手把手地从最基本的教学常规开始教起。从一份教案的撰写到一段课后反思的记录,从一份作业的批改到一次个性化的学生辅导,新教师的每一个"第一次"都有师傅在背后倾力指导。前后入

职的老师们作为"同门"经常相互观摩听课，取长补短，在互学互助中共同进步。

2. 联合教研、多语同行：构建多语教师学习共同体

同行研修通过多语中心进行统筹安排，以"一月一议"的形式，针对教师在教学实践中遇到的问题，以同一学段多语种主题沙龙的方式，邀请专家型教师开展面对面的深度"问诊"，解决实际遇到的教学难题。多语教师通过职初定制式培养和后续的同行研修，从"站上讲台"平稳过渡到"站稳讲台"，进而能够"站好讲台"。

上外书店里的文化沙龙

2020年12月23日，"外教社与甘泉外国语中学多语种文化沙龙"在上外书店举办。黄卫副社长指出，外教社要加强与甘泉外国语中学的合作，不局限于图书出版，还要在外语学习的数字产品和宣传推广等多方面深化合作。

校领导杨云用"回归"这一关键词概括了甘泉外国语中学各位老师的心情。她表示，甘泉外国语中学的不少老师都毕业于上外，今天又回到了上外，感谢外教社于百忙之中组织了这么一场有意义的活动，今后将在教学、科研等方面深化与外教社的合作。

上外曹羽菲副教授以"外语教学中的文化因素"为主题，给各位老师带来了一场精彩讲座。她从总体把握、分层推进和高效组织三方面，结合实际教学案例，给各位参与沙龙的老师分析了外语教学中文化因素的重要性与必要性。

讲座结束后，甘泉外国语中学的多语种教师和外教社多语种事业部的编辑进行了充分的交流，一起参与了多语种团建活动，在欢声笑语中加深了友谊，共同期待今后在中学多语种教育教学上的深度合作。

（多语中心）

近年来，越来越多的优秀外语人才从高校毕业后进入"甘泉"，从校园同窗成为工作同事。他们也积极主动地向多语中心开展语言文化类教师沙龙提供了更多的优质资源，从一开始"等待培养"转变为"主动成长"，实现了同行研修的可持续发展。

十多年间，多语中心在学校特色发展中的功能定位日益清晰，成为联结多语教师个人成长与学校特色发展的重要纽带。目前多语中心的主要工作职责包括：对学校各语种教育教学定期开展专题调研，结合学校的五年规划对各语种进行整体发展规划；对国家课程的校本化实施进行整体设计，搭建校本多语课程体系，开发校本多语课程，进行日常多语教学管理；整合多方资源，聘任校外专家导师，开展联合教研，推荐多语教师参赛，支持多语教师参加国内外培训等，构建多语教师成长发展共同体。

三、定向开源：组建专业外教团队

学校在特色发展初期提出"日语特色"之时，日语外教的资源不足，学校尝试通过招募志愿者的方式聘请日本友人担任外教。但这并不意味着降低门槛。学校选拔外教的要求是非常明确的：大学本科以上学历，并持有本国的教师专业证书，具有语言教学经验者优先。

随着日语特色的逐渐形成，学校又相继开设德语、法语、西班牙语等一外课程，并进一步争取关于人才引进的政策支持，同时借助德语 DSD 语言证书，法国领馆、西班牙驻上海总领事馆的项目资源，组建起一支高质量的专职外教团队，为学校多语教学提供持续稳定的专业支持。

学校的外教团队，最多的时候有十人左右，少的时候也有六七位，分别来自英国、日本、德国、法国、西班牙和韩国等国家。外教们热爱教学工作，友善对待学生，与中国老师相处愉快，平时食宿基本都在学校，不在外兼职，有的在"甘泉"一待就是七八年甚至十多年，成为"甘泉"大家庭里的一分子。外教们各有特点，给师生们留下了许多有意思的美好印象。例如，日语外教丹藤顺生在日本是某出版社的社长，在"甘泉"任教的六年里，他担任高二、高三年级作文指导教学，每周有近两百篇作文的批改。每年的高三日语毕业生都会收到他自费印刷的作文集作为纪念。由丹藤引荐来校的大西彰子作为志愿者，不仅义务为学生上课，还自费到内蒙古边远沙漠地区植树造林并资助多所贫困小学，被学生们称为"爱心大西"。后来陆续来校的日语外教中还有钢琴水平达演奏级的"钢琴公主"金泽五月、爱踢足球、会唱歌的古谷真人，练过体操、会变魔术的草薙荣一，他们在做好日语教学工作的同时，活跃在学校的各种活动中，与学生和老师成为好朋友。此外，德语语言证书项目（DSD Ⅱ）的专职外教白孟飞（Manfred Espenlaub）和奥克斯（Joachim Ochs）、第一位法语外教费南德（Fernand Delorme）等都积极参与到了学校各语种的教学与教研中，获得了学生和同行的认可。

日本外教真木胜文在校期间可谓无人不知、无人不晓。在日本长崎广播电台做过副台长的他，是一位有着三十多年经验的优秀播音员。退休之后原本只想着安享晚年，机缘巧合下，他看到了"甘泉"招聘志愿者的广告，欣然来华。然而，当他来到"甘泉"，才发现当时学校的情况远不是他想的那样。尽管学校很早就创设了日语班，但到真木来时，日语班毕业生不到500人；日语资源少，师资力量不足，教材奇缺；学生们从来没有参加过日语能力考试。对此，真木对学生提出了两点要求：一是对日语的学习一定要设立目标，有了目标，学习就会变得容易；二是一定要有竞争意识，学习的目标就是向日语能力考试挑战。接下来的日子，每天放学后，真木将自己家的玻璃窗当作黑板来教授语法，学习结束后就为学生准备咖喱饭、天妇罗，与学生一起吃饭、交流，他的家被戏称为日语修炼的"真木道场"。他自己则领着微薄的薪水，将智慧和爱心都献给了"甘泉"的日语教育事业。

"上海市白玉兰纪念奖"花落中学日语外教

我们的外教资源还是很丰富的，早期更多的是来自日本的志愿者，退休了想发挥余热，也比较喜欢中国文化。我印象最深的是真木老师，有点像父亲一样的存在。对我们，他不仅是教学方面的指导，还有生活上的关心。他经常叫我们到他家里参加教研活动，有时候教研活动的内容就是做日本料理。2000年时，上海的日本料理店还没那么多，很多日本料理我第一次尝到就是在真木老师家里。2002年，经过学校的力荐，真木老师获得了"上海市白玉兰纪念奖"，成为上海市普教系统获此殊荣的唯一外国专家。我们日语组的老师和日语学生们都觉得这是名副其实、众望所归的。

（日语教师　陈娅）

不难看出,在学校创建特色高中初期,尽管面临着严重的人力资源匮乏,但学校从未犹豫和放弃过对"日语见长、多语发展"的特色追求,坚定地吹响了"外"字头教师的集结号。无论是政策上的支持程度、身份认同的氛围营造,还是专业发展的通道铺设,外语教师和外教们都能亲身感受到实实在在的关照和支持,在安居乐业中将"甘泉"视为家一般的存在,团结成了学校持续特色发展的重要力量。

第二节　从新手走向专家的导航仪

教师队伍建设是学校特色内涵发展的重要组成部分，是提升学校教育教学质量的基本保障。多语教师作为一个团队活跃在校内的多语教学、国际交流等领域，成为学校特色发展的重要力量和显著标识。那么，与此同时，如何继续打造一批成熟教师，使他们进一步发展成为市区层面乃至全国层面的专家型教师，打响学校在更大范围内的知名度和美誉度？学校对内以校本特色培训驱动教师深耕专业，对外以学科交流推荐优秀教师站上更高舞台，以"'甘泉'出品，必属精品"的标准实现特色教师的品牌效应，助推学校特色的可持续发展。

一、阶梯式校本培训持续助力

从2000年开始，学校开启了从"日语见长"到"多语发展"的教学特色创建的探索与实践，多语教师的专业发展质量成为决定学校外语特色办学水平的关键一环。学校通过"青蓝工程""529教师培养工程"和"定制式工作坊"等校本培训特色项目的多轮实践，历经二十余年，打造了一批在区、市乃至国内外有较高影响力和知名度的多语种师资队伍。

1. "青蓝工程"助力青年教师加速成长

学校在2003年更名后进入发展上升期，师资水平及教育质量逐年提高，但是支撑学校特色发展的多语教师则以青年教师居多，比例达到近70%，且来源多元化，非师范生比例较高，水平参差不齐，学校发展遭遇向上突破的师资瓶颈。"青蓝工程"就是学校根据教师专业发展与学校特色发展的需要，专门发起和规划的旨在促进青年教师专业成长的一个项目。

学校以"青蓝工作室"为抓手，关注不同教龄段教师的差异，以0—3年教龄、4—10年教龄及11—25年教龄进行区分，对培训内容、方式、形式进行了具体的设计，关注、关心处于不同发展阶段、具有不同特点的教师，灵活多变，分层推进。针对多语教师中占比较大的青年教师，学校设计了课题研究、听评课、专家讲座与论坛等通识性活动；组织教师基本功大赛，帮助青年教师在互动交流中"寻找教育的遗憾"。针对多语教师普遍提出的缺乏专业引领的问题，学校活用"外脑"，邀请外校的外语特级教师和高校外语学院（系）的教授加盟，形成"导师团"，邀请他们在不同时段前来"坐堂问诊"。另外，通过4—10年和11—25年教龄的主题活动"抓住教育的契机"和"享受教育的幸福"，为青年教师展示成熟教师的丰富经验和教学魅力，助力多语教师打破专业发展瓶颈，从新手走向胜任者，从成熟走向专业。

<h3 style="text-align:center">"小白"遇到"青蓝"的幸福之路</h3>

2001年刚毕业的我一进"甘泉"就承担了初一和高二两个年级共三个班级近120名学生的日语教学任务，以及初中班主任的工作。作为一名教学"小白"，我非常幸运地成为学校"青蓝工程"的一名学习者。在诸多专家的指导和引领下，特别是在师傅陈娅老师的带教下，我借助"7年大循环"的宝贵教学机会，将7年的教材内容进行有效整合，形成了一套具有自己风格的螺旋式上升的教学体系。

我认识到，当语言和学生的现实生活密切结合的时候，语言才是活的。我遵循学生的心智发展规律和思维能力提升规律，培养学生对社会的责任感、对世界的好奇心，开发了主题式演讲系列、采访活动系列、感恩专题制作系列、生涯规划专题演讲系列等特色活动，让学生在7年里不断认识自我、认识社会、认识世界，成为更好的自己，走向幸福的人生。

（日语教师　吴昕）

2. 实施"529教师培养工程"，分级分类进行个性化提升

2010年初，学校启动"529工程"，以解决"青蓝工程"中相同教龄的教师因个体差异和个性需求而呈现出多样性和不均衡性发展需求的问题。在"529工

程"中,对于多语教师,学校通过开展分序列、分主题的教学评优活动,针对"领军""骨干""特长"和"新秀"序列开展分层分类指导。以领军教师打造外语优势学科;以骨干教师带教多语种青年教师;有特长的多语教师开发学校特色课程;树立初级教师典型——新秀教师,营造青年教师专业发展氛围,压缩成才周期,实现跨越式的发展。

"金字塔式"的人才梯度

"529工程"希望打造从新手走向专家的教师发展序列。在5年里,学校希望培养5名领军教师、20名骨干教师和90名特长教师。老师们根据自身的情况主动申请成为这三类中的某类培养对象,学校对他们分别开展不同的培训。这些具有针对性的阶梯式培训,一方面大大缩短了教师的成长周期,另一方面也让每位教师有了奋斗的目标,这是双赢的事情。

("529校本师训"领衔人　张炼)

两轮滚动实施后,学校打造出了若干名在国内中学日语教育界有影响力的"领军教师"、市区知名的日德法等学科"骨干教师"、校内外语+个人特长的"跨界教师"、勇于创新的"新秀教师"四个序列教师队伍,提高了多语教师整体素养,优化了队伍结构,各语种的教学质量稳步上升。

日语是学校外语教育一个最根本的、起引领作用的学科,它的学科地位是不能动摇的。我希望我们的日语老师进一步钻研和提升自己的水平,能够从七年的初高中衔接的角度来培养学生,帮助学生从初中开始,把基础打牢,让更多有语言特长的学生能够涌现出来,为国家培养更多的日语高级人才和多语种高级人才。

(党总支书记　濮虹)

3. "定制式工作坊"项目

2016年前后,学校进入特色发展的快车道。为满足学校特色创建中对外语特色师资队伍的更高需求，学校通过打造多语特色学科与领域工作坊，提升学校发展内涵。学校以前期学校所培养的多语种领军教师、骨干教师、特长教师为领衔人，打破学科、年龄的壁垒，自主招募学员，自定研修主题。

两轮"定制式工作坊"滚动过程中，外语教师共申报并创建日语教学类工作坊 3 个、德语工作坊 1 个、法语工作坊 1 个、日德法西融合工作坊 1 个，自下而上地开展有针对性的主题式校本研修，以量身定制式的教师培训模式，通过聚焦个性、阶段推进、分步实施的培训策略，培养了一批在多语课程开发、课堂教学、教育科研等方面具有较高综合素养的专业化多语教师队伍。

使用思维导图，实现学习方式的变革

我参加陈娅老师"思维导图工作坊"已有两年时间，从最初完全不懂思维导图为何物，到每次活动中与伙伴交流学习经验，再到将思维导图运用到实际教学中，这是一个循序渐进的过程。看着学生绘制的一张张清晰生动的思维导图，我觉得称其为学习方式的变革也不为过。

我和学生们一起，不仅在主题阅读中使用思维导图，还在制作复习计划、整理知识点、做读书笔记、写演讲提纲的时候广泛使用思维导图。可喜的是，思维导图的使用在学生学习中渐渐自觉化，使用频率越来越高。学生总结说：用思维导图的好处有很多，可以提高学习效率，抓住重点和关键，联想记忆词汇，解题时思路更加清晰。

（陈娅"思维导图工作坊"学员　任贺）

二、多语种校本教研走向深度

在过去相当长的时间内，多语教师普遍缺乏区级和市级层面的教研引领，因此开展富有校本特色的教研活动就显得尤为重要。在此之前，需要明确找到各语种教研组在教研工作上面临的难题，针对这些难题找到破解之道。

1. 精准分析：机遇与挑战并存

"少"与"缺"并存的困境，是各语种刚起步时最先遭遇的问题。无论是日语还是其他语种，教师人数的匮乏都是影响教研的直接动因。以日语组为例，从1972年初开设日语课程时只有一位日语老师，到1980年有所改观，增至三位日语教师，其中有一位为外教，组建了隶属于英语教研组的日语备课组。当时全国开设日语课程的学校很少，上海就更少，无统编教材以及配套教辅材料，只能靠老师们自行编写。在缺乏教材等教学资源的情况下，想要开展教学方面的深度教研举步维艰。

"量"与"质"合一的挑战，也是教研组必须直面的问题。2001年，日语教师达到10人，常驻1~2名外教。2010年开始，学校日语建设进入快车道，"日语见长、多语发展"的特色较为鲜明，日语教师达到20多人，且有多位教师拥有博士学历。日语教研大组之下分设了初中日语教研组和高中日语教研组。当时学校日语课程以使用人教社教材为主，将高考成绩作为评价的主要标准，教学方式较为单一，有较重的应试教育痕迹。同年，学校设立多语中心，着力开始对外语课程体系进行整体架构，拓展课、研究课等不同选修课程门类较为齐全。教研组开始有针对性地对专业提升、教学能力、课堂攻坚、人才培养等方面进行研究。促使这种高速发展所带来的"量变"催生"质变"显得越发迫切；如何在教学生态日益复杂的环境下促进教师教育观念的改变、教学方式的革新显得越发重要；如何提炼具有"甘泉"特色的多语教研模式，以及形成可供辐射和推广的多语种教研模式显得越发关键。

"新"与"高"融合的机遇，是教研组顺势而为的契机。学校在站上市级特色普通高中平台后，又开设了高中零基础日语班和零基础西班牙语班。随着新课标、新教材的陆续落地，如何在"双新"背景下突破外语特色发展瓶颈，进一步聚焦外语学科内涵建设，以便维持日语教研组在全国的学科高地地位，打造德语等教研组在全市的影响力，成为亟须突破的难题。

2. 主动请缨：在传承中创新教研模式

为了解决以上难题，日语教研组一马当先，在总结既往经验的基础上创新教研模式，引领了学校其他外语学科的教研工作。在多语中心的支持下，日语教研组从团队建设、教师培养、教研目标、研修课程、教研策略与方法等方面进行整体思考，形成了学校多语种教师的C-TP-C教研新模式。

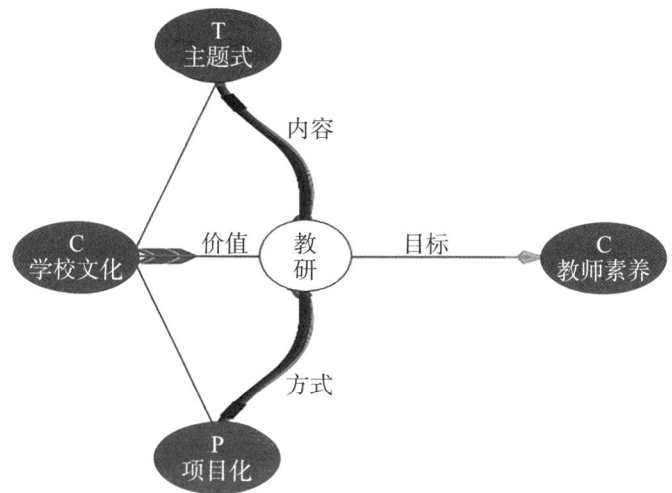

图 4-1　多语种教研 C-TP-C 模式图例

在这一教研模式中,以学校文化(Culture)作为方向引领,主要涵盖"民族情怀、国际视野"的办学理念和"日语见长、多语发展、跨文化素养"的办学特色。"主题式"(Theme)教研针对教育教学中的实际同性问题,提炼归纳情境式系列化的教研主题。"项目化"(Project)教研聚焦个性化研究课题,采取目标预设、顶层设计、分级实施与绩效评估等项目制管理模式。"主题 T""项目 P"有机融合、相辅相成,有效推进了多语教师的教研活动创新发展。

从教研的方向来看,通过对国家、市、区宏观政策的深度解读,丰富教研活动的内涵诠释;从教研的文化来看,帮助教师构建与学校特色相统一的专业信仰和认同;从教研的目标来看,关注教师在教学观念和行为上的转变,以更好地培育学生外语学科核心素养和跨文化素养;从教研的组织管理来看,注重构建平等、合作的专业发展共同体;从教研的过程来看,探讨深度教研的运行机制,由单向的传递式走向双向互动式,再到批判式构建的融合过程。

C-TP-C 教研模式凸显了中学多语教学的教研特征,即突出了文化立场,尤其强调文化自信与文化互动;呈现出鲜明的结构特征,多语教师以 40 周岁以下的青年教师作为主力军,并与外教形成教研共同体;体现出规范的组织文化,不同语种的教研反映出不同的文化特点,如日语教师在教研中更加关注精密计划和精细记录,德语教师在教研讨论中更为注重思辨和批判等;表现出丰富的组织形式，如来源于 COSPLAY 的角色扮演模拟情境、模拟联合国的自由辩论等。

人人有话说的教研活动

在日语组的教研活动里面，定期的经验交流是一直传承下来的好传统。大型的交流围绕某个主题，每个老师都要正式地发表自己的见解。小型的交流是每周的教研活动中的固定节目，会由一位老师分享自己在教学上的经验，例如开展了哪些课堂活动、用了哪些小点子、发现了哪些有价值的资料等等。其他学科的老师总觉得日语老师点子、方法很多，其实不都是一个人的方法，而是集体的智慧。

（日语教师　王颖芳）

在聚焦跨文化外语教学研究的主题式项目化教研中，日语组陆续形成了《日语新教材德育教学案例研究》《聚焦新教材的中日文化对比研究》《文化意识培养与文化体验的日语实践活动设计策略》《中外教 TT 教学合作指南》《中外学生合作学习策略研究》《外事接待中的翻译技巧》《中日师生交流策划沟通策略》等成果，开发了《日本概况》《日本文化常识》《日本实事新闻》《日本礼仪》《日本插花体验》《日本剑道体验》《日本邦乐体验》《日本冲绳舞蹈体验》《日本折纸体验》《日本俳句创作体验》《日本将棋体验》等校本教学资源。

此外，"教学改革"作为教研活动中不变的大主题，在 2017 年以"单元主题式的深度教学"为项目，着力破解以培养学生思维的逻辑性、思辨性、创新性作为新一轮日语教学改革的难点问题。由陈娅老师领衔的"思维导图工作坊"，提出了基于"八大思维图示法"的启示，运用思维导图梳理、分析语篇信息，呈现结构性教学内容与教学步骤的策略。与此同时，聚焦学科核心素养导向的大观念下的全新教学思路——"日语综合实践活动"进入视野，即以主题为引领、情境为依托、语篇为载体、任务为驱动，通过"理解与梳理、表达与交流、探究与建构"三大路径，开展深度学习。

经过一学期的主题式项目化教研，日语组交出了可借鉴可复制的成果，即

4D 综合实践活动教学设计模式（围绕主题设定、情境创设、任务设置、评价设计的总任务—任务群）。此外，阅读教学也升级为运用思维导图的 P5RE 阅读教学设计模式（预测→读内容→读语言→读结构→读主旨→读体裁→拓展活动）。这样"接地气"的教研成果在各个语种的教学实践中收到了立竿见影的效果，提升了各语种课堂教学的质量。这也进一步催生了教师们不断提升课堂教学设计的热情，通过一轮轮的教学实践不断进行优化完善，在全国的教学设计比赛中得到了全面的肯定。

"甘泉"出手，独占鳌头

2022 年初，由北京日本文化中心举办的高规格日语教师研修赛事——"第三届中学日语教育教案设计大赛"的结果新鲜出炉，我校两名青年日语教师从 50 名参赛选手中脱颖而出：高怀冰老师问鼎本届比赛唯一的特等奖，沈洋老师荣获一等奖。翻看往年的成绩单，会有更惊奇的发现，原来这已经是我校连续第三年载誉而归。第一届的特等奖由王丹老师斩获，第二届的一等奖由张莉老师捧回。真可谓"甘泉"出手，独占鳌头。

（日语教研组）

C-TP-C 教研模式实现了教研路径的三大创新：（1）基于问题解决的"主题式教研"；（2）凸显个性特长的"项目化教研"；（3）实现了教研策略的创新，帮助教师构建专业信仰和认同，形成了发展共同体的团体动力，推动了促进深度教研的项目引领，为多语种学科及其他教研建设提供了借鉴和参考。

三、多语专家型团队拔节生长

从全国范围来看，开展中学多语教学的学校呈现出逐年递增的态势。"甘泉"的多语教师受益于学校的早起步、早发展，受惠于长三角地区在中学多语教学方面的整体优势，占取了"天时""地利"的有利因素。最重要的是，在学校多语教师发展共同体的建设中，最大限度地发挥了"人和"的优势，助力一批多语教师走上了专家型教师的道路,在全国范围里发出了"甘泉"的声音。

1. 专业修炼成就"王牌之师"

目前,近20名日语教师组成的日语组已经形成"学科带头人—学科骨干—学科能手—学科新蕾"的人才梯队:教育部日语课标修订组成员、区日语学科带头人陈娅;市级日语中心组成员、区高级指导教师王丹;高级教师和教学能手近10人,新蕾教师多名。日语组培养了1名教育部日语课标修订组成员,1名教师成为上海市首位小语种教研员,2名教师入围市级专家库成员,多名教师成为市考试院命题专家,2名教师成为区级学科带头人、高级指导教师。

"王者之师,丹砂成金"的"甘泉"名师

日语教师王丹自大学毕业来到"甘泉"从事日语一线教学已有二十多年,目前既是常年任教高中日语的高级教师,也是学校事业发展部(校长办公室)主任。在入职"甘泉"的前三年,她就以出色的专业功底和活泼的教学风格赢得了学生的喜爱,成为学校的"明星教师"。

2004年夏天,她代表学校参加了在日本长崎县佐世保市举行的高等学校中国语教育全国大会,作了题为"如何将日本文化融入日语教学中"的主题发言,充分展示了我校在日语教学方面的特色。会后,中国驻福冈总领事馆教育领事彭新实和驻长崎总领事馆教育领事姜云章对来自上海的甘泉外国语中学有了深深的兴趣,进一步了解了我校日语教育发展情况。回国后,王丹老师深受鼓舞,在日语教学上精深钻研,多年从教高三毕业班,培养出了高考150分满分的学生。她指导的学生在全国各类日语大赛中屡获殊荣,多次荣获全国日语演讲大赛、作文大赛和多语种技能大赛优秀指导教师称号,被学生称为"王者之师"。

在二十余年的从教生涯里,王丹老师开设过全国日语公开课,获得过全国外语教学论文大赛一等奖,首届全国中等日语教育课堂教案大赛最高奖项"最优秀奖",入选普陀区第五轮教师专业发展团队高级指导教师、2019年上海市教育系统"三八红旗手"。

(人力资源部主任 邵燕群)

德语、法语和西班牙语教师通过欧洲共同语言参考标准（The Common European Framework of Reference for Languages，简称 CEFR）的考官资格培训项目，以外语测评能力作为切入点，用标准反拨课堂教学与考试评价，提升专业素养。目前德语组组长张敏已成为国内为数不多的 DSD I 与 DSD II 的双证考官，另有三位德语教师获得 DSD I 考官资格；法语组全体教师获得 DELF/DALF 考官资格；西班牙语组全体教师获得 DELE 考官资格。

此外，针对全国外语高考以及上海外语高考，多语教师团队在学校的支持下凝聚集体智慧，编写适合中学生的外语学习用书。目前各语种编写并出版了《日本留学考试考点手册》《高中西班牙语听说训练》《高中法语听说训练》《新高考德语系列试题集》等，并且利用新媒体平台推出了"美丽成长甘泉说"的多语种系列公益讲座，将学校的优质资源在更广的范围内进行辐射，受到越来越多学生和家长的关注。

2. 成为参与国家"双新"工作的重要力量

在国家开展"双新"（新课程、新教材）的工作中，学校各语种的专家型教师积极参与，成为中学一线教师的重要代表。日语教师陈娅是教育部高中日语课标修订组里唯一一位中学教师代表，同时还参与了义务教育阶段日语课标的修订，她的个人专业成长经历与学校日语教育的特色化发展可谓完美契合。在高中日语课标修订的几年里，她每月往返于北京与上海，与高校日语专家一起研究新的日语课标，用自己二十多年的教学经验发表对于课标修订的见解，发出代表中学教师的声音。

日语专家养成记

1998 年，我刚进"甘泉"，日语最开始没有非常系统的教材。2001 年前后，人教社日语部来我校听课，评价我们的日语课"挺传统的"。我认为这是一个契机，开始重新思考自己的教学问题。

2003 年对我来说是第一个转折点。刘国华校长对学校大刀阔斧地改革，提出了日语特色，朝着精品化建设，既要体现出国际视野的高度，也要有民族情怀的深度。刘校长给我一个十分艰巨的任务：做日语教研组组长，研究学校日语教学第一轮改革方案。他让我大胆干,想好了怎么做就写进方案。于是,我就参考大学的日语课程,改日语课为日语综合课+语言技能课,打破了传统的样式。

第二个转折点在 2007 年,学校成为区重点中学。在学校"民族情怀、国际视野"的办学理念提出之后,日语学科的教育功能是否能再升华?在特色办学理念指导下,我们决定做"跨文化交际能力"的培养。在课程建设方面,我们尝试开发了促进文化理解的系列校本课程。同一年年底,我正式加入了教育部组织的日语课程标准修订组。每次修订会议都要到北京去开,全国的教育专家会从顶尖设计层面给我们讲,对我来说是不断学习和吸收的过程。

(日语教师　陈娅)

陈娅老师带领日语教研组走在了学校多语种建设的最前列,引领组员开展了三轮教学改革,开发日语校本特色课程,建立日语校本资源库,制定贯通七年的校本日语学业质量标准,对学校日语教育教学做出了积极的贡献。在学校的多语种联合教研中,陈娅老师也将培养学生外语学科核心素养等先进课程理念进行了接地气的解读,引导多语教师将新课标的要义潜移默化地渗透在日常教学之中,实现了从"三维目标"到"核心素养"的无缝对接。

2017 年,教育部颁布了高中外语课程标准,并组织专家编写《普通高中课程标准解读》,对各学科的核心素养及育人目标进行了详细的诠释,其中出现了"甘泉"多语教师的教研成果。日语教师郭侃亮、法语教师李敏作为特邀作者分别参与了《普通高中日语课程标准(2017 年版)解读》与《普通高中法语课程标准(2017 年版)解读》,以学校的课程教学作为案例分析,向全国高中开设多语种的学校提供了经验。

郭侃亮老师在《普通高中日语课程标准(2017 年版)解读》第八章第四节"信息通信技术在日语课程中的运用"中,介绍了将原创开发的日语学习类 RPG 游戏《甘泉幻想物语》用于教学的经典案例,并介绍了通过多元的信息化手段来丰富课堂活动的课堂实践,凸显了新课标中提倡多元化教学的指导思想。

李敏老师在《提升中学法语课堂效率的手段》一文中,介绍了学校的法语一外课堂中如何活用现有的教材与资源,并制作适合中学生的教学课件以提高教学效率的实践经验。其中，部分教学课件作为《普通高中法语课程标准（2017年版）解读》的示范案例，供全国开设法语课程的中学参考。

张敏老师参加《普通高中德语课程标准（2017年版）》国家级培训，自2019年起参与义务教育阶段初中学科实验教科书《德语 Willkommen》第五册的编写工作，2020年参与国家社会科学基金项目"中国德语学习者语料库建设与德语语言能力发展研究"。

朱维老师在2019年第十二届中国对外西班牙语教师培训大会上，作为唯一的中学教师代表分享了中学西班牙语教学经验；自2021年起作为中学教师代表，参与教育部审定的中学西班牙语教材《西班牙语4》的编写工作。

四、从内生到外展的共建共享

在决定做大做强学校的日语教育的时候，学校领导就开始不断寻求与外部资源合作的可能，通过举办专业性的教师培训、研讨会等工作，提升日语教师的综合水平。随着学校的日语教育特色越来越明显，想来"甘泉"取经的市内外兄弟学校也越来越多。校领导以宽阔的胸怀欢迎他们来校听课观摩、参与教研活动，并进一步加深与校外资源的合作，搭建起日语之外的其他语种的全国范围的交流平台，实现了学校特色在更大范围内的辐射和影响。

1. 全国首家"中等日语教育研究中心"

2003年3月22日，由人民教育出版社课程研究所和日本国际交流基金会[①]主办的全国中学日语教师研修会在甘泉外国语中学举行。参会的40名教师来自江苏、浙江、山东、湖南、福建等省，日本国际交流基金会派代表亲临研修会并为到会的日语教师赠送日语教材等，人民教育出版社为教师开展中学日语课程标准和日语教授法的培训。

---

① 日本国际交流基金会的前身是1972年为了推进日本的国际文化交流事业而设立的作为专门机关由外务省管辖的特殊法人，自2003年10月2日起变更为独立行政法人日本国际交流基金会（英文名称是 The Japan Foundation）。

经过多年的耕耘,"甘泉"日语的好口碑广为流传。为了进一步加强学校日语特色并产生更大范围的辐射和影响,2005 年,经上海市日本学会批准,全国首家"中等日语教育研究中心"在学校挂牌。2011 年,学校牵头成立了全国日语课程设置校联谊会,并担任会长单位。学校依托这一组织开展全国日语教师培训、全国日语课程设置研讨、全国日语设置校校长培训三个层面的工作,为从事中学日语教育的学校管理层、中学日语教学的一线教师和在中学阶段学习日语的学生们提供高质量的交流平台。

坚守日研定位,赋能多语发展
——中等日语课程设置校工作研究会第十届年会在我校成功举办

2020 年 10 月 31 日上午,以"坚守日研定位,赋能多语发展"为主题的全国中等日语课程设置校工作研究会第十届年会在我校隆重举行。本次年会采用了线上线下结合的方式,20 多所院校的 150 余名嘉宾莅临现场,另外有约 400 名观众参与了线上直播,共同见证研究会 10 年来的风雨历程与累累硕果。《文汇报》《青年报》和上海外语频道等多家媒体进行了现场报道。

本届年会得到了日本国驻上海总领事馆、北京日本文化交流中心(日本国际交流基金会)、日本国际文化交流财团等方面的大力支持。日本早稻田大学、环太平洋大学、立教大学、洗足学园音乐大学等海外学校纷纷以视频形式表达祝福。

校领导杨云作为承办校领导致开幕词,她回顾了我校从 1972 年以来坚守的日语教育历程,表示将继续在研究会的推动下,将"甘泉"的日语教育品牌发扬光大,并在此基础上进一步推进"从日语教育走向多语教育,从多语教育走向多元文化教育,交出令人民满意的时代答卷。

中等日语课程设置校工作研究会会长刘国华在总结年度工作时强调,在当今复杂多变的国际形势下,外语教育更要坚守"初心、恒心、真心、信心",用外语传递中国声音,用外语讲好中国故事,用多语唱响人类命运共同体。

普陀区教育局副局长瞿志军赞扬我校始终走在中学多语教育改革与发展的前列,探索出具有"甘泉"特色的教育优质化、均衡化的高品质特色发展之路,为普陀教育国际化做出了示范与榜样。

在随后进行的主报告环节，上海外国语大学日本文化经济学院教授、博士生导师高洁与人民教育出版社日语编辑室主任皮俊珺以"学科德育"为切入点，分享了她们在日语教学、教材开发领域的深度思考。

在经验分享环节，上海市嘉定一中校长管文洁、北京外国语大学附属上海闵行田园高级中学校长陆振权分享了两校在日语特色发展过程中的探索与实践。我校日语教师田由甲作为第二届全国中学日语优质课评比大赛一等奖获得者，在现场进行了课程设计思路分享。获得第一届"洗足音乐大学杯"中学生日语配音大赛特等奖的我校学生徐书馨、陈怡雯现场进行了配音展示。

以"外语学科德育的实践探索"为主题的多语种学科教研在下午举行。上海市教委教研室教研员汤青、郭侃亮和普陀区教育学院教研员沈怡都带来了主旨报告。在示范课展示环节，我校日语教师沈洋、法语教师邓若诚、西班牙语教师时洁慧进行了不同语种的全国示范课展示，北京师范大学日语教育教学研究所所长林洪对展示课进行了精彩点评。

在我校的精心承办下，本次年会顺利举行，并为广大一线多语教师提供了一个零距离交流的平台，我们期待与全国中等日语教育同仁并肩前行，坚守日研定位，赋能多语未来！

为了为中学日语教师提供深入研究中等日语教学，进而促进专业能力提升与职业发展的持续性支持，2006年，学校创办了《中等日语教育研究》杂志。目前，该杂志由中等日语课程设置校工作研究会和我校共同主办。2022年，杂志从第30期开始实现了线上数字出版，便捷的阅读渠道和低碳环保的出版方式得到了广大一线老师的欢迎。

《中等日语教育研究》发刊词

《中等日语教育研究》是一份面向全国中等日语教育工作者的杂志，主要为开设日语课程的中学、高职、技校等提供一个研讨、交流和学习的平台。

《中等日语教育研究》以传递中学日语教育信息、传播日语教学经验为主，及时宣传日语方面的课程改革和新教材，反映日语教育研究动态和趋势，介绍开设日语的中学、高职、技校的教学经验和研究成果，推动全国中等日语教育工作的发展和进步。

《中等日语教育研究》由上海市中等日语教育研究中心编辑，暂定半年一期，设有教育动态、学校介绍、教改之窗、教学实践、教案交流、语言知识、试题交流、技能点拨、学生技能点评等栏目。随着读者的增加，《中等日语教育研究》将根据读者的意见和建议不断更新栏目，扩大容量，丰富内容，成为中学日语教师的良师益友。

本刊的编辑得到了上海市甘泉外国语中学校长刘国华的殷切关怀和学校日语教研组各位老师、日籍专家真木胜文先生的积极支持。同时，还得到了上海市日本学会吴寄南、陈永明先生，上海外国语大学教授皮细庚、华东师范大学教授徐敏民、上海大学副教授马利中、上海市教委金京泽等老师以及原人民教育出版社日语教材编辑张国强先生的帮助和指导。尤其是上海市日本学会的吴济南、陈永明等专家对本刊的诞生做出了积极的努力，给予了很多的关心，在此谨代表编委会成员对各位老师和专家的鼎力相助表示由衷的感谢。

由于编者水平有限，难免出现纰漏，恳请广大读者指正。

2. 全国首个"中学德语教学联盟"

2019年，学校发起成立了"中学德语教学联盟"，全国十余个省市的近四十家开设德语学科的中学成为联盟的第一批会员单位。在联盟的成立仪式暨首届研讨会上，普陀区教育局局长范以纲、德语课标及教材组专家李媛、市德语特级教师王哲光、上海外国语大学教授王蔚、德国DSD项目主管以及歌德学院的德语专家受邀出席。上海教育国际交流协会、外研社、上外教社等多家支持单位出席成立仪式。学校作为联盟的发起者、联络人和服务方，与各理事单位一起，在共建共享的理念下，积极探索中学德语学科建设与优秀德语后备人才培养的新路径、新模式和新发展，在新时代中学德语发展的新阶段，共同迎接中学德语教育的春天。

我在亲历一线开展调查研究的过程中，接触到了一大批在为中学德语教育事业迎难而上、奋进努力的学校。甘泉外国语中学就是这样的学校之一。在十多年德语教育的实践探索中，甘泉外国语中学逐步确立了培养学生外语思维、获取多元视角、丰富认知体系、提升跨文化素养的外语课程理念，积极开展德英双外语教学实验、DSD课程与德语高考课程的双轨制课程实验，形成了特色外语课程精品化、精品外语课程集群化的特点，开设德语DSDⅠ、DSDⅡ课程、中德文化比较课程、德语高翻基础实训课程、海外综合实践课程等，为广大的中学德语教育同行们提供了优秀的学习案例和宝贵的经验借鉴。

语言，是人类文明传承与发展的重要载体，它是沟通的钥匙与文化传播的纽带。"中学德语教学联盟"这个平台的诞生，体现了教育同行们对德语教育发展的关切之情、支持之力。衷心希望这个平台能够进一步引领中学阶段德语教育的内涵发展，加快促进德语教育研究共同体的形成，进一步推进优质资源的共建共享，为培育具有中国情怀、国际视野和跨文化沟通能力的时代新人而共同努力！

（德语课标及教材组专家　李媛）

自2019年以来，"中学德语教学联盟"与歌德学院、奥地利中心、外研社、上外教社等单位深度合作，围绕中学德语教学与研究开展了一系列的教师培训活动，协办"外教社杯"全国中学德语电子课件大赛，为全国中学德语教师相互学习与交流提供了丰富多彩的渠道。联盟秘书长、学校德语教研组组长张敏以工作坊坊主的身份，开展了外教社"云间教研室"、全国高考备考与冲刺、歌德学院跨文化教育法等教师培训工作，将学校德语教育教学的经验与全国的同仁进行了分享，进一步打响了学校德语教育教学的品牌。

3. 跨校跨区跨市的多语种教师带教及培训

学校积极联合日本、德国、法国、西班牙、泰国等使领馆，面向全市及长三角地区的多语种课程开设学校的多语教师开展教师培训活动。例如，法国驻上海总领事馆主办的上海地区法语教师培训会连续多年在学校举办；在法国驻沪总领事馆的组织下，学校还承办了第三届上海市法语节，开展了教师培训及学生交流等工作。2021年，上海市成立了中小学关键语种中心组，我校日语、法语和西语老师成为中心组成员,指导兄弟学校的老师开展初中和高中的多语种公开展示课。此外,日语组先后带教贵州省赤水三中等国内数十个中学日语组,德语组、法语组跨校带教区内多名多语教师,以大气开放的态度与从事多语教育教学的同仁们作为研修共同体,开展教学实践与研究。

总之,学校在培养多语种教师的过程中,一方面通过不断创新的教研模式与不断丰富的校本培训,打造一支稳定且优质的多语教师团队;另一方面,学校从不故步自封,而是始终敞开大门欢迎来自各方的合作,积极主动地通过组织国内高端赛事与会议、跨省市带教指导、开发共享课程等方式,进行多层级、多形式的特色辐射推广,以海纳百川的胸怀,在持续推进学校特色发展的同时,实现最大范围的共享与共赢。

第三节　教师文化内生的自画像

教师的发展离不开学校文化的土壤。所谓内生性，就是靠自身发展，从内而外呈现的生命张力和发展活力。当学生的核心素养被赋予时代内涵的时候，教师的素养被提及与重视的程度似乎略显单薄。学校要培养学生的跨文化素养，首先要打造一支胜任中学阶段跨文化素养培育的教师团队，也就需要谱绘他们的职业形象。无论是外语教师，还是其他学科教师，在学校"跨文化素养"的特色建设过程中，都对自身的跨文化素养进行了思考，达成了一定的共识，即在"家文化"的身份认同之下具备"坚定的文化自信、深厚的人文素养、宽广的世界眼光以及优秀的互动能力"。

一、坚定的文化自信

习近平总书记指出："坚定中国特色社会主义道路自信、理论自信、制度自信，说到底要坚定文化自信，文化自信是更基本、更深沉、更持久的力量。"这样的力量体现在教师的具体行动中，就是坚持"以我为主"的立场原则，能够立足于中国国情，具有强烈的民族自豪感和自信心，做民族精神的传承者和弘扬者。

1. 全体教师的民族情

在学校丰富多彩的国际交流活动中，各国团组来校的文化体验课程都是学校老师自主开发设计的，有的并非老师们所教授的学科，而是出于个人的兴趣爱好。在外事办的"招募令"下，各路"英雄"纷纷出马，用民乐、扇画、书法、剪纸、泥塑、茶道、汉服体验等中华优秀传统文化体验课程迎接来自世界各地的朋友。

近几年,随着学校特色成果的不断丰富,我校教师通过网络及电视媒体进一步将国学等内容在更大范围内进行传播,充分展现出文化自信。在学校的微信平台上,《"甘泉"国学堂系列讲座》一经推出就受到了外国友人的关注。这背后是我校自2014年与秋霞圃书院联合成立"甘泉国学书院"以来,在国学课程开发方面取得的成果。随着"甘泉国学堂"的正式开讲,《国学堂讲稿》应运而生,其内容以儒家经典为主线,兼顾诸子百家之经典和中华民族历史上所有优秀的传统文化内容,凝聚了学校国学讲师团全体老师的心血与智慧,彰显了深厚的民族情怀。

2. 外语教师的中国心

外语教师在外语教学和对外交流中坚持"教好外国语,育好中国人",用自己掌握的外语作为通往这个语言所属国家文化的钥匙,讲好中国故事,传播好中国声音,阐释好中国特色,用教师自身的行动来为学生做好榜样。

漫话诗词

——在春天,和朱熹一起,春の景を観賞しましょう!

在2022年ICS中日新视界的一期《漫话诗词》节目里,上海市甘泉外国语中学的田由甲老师为我们介绍南宋诗人朱熹的作品《春日》。在节目里,田老师将朱熹毕生爱诗如命、广交贤友,若遇贤士,定会作诗相赠的故事通过"田老师小剧场"进行了呈现。田老师一人分饰两角,将明代《龙文鞭影》中记载的一则有关"朱熹赠诗"的轶事进行了演绎。田老师在带领大家领略这位"集大成而绪千百年绝传之学"的大儒作品《春日》时,将朱熹擅长寓理趣于形象之中的特点自然呈现。

(日语教研组)

在外语课程中,教师把中国优秀的传统文化教育与外语教育相融合,设计真实的话语情境和任务,让学生在学好外语的同时更多地了解中华优秀传统文化的精髓。这样的教育,使我们的学生在国际交流中能够自信地向其他国家的同龄人阐释中国特色,传播中华优秀传统文化,锻炼自己讲好中国故事的本领。

例如，在高中英语"The Global Drink"的教学中，教师一方面关注学生对文本逻辑的发现与理解，另一方面以林语堂的"On Tea And Friendship"作为拓展阅读，引发学生对"以茶会友"的文化思考，并以设计"中国茶"广告的任务来激励学生讲好中国故事。在开展课堂教学之后，宫佩芬老师写下了这样的教学记录："从教学设计上看，有这么几个亮点：首先，就是对整篇文章进行了整合，打破了原有文章的段落，进行了合并，按照茶的营养价值和在中国、英国、日本不同的茶文化两大部分进行整合，便于学生理解，效果不错。其次，在对输出任务的讨论过程中，学生对中国茶的广告设计很感兴趣。通过分组分工，有同学在画，有同学在写广告词，有同学在想宣传口号，自然而然地将文中所学的语言知识进行运用，并加以创作，中国风非常浓厚。另外，在学习林语堂的拓展短文时，我准备了具有中国风的配乐，大家齐声朗读短文，感觉将课堂推向了又一个高潮。"

二、深厚的人文素养

在不少人的眼中，文史哲学科的教师可能是人文素养的代表，因为这些学科与人文素养所涵盖的历史文化和精神气质的联系似乎更为密切。实际上，所有学科的教师在落实立德树人的根本任务时，自身都需要具备深厚的人文素养。

1. 校本特色的"开学第一课"

在每一轮的教师培训方案里，校本师训学分一定有"人文素养"板块。学校面向全体教师，将培养审美的眼光和情趣、倡导健康的生活方式、鼓励平等包容的人际相处等通过专题讲座等形式开展，计入教师的师训学分。

开学第一课
——"高雅艺术进校园"讲堂

开学之际，一场名为"高雅艺术进校园"的2013年"名人进校园"系列活动在校园里拉开帷幕。本次讲堂特邀上海市民族乐团团长、上海芭蕾舞团团长等多名艺术界"大腕级"名师亲临校园，开展艺术人文素养的公益普及活动，为2013学年拉开精彩的序幕。8月29日下午，上海民族乐团团长王甫建先生，首先为"甘泉"的全体教职工带来了一场名为"'天地人'中国民族乐的境界"的讲座。之后，上海芭蕾舞团团长辛丽丽为大家进行了"美的一刻——芭蕾舞赏析"讲座。在讲座结束之后，嘉宾与现场老师就如何提高自己的艺术修养等问题进行了热烈的互动，并为"甘泉"的《艺术教育》杂志题词。

（事业发展部）

"开学第一课"在校长办公室的精心安排下，连续举办至今未曾间断，每学期都有名师开讲。经过多轮的培训，教师的身上日益散发出平等与宽容、理想与激情、合作与关爱等人文气息，展现出跨文化素养的魅力。

开学第一课"大数据背景下教师人文素养的提升"
——上海市教师学研究会学术委员会主任王厥轩教授来校专题讲座

2022年2月16日，全校教师共同迎来了虎年新学期的开学第一课。讲座嘉宾王厥轩教授带来了一场题为"大数据背景下教师人文素养的提升"的培训，从教师人文素养的内涵、提升的意义和路径等多个维度阐释了他对如何在大数据时代进一步提升教师人文素养的深度思考。他特别强调："一个好老师的生命价值是在学生的身上得以延续的。教师要多读书，让自己的思考更加具有超前性；教师要解放自己的眼睛，看到孩子的灵魂。"这让老师们深刻地意识到，我们需要培养怎样的学生，我们就应该做怎样的人；我们希望孩子去读书，我们就应该做爱读书的人；我们要培养孩子的好奇心，我们对自己的工作就要有激情和内驱力。"甘泉"教师要通过人文素养的提升，努力使自己成为"师德的表率""育人的模范""教学的专家"，对教育"甘"之如饴，为育人"泉"力以赴。

（事业发展部）

2. 拔节生长的"修炼"之路

如果说学校特色发展的总设计师是党总支与校长室，那么建设者一定是每一位教师。万丈高楼平地起，特色的创建与发展离不开每一位教师的修炼。在学校20多年的特色建设过程中，开展过两轮"教师综合素质大赛"和多场"教师征文大赛",如建校 50 周年"我和甘泉的故事"征文大赛、建党 70 周年"我在党旗下成长"征文大赛等。"教师综合素质大赛"堪称"教师升级打卡通关考"。除了与学科相关的考题之外,不同学科的老师还会拿到一张富有学校特色的综合考卷,老师们需要结合自己的教育理想和教学理念,谈谈对学校特色发展的看法,伯仲之间各有精彩,浓缩成为全体教师参与学校特色发展的认同与共识。

修炼,我们在路上
——记《修炼》丛书分享会暨教育教学论坛

2019 年 2 月 22 日下午,上海市甘泉外国语中学《修炼》丛书分享会暨"修炼,我们在路上"主题论坛隆重举行。

论坛由一场微型读书分享会拉开帷幕,德育管理工作坊带来了老师们有关"礼爱"和"智慧"的交流现场,串联起一个个既打动人心又充满智慧的教育故事。透过《修炼》一书,教师们看到了心灵、智慧双重引路的教育至高境界,并借此提炼出教师修炼境界需要自制力、亲和力、信任力、共情力、组织力。

德语教师江晓梅表示,优秀前辈的经验告诉我们,在专业发展的路上能走多远,关键在于我们自身的学习和修炼。外塑学生,内省自身,共同发展,实现教育的真正价值。

日语教师穆旭明认为,通过具有国际视野的跨文化学习,不断提升自我,保持终身探究的精神,这既是我阅读交流后的收获,也是今后个人的奋斗目标。

外国学生部班主任陈梦希说道,作为外国学生的班主任,除了细致和专业,有爱的共情能力更是关键。相信每个学生都有自己的闪光点,他们都希望自己能被别人看到。

语文教师黄琳觉得,在阅读中感受到了特级教师的人格魅力与教育理想,这将鞭策我坚持以培育民族情怀为己任,修炼自我,将传承传统文化的使命自承于肩。

(课程教学部)

三、宽广的世界眼光

教师们要想在教学中培养学生的国际视野，首先自身要具备宽广的世界眼光，能够从更高处瞭望更大范围内学科领域的前沿发展，从更深处纵览古今中外的沿革轨迹，从更多元的角度对概念主题进行思辨的阐释。由此，老师们许下了"世界那么大，我想去看看"的愿望，这样的愿望在"甘泉"并不难实现。

1. 在"互通有无"中"为我所用"

自 2000 年以来，我校 130 多位老师在近 20 个国家参加各类教师培训项目，涵盖了语言、数学、体育、科技、艺术等各个教学领域，其中非外语学科的老师占一半以上。几乎所有外语老师都有出国培训的经历。

对于外语类教师的专业培训，如日本基金会教师研修项目、德语 DSD 项目教师进修、法语 DELF/DALF 考官培训等，在此不做赘述，值得一提的是在市、区级层面以及校际交流中的教师交流项目对于教师跨文化素养的提升与促进。在上海的国际友好城市教育交流框架下，我校与芬兰埃斯坡、德国汉堡、法国里昂、日本横滨、日本长崎等城市的中学校教师开展了线上线下的交流活动。此外，各类具有国家特色的教师交流项目也为不同学科的教师打开新视野。例如，我校体育教师丁亮通过全国校园足球优秀教师（教练员）测试，入选了"2017 年中国校园足球教师（教练员）赴法留学项目"，在法国波尔多展开了为期三个月的留学，先后在波尔多大学、阿基坦大区足协所在地进行理论和实践的学习，并顺利通过了每一阶段的考核。学成回校后，丁老师将所学所思运用在了足球专项课与足球队的训练中，促进了自身的专业发展。

在澳洲高中学校里，我连续两个星期跟踪了不同年级的数学课，发现了 VCE 课程有着鲜明的特色。在形式上，数学课都是小班化混龄编班；在教材内容上，与我们的教材体例也有很大的不同，有很多日常生活中的情境问题，关注学生自己的数学思维的表达；在教学工具上，图形计算器的使用非常普遍。最让我回味的是，老师布置的作业在评价中占据了很大的比例，过程性评价是常态。

这对于我们开展评价改革有一定的借鉴价值。

（澳洲 VCE 课程项目成员　冒建军）

"走出去"看世界的同时，我们还"请进来"不少国际项目，在互学互鉴中形成对教育教学更为全面和深刻的认识。例如，2018 年，我校作为上海 85 所学校之一，参与了教师"教与学国际调查"（TALIS）课堂教学视频研究项目（TVS）。这是 OECD 教师教学国际调查——2017—2018 年课堂视频研究的重点项目。学校成立了项目工作组，开展多次讨论交流，明确操作的程序和相关细节。初中数学教研组集思广益，开展集体备课，深入钻研教材，研究学情，反复磨课，最终持续一个月的项目研究以零误差顺利完成。参与其中的老师们在这样的高端项目中对数学学科教学与核心素养培育有了新的认识和理解，对日后的教学工作产生了积极的影响。

此外，学校在开展与海外姐妹校的校际互访项目中，专门设立"我在'甘泉'一日挂职"的环节。对方学校的领队老师选择自己所感兴趣的学科和年级，与我们的老师结对，进行教学观摩，参与教学研讨。在国家"一带一路"倡议下，来自泰国、缅甸、老挝等国的师生团组频频来访，除了学习对外汉语的教学，常常观摩数学、英语等课堂教学，彼此发现对方教育教学的相似与不同，在交流与讨论中互学互鉴。我们的老师在此过程中愈发感受到跨文化素养培育的重要性和必要性，进而在日常教学中更为坚定和自信地培养学生的跨文化素养。

澳洲老师"挂职"记

来自澳大利亚 Belmont 中学的 Federica 老师和 Bendigo 中学的 Bronwyn 老师在校期间，通过与我校领导班子和师生的交流，在短短三天里对"甘泉"有了深刻而丰富的印象。他们参观校园及各特色场馆，进入各个学科的课堂亲身观察课堂教学，参与英语学科的教研活动，并列席我校行政例会，体验了学校管理层真实的工作状态。

在本次挂职项目中，课堂教学观察是重点，澳方老师先后旁听了对外汉语、德语、英语、西班牙语、韩语、数学、信息技术等课程。在这样的"推门课"上，我校教师的专业能力以师生间的教学互动令人印象深刻。"甘泉"学子主动行礼、亲切问好的礼仪也得到澳洲教师很高的评价。挂职期间恰逢一位澳洲老师的生日，学校送上的生日蛋糕和祝福给本次挂职增添了一份温暖与感动。在普普通通的三天时间里，师生们用日常的言行对"跨文化素养"的特色培育做出了最为生动的诠释。

2. 在"可持续发展教育"里积极行动

学校作为联合国教科文组织中国可持续发展教育（ESD）项目示范校，围绕可持续发展教育，开展面向全体教师的通识性普及，同时争取相关领域的专业教师培训，点面结合，做好可持续发展教育，由此提升教师的跨文化素养。

2019年中国教职员访日项目个人小结（节选）

我作为团组内唯一一所联合国ESD项目学校代表，也是团组内以"国际理解"教育为特色的公办中学代表，在日本学习期间对SDGs目标有高度的敏感与浓厚的兴趣。继暑期有幸作为带队教师在瑞士联合国欧洲总部接受由联合国训练研究所（UNITAR）提供的完整系统的SGDs2030目标培训后，本次来到日本，得到了ACCU相关介绍与实地考察，对自己学校今后的可持续发展教育充满了期待。

我期待能在本校的SDGs教育方面，结合本校新一轮的五年规划，完成SGDs教育从2.0到3.0版本的迭代。SGDs教育以"语种为先，交流跟上"为实施路径，即在学校的英、日、德、法、西这五门第一外语的外语教学中实现SDGs的渗透，并通过与英国、日本、德国、法国等国家姐妹校学校的校际交流进行SDGs的主题研究，从覆盖面、收益面、影响面来看，仍有很大的发展空间。本次访日，我观察到气仙沼市的学校尽管在教育国际化程度上远远不及上海，但是这些学校都是ESD学校，在SDGs教育方面办得有声有色。我深受启发，有了在实现本校SDGs教育内涵化发展上的新思考，非常激动与兴奋。回到学校，我将组织专门的研讨，以期实现本校在SDGs教育方面开启新征程,实现新发展。

(2019年中国教职员访日项目成员　朱彤吉)

可持续发展的根本是人的发展问题,是知识与技能、观念与行动的统一。经过持续的研究和实践,目前学校开展可持续教育逐步做到了以下几个"紧密结合":将联合国提出的"可持续发展"理念与我国的"科学发展观"紧密结合;将可持续发展教育与"五育并举"紧密结合;将推进可持续发展教育的愿景与加强可持续发展教育的基础建设(如校本课程、教师培训、课题研究等)紧密结合。

目前学校以联合国《2030年可持续发展议程》的17个可持续发展目标为切入口,集结不同学科背景的教师开发项目化学习课程,并开展"指向跨文化素养培育的项目化学习实践研究"等市区级课题研究,打造具备国际视野、关注世界议题、自主设计并实施课程的创新型复合型教师队伍。

四、优秀的互动能力

联合国教科文组织资助出版的《文化互动胜任力:概念与操作框架》[1]指出,文化互动胜任力是指,在同语言和文化与自己不同的他者互动时,能够熟练地应对明显具有多种生活方式的复杂环境,有效和适宜地履行自己职责的综合能力。

1. 外事接待"试金石"

在学校外事办公室的统筹协调下,诸多国际交流成为教师提升跨文化素养的极佳实践场。从外宾们的反馈中可知,他们对"甘泉"教师印象较深的就是"礼貌""见多识广""好沟通"等,这些赞许之词的背后是老师们所具有的开放心态,能够关注世界发展的现状和动态,认同人类命运共同体的理念,积极参与多元文化的交流。

---

[1] UNESCO. Intercultural Competences: Conceptual and Operational Framework. France: Paris, 2013.

"一片甘心在外事"的外事接待教师志愿者小分队

在校园里,有一支由四十多名年轻教师组成的外事接待教师志愿者小分队,他们平时在各自的教学岗位上忙忙碌碌。当学校有各类外事接待工作时,他们便在外事办和教工团的召唤下迅速集结,一次又一次地圆满完成外事任务,成为学校外事工作中不可或缺的力量。

我校作为"汉语国际推广中小学基地"和"海外孔子课堂学校",经常承接以汉语学习为主的外事团组。例如,澳洲维州青年领导领袖项目是澳洲维州早期儿童教育部与上海市教委签署的项目,"甘泉"作为项目在上海段的对接学校,需要安排团组在校四周时间里每天四个课时的对外汉语课程。在课程准备阶段,面临对外汉语教师紧缺、分班授课困难的情况,老师们群策群力,在有限的师资条件下按照项目要求分班分类,以扎实的专业功底给澳洲师生带来了地道的汉语课程与文化体验课程,获得了澳洲师生的一致好评,同时受到了上海市对外文化交流协会与澳方的全面肯定。

在开展具体工作的同时,志愿者们还参与开发国际理解教育校本教材。在2018年上半年,多名教师共同策划、撰稿、编辑完成了《对外交流的价值:体验+海外研学分册》《外交流的价值:文化+对外汉语教育分册》的校本教材以及《纪念中日邦交正常化45周年暨我校日语教育开展45周年2017纪念年》的校刊特刊。

(校通讯员 朱彤吉)

在这样一支教师志愿者队伍里,还孕育出一批"双语优师",成为外事接待中的明星教师,为外国团组带来了丰富多彩的课程体验。例如,外国学生部数学教师尹金雪可以用韩语和日语进行"数学趣闻"课的教学,美术老师钱琦能用英语教授书法、版画等艺术体验课,科学老师沈芳能用流利的英语教授各种中国传统手工艺的DIY课程,等等。这样的老师还有很多,他们不仅具有学科专业教学功底,还能用外语从跨文化交流的角度设计贴合外国团组的体验课程,受到了外国师生的喜爱。

在外事接待工作中,除了教师志愿者,还有一群可爱的"甘泉"教工参与其中，以微笑的主动服务和外语日常问候，给外国团组留下深刻的印象。外宾尚未抵达学校门口，一身笔挺西装的"海队长"戴着白手套已经等候在道口，用规范的手势引导车队入校，堪称学校的第一道风景；在入住学校宿舍时，宿管阿姨们用一句外语的问候作为第一声欢迎，再次让外宾们倍感亲切。这样的场景已经成为教工们的工作日常，背后折射出的是全体教职工在学校多元文化下的长期浸润与熏陶。

2. 国际论坛"显姿态"

不同学科背景的老师在开展教学工作和对外交流活动时，文化互动能力对培养学生跨文化素养起到了积极的作用。首先，教师在自身专业知识之外，应当具备相关语言和文化的相应知识以及相关的跨文化通识性知识；其次，教师在面对不同文化背景的学生时，能够保持好奇、开放和包容的态度；再次，当与不同文化背景的人接触时，教师具备利用这些知识和态度的技能；最后，教师在开展跨文化沟通的过程中，有反思的意识，在反思中坚定文化自信。尤其当教师带领学生进行对外交流活动的时候，优秀的文化互动能力往往能让外事活动锦上添花。

中澳携手，畅谈"跨文化能力与全球公民"
——"2018中澳校长论坛"在我校举办

2018年9月12日至14日，由国家汉办、澳大利亚维多利亚州教育部、上海教育国际交流协会主办，普陀区教育局承办的"培养世界公民"澳洲维州学校领导力项目在普陀区十余所中小学展开。我校承接了来自澳洲维州两名校长开展"学校挂职"的子项目，并承办了作为项目成果展示的"2018中澳校长论坛"。

上海教育国际交流协会会长姜海山、市教委国际交流处副处长芦琍琍、普陀区教育局局长范以纲和副局长唐晓燕、上海教育国际交流协会秘书长李维平等领导，以及维多利亚州代表团成员和普陀区的中小学校长参加论坛。

论坛主要分为微演讲和微论坛两部分。在微演讲环节，维多利亚州教育与培训部高级政策顾问Ken Lee、Tulliallan小学校长Kathryn Sharpe、兴陇中学校长郑冲和武宁路小学校长孙纳新围绕"从维州和中国学校的课程设置和学校实践角度，学校在培养学生跨文化能力中起到怎样的作用？"，进行了主题演讲。他们根据各自学校的教学实践，分享了培养学生跨文化能力的必要性和具体路径。

在随后的微论坛环节，甘泉外国语中学校长许晓芳、培佳双语学校校长纪长有、管弄新村小学校长陆莉莉和两位澳洲校长围绕着"怎样培养跨文化能力"，进行了对话探讨。许晓芳校长听完澳洲校长的发言后，提出跨文化能力培养的几个渐进层次，指出"跨文化能力是多层次的，不只是认知方面的语言交流，还包括跨国交流的适应性和宽容开放的心态"。

论坛最后由普陀区教育局局长范以纲做总结发言，他表示："在个性化膨胀的现代社会，我们处于重建社会新秩序的时代。面对这个不确定的世界，我们要教会学生如何在这个不确定的世界里生存和发展自己，而跨文化能力也是教学改革中培育学生的核心能力之一。"他希望两国之间的教育交流能够持续下去，促进世界教育发展。

（事业发展部）

学校在特色发展进程中，先后建成了全国对外汉语学科高地和对外汉语教师专业实训基地，广泛开展外事接待、海外研学、中外师生结对等项目，在澳、美两国开设的两所孔子课堂有序推进。一群具有优秀文化互动能力的教师通过各类跨文化实践锻炼了讲好中国故事的能力，成为中华文化传播的使者、人类命运共同体的建设者，呼应了学校不仅要有"大师"，还要有"大使"这一教师队伍建设的愿景。

五、稳固的身份认同

在甘泉外国语中学，外国学生和外籍教师带来了多元文化的氛围，多语种教师和学生深化了多元文化的内涵，学校一以贯之的"和谐家文化"为全校师生提供了源源不断的精神滋养，不分肤色，无关年龄和性别，踏进学校大门，就是"甘泉"一家人。

1. 一个都不能少的"甘泉"大家庭

无论是运动会、樱花节,还是教师节庆典、元旦迎新晚会,在每一次学校的大型活动中,必然是中外师生及教职员工的大聚会,不同的语言和文化通过创意多样的节目集中呈现,共同谱写学校多元融合的和谐乐章。

甘泉外国语中学教工元旦迎新会历年主题

2002 年	携手共创新甘泉
2003 年	明天会更好
2004 年	创新,让学校充满活力
2005 年	我的甘泉我的家
2006 年	共筑温馨家园
2007 年	浓浓和谐味,深深甘泉情
2008 年	和谐与发展同行,幸福与美丽同在
2009 年	放眼未来,再登高峰
2010 年	甘泉,让你我更美好
2011 年	绽放的世界,舞动的甘泉
2012 年	甘泉地球村,和谐一家人
2013 年	特别的你,特别的家
2014 年	我的甘泉,我的梦
2015 年	甘泉,你我共同的家园
2016 年	"甘"胆相照,"泉"力以赴
2017 年	情聚甘泉,缘来一家
2018 年	甘泉笑颜,绽放美丽
2019 年	ZHU 联璧合铸特色,齐心协力启新程
2020 年	我和我的甘泉
2021 年	牛气甘泉,乐在有你
2022 年	甘泉有你,如虎添翼

"家"的主题在学校历年举办的元旦迎新会的主题上，诠释出每一位"甘泉"人都是大家庭中不可或缺的一员的要义，感恩每一位"甘泉"人为学校发展做出的贡献。

"甘"胆相照，"泉"力以赴
——甘泉外国语中学举办2016年元旦迎新活动

2015年12月25日，以"'甘'胆相照，'泉'力以赴"为主题的2016年元旦迎新活动在校举办，精彩不断，亮点纷呈。

亮点一：重磅打造——全新学校宣传片首映。

在学校舞龙队的精彩表演之后，全新学校宣传片终于揭开了神秘面纱。该片制作过程历时九个月，横跨两个学期，从创意设计到演出全程由学校师生担纲，主角演员由9名学生与9名教师组成，可谓"超强阵容"。宣传片以最新校歌为贯穿主线，通过9个小故事，见微知著地讲述了"甘泉"的特色发展之路。

亮点二：创意汇聚——各组室拜年视频联展。

本次元旦迎新活动中联展了学校11个组室的拜年视频。各年级组、外国学生部、外籍教师、艺体信息组以及全体二线职工群策群力，自编自导自演自制了精彩纷呈的拜年视频。新年伊始，学校将评选出最佳创意奖、最佳制作奖以及最佳上镜奖，在新一期的校刊上公布结果。

亮点三：情谊凝聚——校领导祝福轰动全场。

作为压轴节目，校领导与中层干部的现场拜年表演引起了全场轰动。为了响应国家"一带一路"的倡议，此次校领导拜年节目以"教育的'一带一路'合作共赢"为主题，展现了多语种、多文化的特点，5位校级领导与中层干部们分别带来了泰国舞蹈、日韩经典影视作品改编情景剧及英日德法西韩泰多语种的新年祝福。在一曲《大中国》中，学校行政干部集体亮相，为全体教职工送上了最真挚的新年问候。

"甘"胆相照，"泉"力以赴！所有"甘泉"人都将以昂扬的姿态迎来新的一年。在对过往的回顾中企盼未来，每一位"甘泉"人都满怀希望，充满干劲。祝福"甘泉"的明天越来越好！

对于学校大家庭的身份认同,不仅体现在各类活动中教职工们活跃的身影里,还融化在了大家为学校的特色发展出谋划策的思考力和行动力中。每学期末,教职工们都会带着一份"假期作业"回家,这份作业叫作"我为学校献一计——好点子征集"。大家利用假期时间来为学校的发展献上自己的思考与建议,学校从中评选出"金点子""银点子"和"好点子",纳入新学期的工作中予以落实。当看到自己的点子从一纸作业变成了现实,"主人翁"的感觉油然而生,更加激发起教职工们的爱校之情。

特别的爱给特别的你
——教职工用特别的方式为日语教育 50 周年献礼

2022 年是我校日语教育 50 周年。寒假里,老师们纷纷大展厨艺,用一道道点缀"50"元素的菜肴向 50 周年献礼,尽显各自的巧思和功力。在迎来日语教育 50 周年这一特别的新年里,老师们用这样一种特别的方式,共同庆祝这一具有纪念意义的年份,感慨我校日语教育历经 50 年的不易和成就,倾诉对"甘泉"无尽的热爱。

2. 读懂每一个"甘泉"人的需要

学校的日语教育特色不仅让学生们受益良多,不少教师也希望能够在平时利用教学之余学习一点日语,一来能够拉近与学生的距离,二来也能在学校频繁的外事活动中用日语进行日常问候和会话,更加符合学校跨文化素养培育的特色。

学校工会收集了老师们的诉求,通过教职工大会与教工日语学习班,满足了老师们的需要。于是,在学校的教职工大会上,经常能看到这样一个有意思的场景:两百多名教职工跟着台上的外语教师、外籍教师一起大声朗读着日常对话的常用句子,场面甚是新颖和壮观。台上和台下还不时进行着热情洋溢的互动。这个例行节目就是 15 分钟的全校教职工外语口语培训,从校长到保洁员工,每个人都全情投入。

在 2000 年底,学校教工团还邀请日语教研组制定了日语口语学习的校本培训计划，开发了具有"甘泉"特色的教职工日语口语口袋书，开设了教工日语学习班，报名上课的教工通过口试才能结业。此外，教师还可以选学一门其他外语口语，如英语、韩语、德语等，学校给予校本培训的相应学分。不少老师作为教工日语学习班的学员，在完成几期的学习之后，考出了日语 N3、N2 的证书。

我看到工会发了第一期教工日语学习班的通知，想着自己在教务工作中经常会碰到学生需要开具日语证明，如果自己能会一点日语会更好，就报名了。刚开始报名的老师很多，大家都想试试看。结果，第一次课上，张国强老师就给了我们一个下马威，原来这个学习班不是一次两次的培训，而是每周三次的固定学习，还要参加结业考试。不少老师因为工作时间的冲突就放弃了，不过还是有十多位老师坚持了下来。我们从零开始，张老师一点点教我们发音、书写、会话。学了整整一年之后，我抱着试试看的心态参加了 N3 考试，真就通过了。这让我非常开心。如果不在"甘泉"工作，我肯定不会有这样的学习机会。

（教务员　何燕）

像这样将学校的外语教学及文化资源从学生惠及教职工的做法，在学校工会策划的"欢乐月末"中得到了体现，日式插花、欧式烘焙、英式橄榄球、弗拉明戈舞蹈等各项文体活动满足了教职工对多元文化体验的需求，不出校门便能感受到世界各地的风土人情，在"甘泉"这个小小地球村里感受到安居乐业的幸福。

可见，学校所营造的"家文化"，其内涵是"和谐、尊重、信任、互助"。文化的核心是价值认同，学校通过文化引领，凝聚起教职工的归属感、向心力。"甘泉"特有的文化背后体现出跨文化素养所契合的文化包容与尊重，使教职工产生了意识的自觉和行为的自觉，爆发出跨文化教育的热情和活力。

习近平总书记强调："有高质量的教师，才会有高质量的教育。"基础教育肩负着时代重任，迫切需要在新的历史起点上全面推进高质量教师队伍建设。在新时代，学校特色发展的可持续性更加离不开全体教师的民族情怀与国际视野。跨文化素养在"甘泉"教师的身上将继续凸显：他们有着丰富的中华传统文化及国际通识知识,具备厚实的人文素养,懂得涉外礼仪,有较强的国际交往能力;他们普遍具有较高的外语水平,双语教师队伍不断扩大,相当比例的教师具有海外学习和进修的经历;他们的全球意识和文化互动教育能力不断提升,在教育过程中更加关注人类社会面临的共同问题,为实现面向未来的教育做出"甘泉"教师的行动解答,为国家培养好新时代的建设者和接班人。

第五章
美美与共：新时代文化育人的使命应答

21世纪以来，学校在创建特色普通高中的过程中，从对特色构建的宏观设计逐步深化为对育人本质的理性哲思：学生如何成长为兼具"民族情怀、国际视野"的时代新人，在人类命运共同体的构建中积极作为？由此，学校以跨文化教育为抓手，探讨跨文化素养的根本内涵、育人架构和能力模型，以多元化的实践路径推动校园文化的创新式和特色化发展。学校以文化人，以文育人，以跨文化的外显与内隐特征构建了"美美与共"的育人文化，凸显了作为文化载体的语言的多样性开发、上下一心的身份与价值的认同以及跨文化素养培育评价机制的创新，回应了学校从语言到文化再到育人的使命。从学校文化结构的冰山模型来看，"甘泉"的跨文化育人之美既有校园生态环境、保障机制和行为模式的显性结构之美，更有近七十年的历史积淀而成的学校办学思想、管理理念和特色文化的隐性结构之美。显性与隐性相互作用、相互平衡，隐性的学校精神浇灌着显性的多语之花，成就了跨文化素养视域下中学生行为方式、思维品质、文化品格培育的系统性研究实践，实现了"甘泉"育人方式的变革。

在谱绘"包容平等的对话者、知行合一的实践者、多元世界的服务者、中国故事的传播者"的"甘泉"毕业生跨文化素养画像的同时，学校提炼出"融合目标、整合内容、挖掘资源"的基本策略与"三步走"融合路径，形成认知通识、技能发展、行动参与、思维进阶与品格养成螺旋上升的，分层分类、贯通七年的课程体系。我们解构跨文化学习的物质、时空、组织、文化等场域要素，倡导"学校小天地、社会大视野、世界大格局"的学习图景，重构基于"真实情境、双向传递、融合建构"的文化交互综合场域，增进了学生在跨文化素养方面的体识与素养。

新时代下的文化育人使命如何实现"各美其美，美美与共"，让不同的生命个体在更为宽广的文化视域下呈现出各自生长的脉络和精彩的样态？首先需要厘清几个问题。第一，跨文化教育的本质是什么？归根结底，它是人文素养的教育。它的魅力在于引导人们向真、向善、向美。从人的发展之本质来看，外语及跨文化学习又与学习者的社会情感能力发展、思维模式构建、人格品质淬炼有着密不可分的关联。要提升学生自信与自尊，正确面对成长中的挫折；发展独立与创新意识，对世界有自己的观点；建立正确的价值观，能客观看待世界。第二，跨文化教育会走向何处？学习外语及跨文化的最终目的是推动以"人"为中心的发展，无论是语言能力还是跨文化素养，以及人格品质、社会情感能力、行为与价值取向的培养，都应让学习者以积极的姿态和必备的能力参与多元的社会生活，成为具备国际竞争力与全球治理能力的全球公民。三是跨文化教育在数智时代下将会被赋予哪些更为独特的价值？为此，教育者需要且行且思。本章将结合跨文化之美阐述我们对上述三个问题的理解。

第一节 每一滴甘泉都有奔赴大海的远大理想

作为一所具有典型意义的上海市特色普通高中，学校自觉将自身置于全球化、经济一体化的大背景下，紧跟上海国际化大都市建设的步伐，以世界的眼光和开放的精神，确立学校教育国际化的发展战略，把甘泉外国语中学办成了一所中外学子心仪的高质量的品牌学校。在这所学校里，大部分孩子都来自普通的工薪家庭，他们并非个个都是天赋异禀的"学霸""牛娃"，他们也许看上去很"普通"，但他们代表着上海千万个普通家庭对优质教育的真实诉求和强烈渴求，那便是"寻找到最适合自己的优质教育"。学校多样性的培养路径拓展了学生的发展空间，提升了学生的综合能力。跨文化教育实施以来，"甘泉"对学生的培养从"聚焦能力发展"走向"聚焦素养提升"，主要体现在以下几个层面：

1. 外语核心素养提升

在学校多种特色人才培育模式的协同作用下，"甘泉"学生展现出较一般学生更高的外语综合素养。我校每年都有 30 名左右的学生获得日语能力 N1 考试合格证书，70 名左右的学生获得 N2 考试合格证书。近年更有两名学生获得 N1 满分的好成绩。

截至 2022 年，我校有逾十名学生在全国乃至世界高中生日语演讲大赛中获奖，其中朱徐为、俞越同学蝉联两届冠军，并受邀赴日领奖；八名学生在全国外语技能大赛中获得冠亚军；2017 年，我校学生获得第三届全国多语种技能大赛日德双料冠军；近二十名学生获得全国高中生日语作文大赛一、二等奖；几十名学生获得过全国级别日语配音大赛的前三名。有德语班学生在 DSD Ⅱ 考试中取得口语满分、作文满分的佳绩；有德语班学生获得 2017 全国中学生德语辩论赛第四名；

有英语班学生获得 2016 "中任杯"上海市中学生英语情景剧大赛亚军、2017 "沪港杯"高中生英语辩论赛季军；几十名学生获得日语、英语中高级口译资格证书，其中有 22 人获得日语高级口译证书。

2. 整体学习能力提升

近年来，学校在本科率逐年稳步上升的同时，参与综评录取学生人数也逐年增加。此外，每年都有三十几名学生考取日、德、韩等国知名大学。有多名学生取得日本留考理科第一名，日本留考文科第一、二名的佳绩。94% 的外国学生被上海外国语大学、上海交通大学、复旦大学三所名校录取。

3. 创新实践素养提升

除了外语特长不断发展以外，"甘泉"学生还在各领域展露出色的创新实践能力。我校胡轶铭、侯东郡同学受邀参加 2014、2017 两届中法数学竞赛，并成为当年度上海市的唯一获奖学生。上海市"西马特杯"创意制作大赛、哈佛峰会 XWeek 项目、PASCH 中国校友大会视频比赛、南京校际模拟联合国大会等都留下了"甘泉"学子的身影，他们纷纷崭露头角。

学生团队获得上海市青少年人文社会科学创新论文大赛一等奖；学生获得"未来杯"上海市高中阶段社会实践大赛二等奖；学校 JA 经济学社团应邀参加 2016 年度 JA 产品上海发布会；学校辩论社团获得 2016 "东亚银行杯"上海市金融教育校园行辩论赛二等奖；学生受邀参加上海新闻综合频道《超级家长会》节目的录制；高中生合唱团获得上海市学生音乐节校歌展示活动高中组一等奖；各类学生在上海市、区阳光体育大联赛上斩获十余个奖项；等等。

4. 国际理解素养提升

"甘泉"学生参与外事接待率为 100%，海外综合学习课程参与率高达 30% 左右。2017 年，五名同学参加政府项目"心连心"中国高中生赴日学习团和 AFS 交换留学项目。2017 年 3 月至今，我校已经先后举办九场以"国际理解"为主题的"名人进校园"讲座课程，为学生提升交往合作能力和国际理解素养搭建了丰富多彩的舞台，帮助学生体验成长的幸福，锻炼跨文化交际的能力，大大提升了这些来自普通家庭的学生的自信心。

让每一个"甘泉"学子都有个性多元发展的机遇，让自信包容、合作进取、学会选择的精神品质在"甘泉"学子的身上打上文化烙印，最终登上更高的人生舞台，实现他们的人生梦想，是"甘泉"在学生培养之路上不变的初心。在学校国际理解教育课程教材《与世界平等对话》的扉页上，有一首由师生共同创作的小诗。开头这样写道："甘泉的理想，向着大海淙淙流淌；我们是甘泉，汇入海洋与波涛来往。"的确，每一滴甘泉的汇聚成就了大海的磅礴，每一滴再普通的甘泉都有着奔赴大海的远大理想。就像校领导杨云所说，对想做、爱做的事，敢试、敢为，努力从无到有，从小到大，把理想变为现实的过程是成功；任何一门学科的进步，任何一种志趣的培养，又或是任何一类个性的挖掘，任何一项特长的发展，无关乎"学霸"与"学渣"，只要你在其中品尝到了苦味与甜味交织的Mojito，就是成功。

在这一节里，既有对"甘泉"学子成长全貌的描述，也借以呈现一些"甘泉"毕业生较为完整的成长案例，希望能够通过点面结合的剖析，较为完整地展现"甘泉"学子特有的文化品质。

一、品格浸润，成就文化自信：与时代脉搏同频共振的哲学新青年

2021年考入复旦大学哲学系的"甘泉"学生施怡阳，在她的微博中这样写道："我认同的哲学不是空谈，不是心灵鸡汤，而在于生命实践；不在于我个人的，而在于这个民族千万百姓的生命实践。我真切地希望我的青葱岁月能够和民族同频共振、血肉相连，而不是漂泊十年，当个博学的异乡人。"

当我们采访施怡阳，问她成功的取得源于什么之时，她思考了片刻，旋即非常坚定地告诉我们："是甘泉的校园文化。"诚然，学校的优质文化能够润物无声地影响每一位学生，而每一位学生的个性塑造、成长发展也在潜移默化中反哺了学校文化的重塑。

1. 以哲学之思，启智慧人生

从初中开始，因为学习德语，施怡阳了解到德国古典哲学的巨擘，并逐渐与哲学结缘。受班主任的影响，她渐渐养成了写读书笔记的习惯，也因此邂逅了康德。"甘泉"一直注重人文素养的培养，老师们经常会花时间给学生讲士

人生平，这些都深深吸引着施怡阳。有时当老师讲完一节课，她的笔记刚好记到某页的最后一行，一种震撼的感觉会油然而生，像是短暂地走过了另一个人用力活过的一生。她所累积的文化素养在很大程度上归功于中学时期学校文化的熏陶。

施怡阳曾说："很多人问我怎么看待哲学，我觉得哲学并不是每天在生活中显现的学科，它存在于生活的裂缝中。每当我的生活出现裂缝的时候，哲学就会钻进来和我对话。哲学中终极关怀的力量，并不是在我读到它的当下体现的，而是在未来的某个时间点，在我自己有所体验的时候勃发的。在我生活中一些迷茫无措的节点，是哲学在教我怎样思考，告诉我世界的真相，同时也在慰藉我如何去迎战抑或释怀。哲学可以说是已经植根在我生命里的学科。"

当被国内外多所知名学府同时录取，在决定究竟是就读复旦大学还是去国外读大学时，施怡阳说自己在很长时间里就像布里丹之驴一样，想到这个两难抉择就非常痛苦。

最终，她和自己达成和解。她说，倘若住在象牙塔里，读再多的书对我来讲也没有意义。复旦大学的强基计划给我提供了辽阔的平台，现在的一切都是很好的安排。

2. 于笔尖起步，向顶尖迈步

学习成绩佳、综合素质强是大家对施怡阳一致的评价。当我们翻开她的简历，会不禁眼前一亮：全国仅两席的 DAAD 奖学金得主之一；德国海外教育司 DSD 二级考试（DSD Ⅱ）上海地区总分第一；撰写的《对基因编辑技术公正性的反思》获得十佳优秀论文；高中期间担任校学生会主席、班长，获评普陀区三好学生；成为第九届德语奥林匹克竞赛 B2 组别的全国冠军；参加中国少科院课题交流展示大会，课题获一等奖，获"小院士"称号；参加上海青少年健康教育活动，获得高中组辩论赛亚军……

施怡阳把这些令人惊叹的成就归功于坚定的学习意志和良好的学习习惯，而意志的树立和习惯的养成正是源于她从幼儿园中班便开始习练书法。"我还记得刚开始学习书法的时候，人还没桌子高，就在地上垫木板。大概到了小学二、三年级，才不用垫木板就能够到桌子了。"施怡阳分享道，"我觉得是书法给了我艺术乃至人生的启蒙。我的书法老师陪伴我从幼儿园到初三。在他那里，我不仅学写字，也学汉字起源，学造字的哲学和中国人传统的做人道理，同时养成了良好的学习习惯，更练就了不怕吃苦的品质。"施怡阳做每一件事都融入了投入、沉着、持久的精神，身边的每一个人都被她的优秀品质感染和影响着，在她的榜样引领和带动之下不断努力前进着。

3. 读万卷之书，行万里之路

高二那年，施怡阳参与学校组织的南京爱国之旅，并在侵华日军南京大屠杀遇难同胞纪念馆前组织召开了主题班会。她和同学们一起深情朗诵，悼念哀思在南京大屠杀中逝世的同胞。她勉励大家勿忘国耻，自强不息，众志成城，振兴中华。

在德国交换留学的经历拓宽了施怡阳的国际视野。在德国柏林，她参与墨卡托"犹太之忆"研学旅行，采访犹太幸存者 Mühlberger 女士，与德国同学们共同翻开历史沉重的一页，更使她学会用宽容的目光接纳这个世界。

此外，在读初中时，学校组织了多次师生"国学之旅"活动。施怡阳积极报名参加，和老师、同学们一起到过陕西、湖南、河南，领略了祖国的大好江山，大大激发了她对国学的兴趣。

在一次学习经验交流会上，施怡阳特别分享了自己在高一那年去美国哈佛大学交流访学的经历："高一深秋，我远赴波士顿，作为'预备生'，在哈佛大学进行了为期九天的浸润式交流。当时的我心心念念地想上一堂真正的大学哲学课。于是，我自行搜索了哲学系的课表，在教室门口果断拦下教授，请求让我旁听。在那堂仅有12人的研讨课上，我和哈佛学生们围坐在一起，探讨马基雅维利。课后走出哲学楼，日光洒下，我心如擂鼓，仿佛大梦初醒。那不只是我人生中的第一节哲学课，也是我像柏拉图所说的'野人'一般第一次走出洞穴。我也是在那个时候深深地迷上了哲学的。"

正如施怡阳所说的，是"甘泉"内外兼修、博采众长的校园文化成就了今日的她。像她一样放弃多所国外顶尖大学的录取机会，遵从自己内心的选择报考国内心仪大学和专业的例子，在"甘泉"每一年的高三毕业生中屡见不鲜。

立志成为"外交官"的德英双语"棒球小子"

江天惟，2020届高三毕业生，精通英语和德语。高三那年，他参加了全球德语等级证书（DSD Ⅱ）考试，以听、说、读、写四项满分的"大满贯"获得了C1级别（接近母语）证书。高考成绩公布后，他很快拿到了慕尼黑大学、亚琛工业大学、柏林工业大学等多所德国大学的录取通知书。但他最终选择了报考外交学院，同时还放弃了体育特长生的优惠政策。

他说："体育特长生可能是一条不错的出路，但是我却不想走这条捷径。棒球是我的体育爱好。在几年如一日的训练比赛中，我不仅获得了强健的体魄，还学到了可贵的团队精神，这已是体育运动所带给我的最好的礼物。"

说起自己的志向，他觉得，报考外交学院是遵从自己内心的选择。"甘泉"的"民族情怀、国际视野"的办学理念，伴随了他七年的青春岁月。他希望自己能够在外交学院学有所成，今后能代表国家在更大的世界舞台上展现国家形象。

（德语教师　张敏）

在他们选择的背后，不是一时冲动的意气用事，而是深思熟虑后的自我选择。在"甘泉"的七年，他们在课堂上每时每刻都与古今中外的文化进行接触，接受了无处不在的跨文化教育，对身处的祖国有深厚的情怀，对外面的世界并不陌生，能够心平气和地找到自己的合理定位，能够以足够的文化自信来为自己未来走向国际舞台做好坚实的准备。

二、中西交融，眼界决定选择："甘泉姐妹花"的求学之路

在"甘泉"的众多毕业生中，有这样一对姐妹：高中毕业后，她们中一位去往一衣带水的邻邦日本求学，另一位则远赴大洋彼岸的美国深造。在她们身上，我们能体会到同龄孩子少有的眼界和格局。无论是在"甘泉"就读的日子，还是在海外求学的时光，她们始终努力拼搏，勇于进取，奋力书写着生命的非凡。她们在成长道路上，一直面临着发展道路的选择。

1. 结缘"甘泉":适合的才是最好的

姐姐叫程星匀,妹妹叫倪晨匀,她们都出生在日本。父母为了让孩子接受中国的教育,在姐姐小学三年级之时,便毅然决然地带着孩子们回到上海。是选择时髦高端的国际学校,还是竞争激烈的民办学校,又或是家门口的公办学校?一个偶然的机会,两姐妹的父亲在网上看到刘国华校长对学校"民族情怀、国际视野"的办学理念和"跨文化素养培育"的办学特色的介绍,深深地被其吸引,觉得非常契合自己的教育理念。不久,姐妹俩很顺利地进入了"甘泉"的日英双语实验班。爸爸说道:"两姐妹拼音都没有学过,从一开始的语文学习跟不上,到后来通过努力逐步跟上同学的脚步,再到稳步提升,每每想来,的确不易。但我们坚信,选择这条道路是正确的。"

2. 起步"甘泉":中西通衢的自主发展

也许是生长于异国他乡的缘故,姐妹俩对于外国语言和异国文化情有独钟。在"甘泉"的学习生活赋予她们对语言独特的理解:语言与其说是一门技能,不如说是人与人之间交流的桥梁。维系人与人的关系、传递人与人思想的,不是多美丽的辞藻,而是语言背后所蕴藏的思想文化。

"甘泉"的课余时间也是比较宽松的。姐姐程星匀便利用课余时间,学起了莫尔斯密码,并参加了青少年无线电通信锦标赛。她更加深刻地意识到:语言和文化的顺畅交流与正确传递对于社会发展、人类进步起着举足轻重的作用。这不但点燃了她学习外语的热情,更坚定了她放眼世界,更多地参与和学习异文化交流的决心。妹妹倪晨匀则喜爱参加各类志愿者活动、外事交流活动,忙得不亦乐乎。

高一那年,程星匀赴美参加了一个为期一年的"沉浸式"跨文化交流项目。她和一对美国夫妇同住,白天去当地的一所高中学习。除了平时的学习任务之外,在校期间,她还参加了许多文化交流以及越野跑比赛等活动。在美国学习生活期间,她不仅在英语水平上得到了质的提升,而且结交了许多朋友,培养了跨文化交流的能力。

按照惯例,程星匀结束交流项目回国后需要重修高一年级的课程。没想到她竟然利用在美国的时间同步修习了国内的高一所有课程,并向学校提出了正常升入高二的设想,这在"甘泉"是没有"先例"的。但学校经过讨论,一致认为应该给她"试一试"的机会,于是组织了书面考核。果然,她以不错的成绩通过考核,顺利地和原班同学一起升入高二年级。这不仅缩短了她的学程,更让她信心满满地开启了下一段人生冲刺。此外,她还积极报名参加了中美哈佛学生领袖峰会,与来自哈佛大学的学生志愿者以及来自全国各地的优秀学生学习交流、分享探讨。通过各种类型的交流互访,程星匀能够更自如地与他人交换观点,并且能够接受不同的声音和想法,看待问题也变得更多元、更理性、更客观了。在国际大舞台上的种种历练,使她的个人综合素养得到了全面的提升。

3. 圆梦"甘泉":瞄准志趣的理性抉择

姐妹俩对于大学的选择显得有些"不按常理出牌"。就在大家都以为姐姐程星匀会因为赴美交流经历而继续选择美国作为大学目的地时,她却以日本留学考试和托福成绩双高分,被包括录取率仅为百分之五的早稻田大学在内的多个日本知名高校的多个学部录取。最终,她选择了早稻田大学政治经济学部。

妹妹倪晨匀一直在日语班学习,却在"甘泉"多元文化的熏陶下,渐渐地对外部世界产生了更大的好奇,她开始对大洋彼岸的美国产生了浓厚的兴趣。在和父母沟通并得到支持后,她决定勇敢一搏,放弃国内十拿九稳的名校升学之路,走出国门,远赴美国,放眼去看外面的世界。

4. 主动参与:创造专属的人生标签

进入大学后,姐妹俩分处东西方,但都积极活跃在各自的人生舞台上。姐姐程星匀在早稻田大学的研讨会中担任组长,带领组员完成了多项研究课题,并在早稻田、庆应、上智三所大学的共同研究会上作为代表进行了大会发表,和他校日本大学生就环境问题进行了深度的学术交流。

妹妹倪晨匀来到美国后,面对诸多新鲜事物,始终保持着一份淡定和从容。在"甘泉"曾多次参与各类志愿者活动、国际交流活动的她,很快便适应了美国的学习和生活。她参与了面向女性开设的诗歌鉴赏,以理解和尊重女性为主题进行研讨交流,并挥笔抒发情感。她通过努力,成功地应聘到了日语助教这一职务,在辅助老师的同时又帮助同学巩固日语知识。投入这样的社会实践,也让她成就感满满。通过努力,她最终以优异的成绩考入加州大学戴维斯分校统计学专业，在放眼看世界的征程上又向前迈了一大步。

进入大学后，在这所坐落于远离尘世喧嚣的象牙塔里，倪晨匀接触到了更多元的文化。但凡校园内举办的各类文化交流活动中，都少不了她的身影，从野餐日到星球大战日，再到地球节，这些都让她切切实实地感受到了最真实、最质朴的异国文化。同时，她也积极组织筹办中国文化节，指导外国朋友包饺子、做汤圆，以一名使者的身份，将中国博大精深的饮食文化传递到了西方。

姐妹俩的东西方求学之路，折射出的是智慧选择的过程。从家庭的最初决定，到姐妹俩丰富多元的发展选择，我们看到了她们坚守理想、自主发展、勇于尝试的特质。

三、语言助力，平台成就个性："非全能"学生的逆袭

"甘泉"每年有不少学生选择赴日留学，他们凭借着自身的语言优势，可广泛选择专业。然而，到日本学习法律的学生并不多，国外法律的专业性、适用性在一定程度上增加了选择的难度。2014届毕业生谢佳忆在学校推荐下赴日攻读法律，经过四年的努力，年年获得"优秀学生奖学金"，最终以GPA3.7（满分4）接近全S的优异成绩提前拿到了保送研究生继续深造的资格。

1. 找到自己那道希望的光

法律和艺术看似没有任何关系，法律学科培养人的理性思维，而艺术造就人的感性认识。谢佳忆并不是"别人家的孩子"，尤其是理科学习一度困扰着她，以至于自信心不足。然而，老师们发现谢佳忆热爱艺术，闲暇之余喜欢弹琴、作曲、绘画，极富艺术天赋，于是鼓励她积极参与校内外各项艺术活动和比赛。

每年樱花节各专场——日语歌舞大赛、日语短剧表演、配音大赛、樱花节形象大使评比等，都能见到她积极踊跃的身影。她以原创歌曲《六月的风》于初三毕业典礼上崭露头角；以原创钢琴曲 *Glance* 在樱花节形象大使评选中荣获"才艺大使"称号。她还参加了学校"偶像社"，将当下流行的日语歌舞展示给大家……她变得越来越自信、阳光。

在"甘泉"，每一个人都能成为那颗闪亮的星。从一名艺术生转型为法律生，

如何捕捉到理性与感性的交融点？学校进路指导中心给出了精准分析和定位。当谢佳忆发现自己在推理、辩论和演讲方面同样存在一定的优势时，她重新规划未来的发展路径，充分做好留考和推荐校的各项准备，最后顺利圆梦。

进入大学后，她连续夺得两届大学生日语演讲比赛桂冠。她坦言是母校提供了让她充分展现自我个性的舞台，重燃斗志和信心，让她走出国门时能自信、平等地与人交流、竞争。"甘泉"学子"有教养、有个性、有竞争力、有国际视野"的形象已经深深留在其所就读大学很多老师心中。

2. 永远做一个有准备的人

谢佳忆从小喜欢日语，进入初中就选择就读日英双外语。会两门外语，再加上母语的学习，她总是很自豪地说自己会"三国语言"。当然，她还能说一口流利的上海话。然而，让她的语言天赋发挥得淋漓尽致的契机，还要从高一时赴姐妹学校日本城西高中参加交换留学活动说起。

第一次有幸出国学习交流，日本人的礼貌、日本文化的深蕴，加之住家父母的热情款待，让她对这个陌生的国家产生了好感，更让她体会到了异文化交流的乐趣。于是，回国后，她心中有了一个念头——"我要把日语往死里学"。这不只是说说而已，在老师的指导下，她制定了详细的学习计划：每周记忆整个单元的日语单词、每天看日剧并模仿发音、参加校内口译班……就这样，按照既定的目标，她在高一时顺利通过了日语能力一级考。参加日语口译班后，她得到了学校日语"海归"老师进一步的个性化指导，高二时取得了日语中级口译资格，高三毕业前取得了日语高级口译资格。

出国留学时，她的日语水平着实令大学校长惊讶。她成为学校第一个免修日语课程的留学生，并以"预科生"的身份直接插班学习，与学长学姐们同时学习法律课程。这份机遇并不是赠予留学生的恩惠，而是"甘泉"七年的日语教育培养和她自身努力学习的积淀。

3. 自律就是最美的自画像

对于留学定位，谢佳忆觉得不仅需要提升语言能力，更要努力成为中国文化的传播者和中国形象的维护者。

留学初期，她发现确实有一部分留学生不认真学习，重修和劝退的情况也比比皆是。那么，自己该树立怎样的中国留学生形象呢？从大一起，她坚持每天比同学早到学校，课后常常待到图书馆关门才回家。她说自己不聪明，但是努力一定会有回报，留学之路是自己选择的，哪怕爬着也要走完。

艰深难懂的法律条文，理解不了，她就先翻成中文，再梳理思维导图，硬是翻完了整册法律课本。日复一日，她的努力终究没有白费。教授告知她："大一的期末总评，你是年级第一，你是法律系第一个年级第一的留学生！"她第一时间将喜讯与父母、母校的老师们分享。

法律是一门专业性极强的学术，它需要有比别人更强的耐挫力和定力。事实证明，一个热爱生活、热爱艺术的感性人，其实蕴藏着比常人更能冷静思考的理性思维。她一直憧憬着未来能够成为一名活跃在中日两国法律界的人士，为两国友好发展尽到自己的一分力量。

"甘泉"七年浸润式的外语学习、丰富多彩的体验活动，不断提升着她的语言交流能力和跨文化素养。她虽然不是"全能学生"，但也能赢得登上留学航船的那张宝贵船票。

总而言之，学校开展跨文化教育二十多年来，虽然过程艰辛不易，但结果是令我们欣喜的。借助各类平台，我们培养了一大批具有国际视野、通晓国际规则、能够参与国际事务和国际竞争的国际化人才的储备力量。我们也深刻意识到，"甘泉"学生作为学校文化建设的主体投射，需要有更为清晰的画像描绘。"甘泉"的毕业生，无论未来身处世界何处，从事何种职业，使用何种语言，都能看到"甘泉"文化在他们身上留下的印记：自信包容、合作进取、学会选择的精神品质。学校教育的目标是育人，而人才的培育又助推了学校的发展，两者既互为因果又彼此赋能。教育点化了学生，学生芬芳了校园，学校和学生的协同共进可以说是对教育立德树人这一初心最真实的写照和最有力的坚守。"甘泉"正努力践行着培育英才、弘道养正的使命，让学校和学生彼此温暖，相互成就。

第二节　坚守特色发展的文化基因

西方著名教育家查尔斯·赫梅尔认为，教育的基本方向来源于文化。他早在1975年就预测，国际性和地区性组织在未来的教育发展中将起日益重要的作用，教育领域中的国际合作更有必要了。① 文化，乃至学校文化，极大地影响到学校教育的高质量发展，学校文化重塑与精神锤炼更需要植根于学校实践。

这些年里，学校的跨文化教育向纵深发展，师生受益丰实。很多人问："甘泉"究竟靠什么让"跨文化教育"在一所工人新村里生根开花？其实，特色办学的道路上除了收获成功与成长之外，无助与困惑、失败与挫折也常常席卷而来。特别是学校特色刚刚起步的时候，由于学校品牌影响力不够、缺乏系统与专业指导、校区地理位置不佳、周边交通不便、硬件和环境条件跟不上等很多原因，总感觉发展中缺乏底气，摸不准方向。实践证明，作为一所普通完中，"甘泉"只有扎实地立足于普通高中教育的新起点，坚定地着眼于学校文化的深层结构治理和学生个性塑造，持续地开展"文化育人、和谐发展"的文化基因的传承，构建学校特有的教育哲学，坚持开放协同的视野格局，才会真正突破学校特色发展中"卡脖子"的关键问题，最终在困境与挑战中闯出属于自己的一条特色之路。

为此，我们提出了"守正创新、和谐共融"的学校精神。守正创新，即坚持社会主义办学方向，尊重教育教学基本规律；坚持开放视野与态度，不断创新学校发展路径；继承和发展学校优势，在继承中发展，在发展中提高。和谐共融，

---

① 查尔斯·赫梅尔.今日的教育为了明日的世界[M].王静，赵穗生，译.北京：中国对外翻译出版公司，1983.

即坚持在和谐的氛围中促进共融，提倡和谐的校园人际关系；坚持多元文化共生发展，倡导文化平等与包容；引导学生多样化发展，倡导中外学生互助成长。学校努力实现传承中的文化变革、发展中的文化重构以及创新中的文化蝶变。

学校文化是一个复杂的系统，其中"使命、愿景、价值观"作为上位层面，如同映照千川的"明月"，富有灵魂与生命力。作为学校发展的"软实力"，学校文化借助校训、校歌以及校风、教风、学风的语言等进行系统表达，通过校徽、校服、网站、绿化、建筑物、课桌等物质载体转译，是教师、学生、教工等全体成员的精神共鸣。

一、物质文化层面：让文化"看得见，摸得着"

物质文化是学校文化的表象层，主要指学校的校舍和环境，是可改造的育人环境系统。上海俚语里有"螺蛳壳里做道场"这句话，意思是在相对狭窄简陋处完成复杂的场面和事情。学校的占地面积约40亩，校舍都是在20世纪50—60年代按照传统标准完成建设的。随着特色建设的不断深化，我们先后完成了共青路大道、新屋顶花园、教师之家、"一馆五中心"以及"心理+"创新实验室等文化景观与课程空间的整体改造，使其成为学校多元文化的交流平台、劳动教育的实践场域、美育的课程载体以及健康生活理念与方式的传播窗口。

走近校门，楼门右侧镶嵌着一幅"礼"字大铜匾，"人无礼不立，事无礼不成"，一个"礼"字表达了中华民族安身立命的根基和传统文化的核心——"为人做事"的真谛。左侧是学校"培养有教养、有个性、有竞争力、有国际视野的现代人"的办学宗旨。传统与现代互相关照、互相交融，通过学问孕育着21世纪"甘泉"人的情怀和志向。

学校开发建设了"一馆五中心"特色场馆类课程，包括："读懂中国"文化体验馆的中华传统文化课程、对外汉语课程、国际交流体验课程；"我的甘泉"课程体验学习中心的国际理解类拓展课程；高级翻译基础实训中心的多语种口译课程；上海市多语种考试评价中心的多语种听说拓展课程；学生进路指导中心的学生生涯规划课程；创智学习中心的科技创新实验课程。学校为学生提供了多样化的学习平台，旨在培育学生的自我探究意识和自主创新素养。以特色场馆体验课程为载体的"跨文化交流人才培养基地建设"项目成为上海市中小学"创新实验室"项目，其案例被收入上海市中小学（幼儿园）课程改革委员会所编的《高中创新实验室案例撷英》一书。于2017年投入使用的"创智学习中心"其体现人与自然和谐共生的理念，富有创意与韵味的设计，符合学生发展特点和需求的建设，获得了2017年亚太室内设计金奖、2018年第十三届"金外滩奖"等国内外五项大奖。

获得五项设计大奖的"森林中的盒子"

甘泉外国语中学的"创智学习中心"位于学校教学主大楼的屋顶，是一个平改坡后闲置空间的再改造项目。这一空间的改造是设计师们对学校空间改造设计的一种创新尝试。

为了能让空间的创智功能得以最大限度发挥，设计以主要使用者（即学生）的关注点为导向，通过"隐性教育"的设计理念（即儿童心理学、行为学、认识学等科学领域）来指导设计要素定位，从而打造最为合适的创智环境。

但这样一个平改坡的屋顶闲置空间，存在梁柱密集、管线交错、光线昏暗、屋顶留置水箱等问题。要将它改造成一个全新的适合学生使用的创智学习体验空间，处理密集的立柱似乎成了设计上最大的难题。如巧妙运用，是否可以将其转弊为利呢？于是，设计师们逆向思考，便诞生了本案的创意主题"森林中的盒子"。

密布的立柱如同森林中的树木，设计者将其巧妙地与房间、家具及公共空间相结合，以创造丰富有趣的绿色学习空间。这一设计同时体现了人与自然和谐共处的理念。

关于立柱：我们试图探索立柱与家具之间更为自然的结合形式。穿过桌子的立柱使家具变成了带轴线的有趣的旋转家具，柱子之间相互连接又形成了惬意自然的吊床等。

关于空间：每一个盒子都用一种不同的鲜活颜色来标识，将学生们带入一个个不同的创意灵感空间。空间里又采用不同几何元素的功能装置及家具，从而形成色彩与形态多重组合的多维环境，以激发学生们的创意与探索热情。

关于历史：我们还设计了自然简约的入口形象墙，将大家慢慢带入这片即将充满惊喜的"创意森林"。展厅里则叙述着"森林"曾经发生的一切，即空间的整体设计和改造历程。同时，为了让学生更好地了解这里的原始面貌，我们在空间的后半部区域中进行了保留性设计，使原有建筑的历史风貌得以留存，从而让空间的"前世"与"今生"在此对话。

（设计师　吴佳青）

除此之外，还有令人流连忘返的"樱和轩"日式茶室、"汉园"屋顶花园、日本五井平和财团捐赠的"全世界人民热爱和平"和平柱……师生们为"甘泉"校园命名了多个"网红打卡地"，并经常在他们的聊天群、朋友圈、微博、B站账户上为这些精致、有创意的校园特色场馆和经典文化站点骄傲地宣传、点赞。

此外，我们还不断升级学校形象标识。具体而言，统一学校形象标识，规范校徽、校旗、校歌的使用，规范道路、景观的命名及多语标识，优化学生校服文化。除了传统VI系统之外，新媒体时代，我们还拥有了专属的"樱花宝宝"微信表情包等各类IP形象设计产品。同时，我们进一步优化校园生态环境。具体而言，以净化、绿化、美化为核心，维护好四季树木、设计好绿化景点，建立符合"甘泉"办学特色、师生发展需要的全学习生态系统。目前学校已将代表世界各国的树木、花卉栽植于校园各处，如何进一步发挥其文化功能值得进一步探索。

二、规范文化层面：让文化"仪式化、结构化"

规范文化属学校文化的制度层面，学校文化建设本身就是兼有具身性和仪式感的综合活动。学校的各类校园文化活动特别讲究仪式感。我们始终坚持借助学校重要的庆典（如校庆）、大型活动的开闭幕式（如运动会、樱花节）、关键性的学生典礼（如开学典礼、毕业典礼）等，深入开展跨文化背景下的主题活动。在此基础上，学校不断创新仪式典礼的形式、程序与内容，强化全校师生的参与感、获得感，通过仪式典礼将学校文化内化为全校师生的共同价值追求，外显为全校师生的实际行动。

"奋斗"的"甘泉"定义

当整个中国都在为实现中华民族伟大复兴而奋斗着,"甘泉"能做些什么?那就是帮助师生开启梦想人生的 GPS,努力让拼尽全力的学生享受成长的快乐和成功的体验,努力让坚持奋斗的老师感受到认可与价值。"甘泉"学子应该做些什么?那就是将"甘泉"数十年来难中求进、包容开放、大气谦和、和谐共融的底蕴代代传承下去;为梦想植入热爱与执着的 DNA,敢想、敢做、敢拼,活成自己想要的样子!

(党总支书记　濮虹)

学生们在"甘泉"的七年学习生活,是他们最为宝贵的青春岁月。陪伴他们的有 14 岁生日礼、18 岁成人礼、开学礼和毕业礼,以及针对全校师生的升旗礼、主题团队日、教师节和元旦迎新等仪式典礼。濮虹书记曾在高三年级毕业典礼上,表达了对"甘泉"学子的殷殷期盼:"民族情怀、国际视野"的长期熏陶和滋润、多样化的文化体验和高选择性的外语教学,培养了彬彬有礼、快乐和善、视野开阔、多才多艺的你们。在回归优秀传统文化和不忘初心的新时期,在科技发展和道德完善互相赛跑的新阶段,期待你们在母校深厚的文化底蕴的熏陶下,带着特有的"甘泉"文化基因走向未来,做"四有"新人,求真向善,懂得感恩,勇于担当!

甘泉的"名人进校园"活动中,按照国际素养提升类、人文素养提升类、专业素养提升类三个类别,开展世界名人进校园、外国大使进校园、语言大师进校园、国学大师进校园、高端学者进校园、明星校友回校园等十余项系列子活动,开展语言类、文化类、学科类等专题讲座和交流,全面提升师生综合素养和跨文化素养。我们还结合学校发展的多语种特色和学生发展的个性化需求,推进"高雅艺术进校园"活动。具体而言,建设合作基地,邀请歌剧院、舞剧院、交响乐团来校进行主题讲座、专业指导和现场表演;聘请校外艺术导师就学校艺术特色项目与社团活动等开展艺术培训。此外,我们不断深化"慈善进校园"活动,优化"与慈善同行"课程的实施方式,从不同的视角让学生了解慈善的价值。具体而言，组织慈善人士进校园进行宣讲，为学生创造与慈善人士面对面交流的机会，扩展校内慈善行动的种类和形式，在学校内部形成慈善活动品牌。

三、精神文化层面：让文化"有根基、有投射"

精神文化属于学校文化的观念层，指学校的办学思想和价值观。"甘泉"始终以对历史积淀与特色发展的坚守作为学校文化的重要根基。这是一种"道路自信"的文化意识与行动表征。"甘泉"的特色是在达到一般学校共性要求的基础上，竭力创造富有个性特征的办学风貌。其独特性表现为：以独特的办学思想为灵魂（如办学目标和特色发展定位），以独特的办学内容为基础（如课程、师资队伍、学校文化），以独特的策略为抓手（从日语到多语，从外语到多元文化，从多元文化到文化互动教育），以学生的素质特征为归宿（有教养、有个性、有竞争力、有国际视野的现代人）。因为这样执着地坚守、不断地超越，"甘泉"的特色才得以不断焕发勃勃生机，进而促进学校整体的可持续发展。

1. 坚守底色：认准的道路，摸黑也要走下去

21世纪以来，学校积极探索普通高中特色办学的道路，历经了从"特色项目（课程）"到"学校特色"，再从"学校特色"发展为"特色学校"的完整历程。回顾学校的特色发展之路，总体可分为：

（1）特色孕育期（2000—2002年）：特色元素的量变

世纪之交的甘泉中学，唯一有点特色的地方就是开设了日语教学。但学校的生存环境发生了相当大的变化，社会和家庭对优质教育日益高涨的需求与学校的教育现状之间产生了距离，学校的日语教育显得不温不火，明显难以适应社会对学校的需求。学校在确立办学目标和定位的过程中发现，不能为特色而特色，特色创建的目的是促进教育的内涵发展，真正促进每一个学生的生命成长。因此，在调查、讨论、研究的基础上，学校确立了具有广泛共识的特色办学目标和定位，形成了"日语见长、多语发展"的特色提炼。

（2）变革发展期（2002—2011年）：特色因子的裂变

在变革发展期的"甘泉"，从学科建设基础上发展起来的办学特色已有了

完善的架构、深刻的诠释和全方位的实践。学校在这一过程中明确了"从日语教育走向多语教育,从外语教育走向多元文化教育,从本土化教育走向全球化教育"的发展战略,通过大胆实践,逐步形成了"日语见长、多语发展,民族情怀、国际视野"的鲜明办学特色。学校的特色品质更为凝练与优化,跨文化素养的培育指向也更为清晰与具体。学校也在这一阶段实现了从"特色项目"走向"学校特色"。

(3)内涵成熟期(2011年至今):特色内涵的质变

随着特色领域的扩大,学校又从校情实际出发,根据本校学生的不同层次与发展方向的差异,开展了多层次、分类型的特色发展系统规划与设计。从原来单一、独立的特色项目与课程,发展到惠及全体学生、为各层各类不同学生提供发展空间的培育机制,学校完成了从"学校特色"发展为"特色学校"的过程。

就像刘国华校长经常说的:"不做机械的事,要做出灵气来;不做人云亦云的事,要做出个性来;不做不动脑筋的事,要做出思想来;不做应付检查的事,要做出实效来。"秉持着这样的思想,我们坚信:错位发展是我们的立身之本,坚定道路自信,才能越走越明。

2020年寒假,几支寒假研学队伍出发在即,突如其来的疫情打乱了学校外事工作的步伐。然而,我们与世界牵手的决心没有改变。随着疫情的逐渐好转,学校用各种方式,探索与世界的连接。即使困难再多,也从未放弃过"全球化"的初心,想尽办法,排除万难,拒绝"躺平",利用网络与信息技术手段,努力为学生创设尽可能多的交流机会,让他们能真实地感知、体验这个瞬息万变又包罗万象的多元世界。

在2021年3月上海市教委国际交流处举办的"上海—艾斯波"友城姐妹校线上校长交流会上,杨云副校长这样发言:"While the COVID-19 pandemic has turned us inward in the short term, the reality remains that the world today is a much smaller place, and we humans are more connected than ever before… Although there are something in the way, we firmly believe that we are all on the way." 这正表达了我们要在困境中坚守对外交流的本质,那就是:与文化相融,与世界相连。短短两年间,我们的国际交流不断深入,分别获得了法国政府颁发的"法语教育认

证"资格;与日本知名高校顺天堂大学确立合作关系,扩大了海外升学通道;与德国汉堡友城的姐妹友好学校共同完成课题研究;组织学生参加澳大利亚维州青年领袖营(VYLC)全球青年论坛;成为上海市教委"国际合作伙伴"项目一员;与上海日本人学校开展深度合作,开展"在地全球化"的实践探索;等等。在2022年3月在中国驻大阪薛剑总领事及中日两国友好人士的见证下,学校与日本大阪常翔初级、高级中学在云端缔结为友好姐妹校。

相比刚起步时,如今的学校在办学规模、教学成果、社会影响等方面都发生了翻天覆地的变化,唯一不变的是"甘泉"人坚持走特色发展之路的战略选择和坚持创新求变的战略追求,并最终凝聚为"甘泉"人的特殊基因,构筑成"甘泉"人的特色文化,彰显出"甘泉"人的特有本色。

2. 坚持变革:"拥抱美丽、追求卓越"的信念追求

"拥抱美丽、追求卓越"的信念追求,一是要笃信"甘泉"的特色之路终将成就学生、老师和学校。以前,学校的绝大多数老师都认为,学校的对外交流只是与外语老师关系较大,与他们没什么关系。怎样让学校国际交流的资源惠及更多教师,提升他们的国际视野?学校花了很多工夫。例如,学校每年选派不同学科教师出国进修培训。早在2005年,学校的校车驾驶员吴衍乐同志就被派到日本学习考察,这段经历成为他毕生最"扎台型"(上海话,有派头、有面子之义)的经历。目前,所有外语教师、教研组组长、年级组组长、学科骨干、优秀教师代表都有了出国培训经历。

同时,我们也逐步意识到,外事接待的课堂体验活动绝不能仅仅局限在外语课中,来访的外国学生更需要体验中国课堂中的汉语、数学、地理、历史等课程。于是,我们组建了双语和双师团队,开发出"多学科国际交流菜单课程",为来访团组提供了可选择的菜单式课程表,大大提升了外事工作的参与面。一开始,非外语学科的老师们都不适应,他们觉得很浪费时间,牵扯精力。但时间久了,他们在多元文化浸润的课堂氛围中也品尝到了交流与分享的快乐,感受到了学生的成长和发展。他们主动研究起国外的同类学科教学来,精打细磨出一批"精品交流课",甚至做得超出了我们的预期和想象。

再者,通过一个个鲜活的故事,我们的老师发现,他们身边很多原本看起

来"非常普通"的孩子参与了国际交流项目之后,发生了脱胎换骨的变化:"除了语言能力的飞速提升以外,原本有些木讷的孩子变得阳光、自信,他们对未来充满了肯定,更加明确了自己的发展方向和奋斗目标;在生活上和学习上不再需要老师经常督促,而是对老师提出了更多哲思性的问题……"(多名教师口述)于是,他们对学生参与国际交流也从最初认为是"无用功"逐步转变为支持与鼓励。

"信念追求"的第二层含义是:要有敢于"对标"的勇气。办学要敢于瞄准国际水准,建立属于学校独有的品牌。"甘泉"的国际交流要成为样板,就需要我们建立标准、细化流程、构建平台、形成品牌。学校内部"静悄悄"的改革在持续:成立对外事务部(简称外事部),触动了学校传统的管理机制和部门设置,激发了教师参与国际交流的积极性;举办国际性活动和赛事,"倒逼"师生们向国际标准学习,向国际水准靠近;领教了外国学生的"难管",教师对传统的教学方式、师生关系和沟通方式有了更为深刻的反思;外籍学生对中国及上海的陌生又掀起了校园内的"汉语及中国文化"的推广热潮,连中国学生都变得更加关注、热爱起自己的文化了。这些都给予"甘泉"人全球化、现代化的思维方式和价值观念,给予这所原本极其普通的公办学校追求开放、融合创新的氛围和襟怀。

3. 主动发展:不放过任何一次展现"软实力"的机会

首先,校长要有主动开发国际资源的强烈意识。刘国华校长经常说:"论硬件条件,'甘泉'实在没有什么特别之处,我们要靠'软实力'才能赢取更多的关注和资源。"学校走向全球,参与全球教育市场,关键还在于"资源意识"。

(1)主动出击,时不我待

当别人犹豫不决时,我们提前行动,把握时机,用谦虚的态度、热情的接待、专业的安排,力求把外事资源主动迎进门。无论是2006年承办中日韩三国教育研讨会,还是国家汉办、上海市侨办和友协等各类对外交流项目的落地,都是如此。2007年的某一天,学校接到了"组织接待400名日本学生在校同时开展国际交流活动"的任务。这对于当时的"甘泉"来说,接待难度是不可想象的,几乎可以说是"无法完成的任务"。"甘泉"的人力、物力、财力条件都跟不上。接还是不接?学校一时犯了难。时任外事办主任王丹老师当场表态："干吧！"接待日本高中生400人大型团队，我校动用了全校力量，组建接待小分队，以学生为主，分工明确。学校集中两个大会场举办欢迎仪式，仪式从策划、主持、表演、组织到管理都由学生（我校外事社团）具体负责。然后，分成10个小组，由学生小组长担任小导游，设计不同的参观路线，带领日方学生玩转校园，中途还有小组设计了探宝打卡任务等各种游戏式参观模式。整个校园热闹非凡，学生们不仅得到了外语语言能力的锻炼，更得到了综合素养的全方位提升。要知道，这个方案是经过多轮讨论、推翻、再讨论、优化之后才形成的，前后共开了十多次统筹会，最终成功完成了上级主管部门安排的外事任务，也赢得了更多的信任与支持。

在和许多与"甘泉"缔结友好学校的校长交谈的过程中，我们也经常会询问他们"对'甘泉'的国际交流的印象如何？"以及"是什么让贵校决定选择'甘泉'成为合作伙伴？"，很多时候得到的答案是："'甘泉'在海外的知名度和影响力很大，我经常通过各种渠道听到'甘泉'这个名字。日本的文部省、市町议员以及很多教育人士经常会提到'甘泉'对日交流的历史和成果。另外，通过在日媒体，也可以经常在电视和报纸上看到关于这所学校致力于中日交流的一系列报道，让我们对'甘泉'这所学校充满了无尽的好奇。"

刘国华校长几乎每次在与海外合作学校签约之后的致辞中，都会幽默地说道："缔结姐妹校就像是两个人谈恋爱，第一次见面是相亲，接下来便是相互了解、彼此熟悉，签约就是正式明确关系，今后便要坦诚相待，不离不弃咯！"可见，国际交流中的文化与情感是双向流动的，无论学生还是老师，都不把国际交流当成项目或任务来做，做"真"事，付"真"情，留"真"心，才会建立深厚而持久的友情，才能焕发其生命力和价值。

（2）优先布局，筑巢引凤

早在2010年之前，刘国华校长就提出"提升学校核心竞争力"的理念。要建立国际交流与合作的大平台，就需要有强烈的开发意识，并努力在国际交流中提升办学品质。在我们看来，"目光所及均是资源"：每一次外事接待，都是洽谈合作的好时机；每一次介绍学校，都是海外招生的好途径。经过不懈努力，学校陆续建成了全国中学首个高级口译基础实训中心，在全国首开中学外语同声传译基础课程,建立全国中学首批国家汉办汉语国际推广中小学基地,创建两所海外"孔子课堂",建成全市中学唯一一所多语种考试评价中心,成为全市首批中学招收外国学生资格校、全市首个泰语项目实验学校,建立上海市中学阶段首家以跨文化交流人才培育为目标的创新实验室。这些资源都为后期学校开展与"一带一路"沿线国家学校的国际交流与合作、非通用语种实验项目的生根落地提供了良好的实施格局与基础。

我们可以看到,学校特色是文化的持续性体现,是学校全体师生行为的本能与自觉。学校建立了以价值引领为先导,以课程推进为载体,以注重激励为保障,以动态管理为策略的学校文化管理机制。文化,让学校发展找到根基,让教育生活更有品位,让师生成长更加幸福,让学校发展更有活力。

第三节　数智时代的跨文化教育新路向

在 2015 年以前，我们将"甘泉"的跨文化素养培育定位于"多元文化教育为主导，让学生具备国际视野以及与未来的世界平等对话的能力"。这一基本理念背后的本质思想是：让学生最终能成为全球的一分子。其中，"与世界平等对话"有以下几层含义：一是作为中国人，学生需要具备深厚的民族情怀，在国际议题中不卑不亢地进行得体交流；二是身处多元社会，学生需要学会与不同背景的人进行合作、沟通；三是具备国际视野与国际竞争力的发展基础。这与学校"民族情怀、国际视野"的办学理念以及"四有"育人目标是相互印证和呼应的。

2016 年，"国际理解"被纳入中国学生核心素养之一。OECD 与哈佛大学于 2017 年底共同研制《PISA 全球素养框架》，并于 2018 年首次将"全球胜任力"纳入评估范畴。这些都有助于新一轮中国乃至全球共识的形成：跨文化素养被认为是当今世界人才必备的关键能力之一。全世界范围内人口与信息的便捷流动，以及日益共享的虚拟世界的不断迭代，使得人们大多身处多元文化环境的复杂情境与不确定性之中，不可避免地与各种不同文化背景的人相处与合作，这就是跨文化能力培养的现实需求。

那么，进入新时代，我们又该如何定义中学阶段的跨文化教育？如果说多种文化共存背景下我们实施的多元文化教育属于静态性概念，那么跨文化教育对学校提出了更高远、更精准的要求。跨文化教育是立足于多元文化基础之上的，其前提是承认多种文化的静态存在，强调的是文化之间相互作用、相互影响、相互尊重，是一种动态的并存。那么，扎根中学阶段的跨文化教育该如何完成由静态的多元文化向动态的跨文化的过渡？跨文化素养培育的终极目标是什么？学校跨文化素养培育的未来路向又在何处？

一、愿景目标：更关注全球视野和中国情境

首先，进入新时代，中国基础教育阶段的国际理解教育的内涵发生了深刻的变化。面对全球化、数智化趋势，跨文化教育应该以积极构建"人类命运共同体"为愿景，帮助学生形成更为坚定的文化自信、民族认同，兼具全球胸怀与责任意识，在尊重世界文明和全球多样性的基础上，具备与各种不同背景的人进行交流沟通的能力，在讲好中国故事的同时，能主动参与到复杂情境、全球性议题与人类福祉的行动中，从而培养更多适应国家定位、社会需要和全球发展，参与未来全球治理的基础型人才。

聚焦"构建人类命运共同体"的愿景，更需要我们明确：跨文化交际与传播依然受到全球化时代国家间权力博弈与文化竞争的冷酷现实的影响，并非在权力真空中进行。世界文化场域中依然活跃着话语霸权和尚未终结的意识形态霸权。[1] 我们在倡导文明互鉴和构建人类命运共同体的同时，要着重培养具备国际竞争力与全球治理能力的全球公民，这是跨文化素养培育的高阶与深远目标。这也与联合国教科文组织倡导的全球公民教育（Global Citizenship Education）目标相契合，即"帮助学习者增长知识，提升技能水平，树立多元文化价值观，养成积极态度，使其能够为建设包容、公正、和平的世界做出贡献"。

2013年，习近平总书记向世界首次提出"人类命运共同体"理念。2017年1月18日，习近平总书记在联合国日内瓦总部的演讲中强调："人类正处在大发展大变革大调整时期。……全球命运与共、休戚相关，……和平、发展、合作、共赢的时代潮流更加强劲。同时，人类也正处在一个挑战层出不穷、风险日益增多的时代。……构建人类命运共同体是一个美好的目标，也是一个需要一代又一代人接力跑才能实现的目标。"这一理念的提出让我们看到跨文化教

---

[1] 孙有中，等. 跨文化外语教学研究[M]. 北京：外语教学与研究出版社，2021.

育新的使命：我们的孩子，在未来如果仅仅成为一名"合格的全球一员"，恐怕还是远远不够的，最终需要让他们成为"全球共生的参与者和推动者"。由此可见，基础教育任重道远，需要立足国家在当今世界正面临的百年未有之大变局，面向全球治理与中国共产党第二个"一百年"奋斗目标，加快构建具有中国特色的、大中小学一体化的跨文化素养培育体系，加快爱讲中国故事、会讲中国故事、能和世界一起创造中国故事的"全球治理人才"的培育工作。对于学校而言，还要着重关注三个问题：

第一，"后疫情"时代我国中学生的跨文化能力概念的重新解构与评价研究。我们需要根据当前的实际特点，立足中国语境开展行动研究和实践探索，形成一套符合国家发展愿景、适应社会发展需要、契合中国学生成长特征和发展诉求的培养体系，而不是直接套用一些现有的国外青少年跨文化能力的培养模式和测评工具。欧美国家的跨文化教育产生的背景来自20世纪移民的增加，多民族、多种族的社会现象引发了这些国家对移民的教育思考。与欧美的跨文化教育内涵不同，我们的跨文化教育是介于中国传统文化与外族文化尤其是西方发达国家文化之间的一种教育。[①] 所以，我国的跨文化教育缺少借鉴，在开展跨文化教育时应立足实际情况，不可盲目地追随欧美国家的一些标准和数据。

第二，我国是一个统一的多民族国家，应当遵循尊重各民族文化，共同发展的原则。我国的民族教育是多元文化教育。面对不同文化时，我国自古就有海纳百川的气度，遵循着孔子"和而不同"的思想，充分尊重文化的多样性，承认文化之间的差异。[②] 上海这座国际大都市是由来自不同民族的人群组成的。虽然目前在绝大多数的中学里，少数民族学生人数较少，但民族教育并不能因此而被忽视。大众文化的流动性对民族文化的独立性产生冲击，使得来自不同根源的文化通过流动方式不断渗透进入文化传播中，造成文化特质和内涵的不稳定性，动摇了民族文化认同的基础。[③] 如何理解东西方文化固然重要，但对中国不同民族文化的理解、认知、尊重、包容以及在此基础上培养学生的"民族团结"意识和参与民族团结行动的能力培养同样格外重要。

[①][②][③] 朱隽.全球化时代的跨文化教育研究[D].济南：山东师范大学，2017.

第三，上海已经成为教育全球化的重要窗口，也将吸引越来越多的国际学生来华接受教育，要让外国学生"游在上海"，更要"留在上海"，就需要更为关注基础教育阶段来华及来沪留学生的跨文化适应能力的培养。应当改革基础教育阶段外国学生的培养模式，为他们提供高品质的、高适应性的教育，从而更好地提升中国的国际形象，促进全球化融合。

二、立意向度：聚焦"五育并举"，提升文化自信

现代信息技术日新月异。一方面，大众媒体某些表现形式、话语内容和功能的影响使得各种文化接触越来越频繁，人们也越来越多地遭遇各种跨文化问题甚至跨文化冲突。另一方面，大众媒体和社交媒体的活跃，提供了来自世界上不同国家和地区的大量文化信息，但碎片化的信息缺少历史背景和前因后果，不但不能增进大众对世界多元文化的理解，促进认知多样性的形成，反而会导致文化趣味的低俗化，不仅威胁到国民素质的提升，还影响到民族国家文化认同的根基，并进一步威胁到民族认同的稳定性。

这些年来，我们深深地意识到，面对全球化进程，学生除了需要熟练掌握外语，更需要在理解文化的多样性与差异性的同时，以文化自信的立场在国际交流中开展积极平等对话，增强文化敏感力与识别力，深化文化互动力与反思力，提升行动研究力与参与力。对民族文化立场的体认，事关民族的生存与发展，需要缜密地思考与谨慎地判断。这也正是中学开展"跨文化素养培育"应该有的立场与站位。

从现有的实践样本研究中，我们不难发现，我国学者对跨文化教育实现途径的思考目前还较多集中于对学科教育或实践活动的渗透，尚未形成一个独立、完整的体系。鲁子问教授在《试论跨文化教育的实践思路》一文中这样阐述21世纪初期跨文化在学校教育中的"混沌"与"被动"："在教育中，……没有自觉的、系统的跨文化教育实践。社会教育中一直存在着跨文化教育成分，大量的外国新闻报道、文化艺术、生活方式，甚至外国商品，进入到了学生生活之中，但没有明确的系统的自觉的跨文化教育活动来引导学生如何面对外来文化。"直到今

天，这些问题依然没有得到彻底解决。

在全球化时代，教育不仅仅传播知识、传授社会技能和传继标准化行为，它还负有传承和传扬价值观的重任。国际21世纪教育委员会向联合国教科文组织提交的报告中强调的教育的四大支柱，也是优质教育的四项原则——"学会认知""学会做人和做事""学会共存共处""学会发展"，是跨文化教育的核心内容。从目前的形势来看，只有将文化多样性和提倡不同文化平等交流、相互尊重放在核心位置的跨文化教育才能使之成功实现。[①] 在信息技术日新月异、价值取向日益多元、社会思潮相互激荡的新时代下，如何系统地、自觉地开展跨文化教育？基础教育阶段的学校更加迫切需要在"立德树人、五育并举"的立意下开展跨文化素养实践与研究。

态度决定文化交流的质量，所以要培养学生尊重、理解不同文化的态度和平等、包容的观念。具体而言，在德育活动中，增强对学生家国情怀与全球胸怀的培育，强化思政教育，在多元文化冲击的时代大潮中，在异质文化交融的校园中，对师生进行及时、正确的引导，尽力避免文化偏见的产生；在智育中强化"外语+"的复合型基础性人才培养，通过历史、地理、文学、语言、艺术、美学、科学等学科的教学，加深学生对文化的认识，夯实学生跨文化教育的知识基础；在体育中，保持身体健康，培养志趣，挖掘特长，养成一种乐观、公正、理性看待竞争与合作的心态；在美育中，提升民族及世界艺术审美的情趣和素养，培养学生的跨文化开放态度，有助于文化间平等对话，消除成见；在劳动教育中，积累实践经历，科学规划发展，培育社会服务、慈善公益与乐于奉献的品质；在心理教育中，注重培养学生的积极情绪，提高社会情感能力与社会交往能力等；在民主、平等、和谐、积极的学习环境中，为学生提供相应的价值观指导，培养学生拥有在不同的文化语境下解决跨文化冲突的技巧和能力，使他们能够为不同群体和国家间的相互尊重、相互理解和团结一致做出贡献。

---

① 朱隽.全球化时代的跨文化教育研究[D].济南：山东师范大学，2017.

三、数智融合：构建跨文化素养培育新样态

在当今这样一个高度数字化、智能化的社会发展阶段，大众文化的流动性对民族文化的独立性产生冲击，使得来自不同根源的文化通过流动方式不断渗透进入文化传播中，造成文化特质和内涵的不稳定性，动摇了民族文化认同的基础。大众传媒以及各种舆论工具决定了大众文化的多样性和碎片化，从而形成了认知的多样性。

面对大环境的变化，跨文化教育将会有怎样的变化？一是适合未来发展和时代需要的跨文化人才的需求和界定也会发生变化。未来的跨文化人才应该既是"非标准人才"又是"精准化人才"，人才的培育凸显学习方式的个性化。二是跨文化的传播机制和效果也会因新媒体的蓬勃而发生变化，虚拟空间甚至"元宇宙"概念的提出，势必会对全球的重要文化议题产生新一轮的更新和推动。三是跨文化教育将呈现出更为明显的融合特征。尤其是网络学习、混合式学习等方面的革新，给跨文化教育的实践载体带来机遇和挑战。

网络信息数字技术、人工智能的发展进一步催生了跨文化教育的课程要素、场域要素、文化要素等各类领域在数字化转型关键节点上发生变革。在传统教育中，以学生作为主体的教学组织形式已经成为共识。未来的学习不仅仅是以学生为中心的二元模式，而是形成以虚拟环境中的资源为基础的"学习中心体"的立体模式。这其中，学习者、学习资源、虚拟环境等互为主体与客体，在平等、多向的交互中不断形成新的资源联结体，并不断产生边界效应，推动不同的学习主体朝着多元方向发展。

同样，随着学习方式的本质性变化，跨文化教育将呈现出更多的融合特征，这可能包括宏观问题与微观问题、显性教育与理性教育以及教育与技术等领域的深度融合与相互促进。在技术飞速发展与强力增持的状况下，各种在线跨文化教学与远程学习模式、方法成为研究焦点和热点；网络媒体和在线文化社区海量的信息来源，不仅为学习者搭建了与不同文化背景的人群互动和学习的平台，更成为培养学生跨文化态度和提升学生跨文化交际能力的训练场。面对数智时代，跨文化素养又该"跨"什么？如何"跨"？要回答这些问题，就意味着我们需

要积极面向未来，自觉地构建与数智时代相适应的跨文化素养培育的新形态，以解决数智时代带来的新的文化冲突与适应问题，以及虚拟社区等引发的文化身份认同等问题。例如，在技术飞速发展与强力增持的状况下，实现基于网络、数据的多维应用融合，建设基于人工智能的物联中心、基于单点登录的应用中心、稳定高效的校本数据中心，打造校本数字新基建，使学校对跨文化人才培育精准赋能，实现通过画像技术进行画像识别，自动推送应用场景等；运用更有效的数智技术，跟踪、检测、挖掘接受跨文化教育者的心智发展和价值观念转变，设计与实施更有针对性、个性化、可选择的跨文化教育方案。

总之，面对人类未来发展共同面临的各种挑战，教育需要通过跨文化教育这一纽带，主动、积极地有所作为，促进学习者对各类知识及文化的体识，强化其对各民族、各种族未来愿景的共鸣，增加相互理解和对话，树立世界眼光，投身文化创新。

后 记

随着社会化浪潮席卷而来,当代中国中学生身上时代印迹的镌刻,离不开学校文化的浸染与熏陶,未来中国的高质量发展更离不开青年一代对社会文化的延续和创生。因此,树立文化的高度、遵循文化的规律、创新文化的方式,探索文化育人的有效途径、实现育人方式的真实转变,当代教育者责无旁贷。

于甘泉而言,"跨文化素养培育"的特色指向是一种全新的思考,即在社会情境复杂化与文化多元化的背景下,师生如何树立正确的价值观,主动参与构建人类命运共同体。这也是学校在"立德树人"的时代立意下,审视"新文化立校"这一命题的新向度。围绕跨文化教育的核心主轴,开展跨文化人才早期培养的系统研究,构建学校特有的教育哲学,坚持开放协同的视野格局,提倡和谐共融的学校社群,坚持多元文化的共生发展,倡导文化尊重、平等包容,实现传承中的文化变革、发展中的文化重构、创新中的文化蝶变,是"后特色"时代的文化重心。

跨文化素养培育的特色,在学校发展中的主轴式演进,体现在:以基于"校训传统"的衍生发展为先导,进而旨在面向 21 世纪人才"四会"能力培养的"文化育人、和谐发展"的理念辐射,最终根植于"民族情怀、国际视野"的办学理念之中。

"求真达理、乐群健魄"的甘泉校训是基于学生的全面发展,即:追求真知,学会学习;知书明理,学会做人;真诚合作,善于共处;体魄强健,积极生活。20 世纪末,联合国教科文组织报告《教育——财富蕴藏其中》中将 21 世纪教育的"四大支柱"界定为:学会求知,学会做事,学会共处,学会做人。"四会"在教育中的实现,强调学生综合素养的协同养成与和谐发展,涉及到遵循人的本性、开发人的潜能以及丰盈人的精神世界等,不一而足。"四会"能力绝非单一的学科知识构建而成,而须重视人文积淀、文化培育。2002—2005 年,时任刘国华校长提出"文化育人、和谐发展"的教育实验假说,并由此开展了系统研究与大胆实证。随着学校"日语见长、多语发展、文化理解"的办学特色不断彰显,我们越来越意识到,用跨越文化差异的视角培养现代人,是世界教育的共同发展趋势。在中国文化教育和世界文化教育的关系中寻求沟通与融合，基于"文化育人、和谐发展"的理念，聚焦教育对外开放的发展趋势和国际化人才培养的需要，学校进一步提炼了"民族情怀、国际视野"的核心办学理念以及特色高中创建的系统设计。2018年学校成为上海市特色普通高中，跨文化素养培育成为学校特色品牌，学校在学生的行为方式、思维品质、境界胸怀、人格品质的培育等方面开展系统性的实践研究，着力培养学生成为"包容平等的对话者、知行合一的实践者、多元世界的服务者、中国故事的传播者"。

至此，学校厘清了"从日语教育到多语教育，从多语教育到多元文化教育，从多元文化教育走向文化互动教育，最终到文化品格教育"的跨文化特色建设基本脉络与走向。由此，"跨文化素养培育"的提出是学校办学传统的沿袭发展，也是学校长期办学实践的理性选择。

本书共分为五个篇章，黄俊丽老师负责第一章，本人执笔第二、三、四章，朱彤吉老师负责第五章。写作与修改的主要过程虽处疫情期间，极为不易，但对于所有参与的同仁而言，这是一场与学校历史深度探索、持续对话的奇妙历程。在与刘国华校长、濮虹书记等一批矢志不渝的甘泉人深度交流的过程中，我们也愈发感受到，甘泉特色发展的基因已经深植于每一个甘泉人的身心之中。

本书的问世，也离不开为甘泉特色发展持续奋斗的几代甘泉师生。在此，由衷感谢为本书提供丰富素材和生动案例的数十位师生，他们讲述了一个个感人励志的故事，他们将学习经历、个人命运同祖国的未来发展、世界的共同治理紧密相连。这些动人的故事，让我一次次在内心坚定了一个声音，那就是参与人类命运共同体的构建不是一句空话，甘泉的师生们早已在征程上。

甘泉二十载岁月里，我曾经亲身经历、全情投入在特色创建之路的栉风沐雨中。回首前二十年，她犹如一位博爱而宽仁的母亲，引领我们这些年轻的甘泉人在学校发展的历程中，砥砺自我、提升视野、探索世界，迈向更精彩的教育人生。而今，她历经七十载，愈发稳健而成熟，但也面临更多新的挑战。未来，我们将同样以宽广的胸襟、厚实的臂膀拥抱她，用更为深沉的爱意、坚实的脚步，陪伴她在更广阔的天地中倍道而行。

杨云

2023年3月